大夏书系·教育随笔

教有所思

（第二版）

李镇西 著

华东师范大学出版社
全国百佳图书出版单位

目 录

代序　生命与使命同行 / 1

第二版序　常识而已 / 7

第一辑　边教边想 / 1

清明时节雨纷纷 / 3

"深刻"不是教育的唯一尺度 / 7

苏霍姆林斯基的另一面 / 12

面对实践的理论最亲切 / 15

"老师，用我的笔吧！" / 18

漫谈"有偿家教" / 21

家长也是教育者 / 25

百问简答 / 29

第二辑　直言不讳 / 67

我想办一所没有"特色"的学校 / 69

公办义务教育慎提"品牌" / 75

反思"教师是人类灵魂工程师" / 78

教育科研：警惕"伪科学" / 82

也说"教不好"与"不会教" / 92

万炮齐轰假教育 / 94

"儒学"能够"救中国"？ / 98

表彰会的遗憾 / 103

第三辑　思念无限 / 107

寻找杨老师 / 109

杜老师 / 113

享受陈钟樑 / 120

我和魏书生 / 128

怀念孙维刚 / 134

绍华校长 / 136

又见谷建芬 / 145

我想念你们 / 153

第四辑　说语论文 / 157

公开课，请别再演戏了 / 159
语文教学可否提倡"多元化" / 163
老鼠可不可以被同情 / 166
文本也是特殊的"主体" / 169
你凭什么要我"必读" / 175
也说语言的"华丽"与"朴实" / 177
我的语文教育主张 / 186
《山中访友》：和学生一起平等地研读 / 191

第五辑　我当校长 / 199

学校管理的民主追求 / 201
教师要有书卷气 / 225

教育所思（第二版）

做一个孩子不怕的校长 / 233
幸福比"优秀"更重要 / 239
别把教师当"刁民" / 241
教师节 / 243
一个温馨的电话 / 247
我还能够走多远 / 250

第六辑　凝望窗外 / 259

我的一次反腐败经历 / 261
一篇意外发表的旧作 / 263
面对张志新同志的遗像 / 267
晨练 / 272
倪萍、李承鹏和"共和国脊梁"及其他 / 276
我看《雪花那个飘》 / 279
安田让谁羞愧 / 287
这些年被败坏的词语 / 296

代序 | 生命与使命同行

　　有一年，我主动要求学校将全年级考试成绩名次最靠后的几十名学生编成一个班，由我担任班主任和语文教师，和科任老师一起进行转化"后进生"的教改试验。此举赢得了不少老师和家长的敬佩："有的老师拼命把'后进生'往外推，李老师居然把全年级所有'后进生'弄到一块儿教！""李老师真高尚！""这就是真正的奉献精神啊！"……当时，我对这些真诚的赞美者说："谢谢你们的夸奖！但我要说，你们没有真正理解我。我这样做，与所谓'奉献精神'一点关系都没有，纯属我的个人爱好！而且我认为我这种个人爱好还很自私呢！你们想，一个'后进生'就是一个很好的教育科研对象，我把全年级'后进生'全部占为己有，不给其他老师留一个，这不是很自私吗？对于一个人的爱好，你能说那是'奉献'吗？如果我这种爱好叫'奉献'，那么那些通宵打麻将的人也是'奉献'，你们想，一个人牺牲自己的睡眠时间陪别人娱乐，还要把自己的钱掏给别人，这是何等的'奉献精神'！可是，如果我真这么夸他，他一定说我'有病'，因为不过是个人爱好嘛！"当时，听了我这话，没有一个人不认为我是"幽默"。然而，我真是这样想的。在那几年，除了吃饭睡觉，我把所有时间都用于对这些"后进生"的琢磨研究，感受他们的精神世界，甚至和他们一起在野外的草地上摸爬滚打。当这些孩子离开我的时候,不但他们在各方面都有了明显的进步,我也迎来了收获的季节,其中最突出的成果便是后来奉献给读者的《爱心与教育》《走进心灵》等一系列著作。

"教育生活化,生活教育化!"也许这话说出来别人会以为我在说大话。不,真是这样的,教育对于我而言就是我的生存方式,甚至是我生命的体现。

我当然不是从参加工作就能够如此把教育与生命融为一体的,但因为我有一颗童心,我便能很自然地与学生心心相印,并感受他们给予我的爱。记得刚参加工作不到一个月,我嗓音便嘶哑了,有学生悄悄地将药塞进我的宿舍。我拿着药在班上问是哪个同学送的,全班学生没有一个承认,每一个孩子都对着我调皮地笑着。金色的阳光透过窗玻璃洒进教室,洒在每一个孩子的脸上,每一双眼睛都闪烁着太阳的光泽。这温馨的画面至今还经常在我眼前浮现。二十年来,孩子们对我的爱更多的时候是"润物细无声"的:或是早晨走进教室,一声亲切的问候;或是我外出开会离开学校时,那眷恋的眼神;或者仅仅是夹在作业本里的纸条——"希望李老师晚上早点睡!"每当我被学生感动时,我就在心里告诉自己:这份爱我必须报答!

为了报答童心,我尽量使自己的整个身心都与学生融为一体。每带一个新班,我都把全班同学的生日工整地抄贴在我书房的最醒目处,每个学生生日那天,我都送上一本小书、笔记本或其他小礼物。每次放假,我都安排一次与学生一起的旅游:我曾与学生站在黄果树瀑布下面,让飞花溅玉的瀑水把我们浑身浇透;我曾与学生穿着铁钉鞋,冒着风雪手挽手登上冰雪世界峨眉之巅;我曾与学生在风雨中经过八个小时的攀登,饥寒交迫地进入瓦屋山原始森林……每一次,我和学生都油然而生风雨同舟、相依为命之情,同时又感到无限幸福。这种幸福不只是我赐予学生的,也不单是学生奉献给我的,它是我们共同创造、平等分享的。

我尊敬的于漪老师曾对我说："对孩子的爱，能够使一个老师变得聪明起来。"我可能就属于这种老师。爱，是教育的前提，但远不是教育的全部。由爱而升华为责任——对孩子的一生负责，这才是教育的真谛。如果我们仅仅把教育当作一门职业，那将是很累的，而且累得很被动——为学生累，为家长累，为领导累，为社会累……但如果我们把教育当作一项事业，那么一切酸甜苦辣都是"自找"的，因而是心甘情愿的！对我来说，事业心不但源于前面已经说到的师生情感，而且源于我在工作中感受到的乐趣——研究的乐趣、思考的乐趣、读书的乐趣、写作的乐趣。

我每接一个新生班，便确立一个教育科研课题，同时，和学生一起用童心和青春书写教育的诗篇。于是，二十年来，我不但完成了一个又一个教育科研课题，而且和学生一起编写了一本又一本我们的班级史册：《未来》《花季》《恰同学少年》《童心》《花开的声音》……

我每带一个班，便把每一个学生的心灵作为我思考、研究、倾听、感受、欣赏的对象。虽然天天见面，近在咫尺，但我和我的学生长期保持一种特殊的心灵交流方式——通信。夜深人静的时候，我拆看学生的来信，并在灯下给他们写回信，真正感受到了一种遨游在心灵天空的喜悦。后来，这些通信被整理成书，我的第一本教育专著——《青春期悄悄话——致青少年的101封信》便诞生了。

1997年暑假，我从成都玉林中学调到成都石室中学，在搬家的过程中，我无意中又看到了那一捆尘封的教育手记。翻开我多年来所写的一本本教育手记，我禁不住被自己感动了：那一页页发黄的文字，化作一张张老照片在我眼前变得清晰起来，分别多年的学生们正跑着跳着向我拥来，他们纯真的笑声萦绕在我的耳畔……正是在那怦然心动的一刻，我作出了一个庄严的决定：我一定要把我和我学生的故事写出来，让更多的人和我一起分享这教育的幸福与美！

整整三个月，我的业余时间都是在阳台上的电脑前度过的。也

教育所思（第二版）

许在旁人看来，如此不停地敲击键盘是何等乏味而枯燥，但我却感到这是一件多么幸福的事啊！你想想，在深夜或凌晨，周围没有一丁点儿声音，只有我的键盘在"嗒嗒"地敲着——这是世界上最美的乐声。我觉得不是在敲电脑，而是在弹钢琴，是在演奏来自教育来自学生心灵的最美的乐章。眼前的电脑屏幕上是一页页很纯洁很动情的文字，而这些文字又很自然地幻化为一幅幅很美丽很鲜活的画面——那是宁玮善良而坚韧的面容、杨嵩纯真而调皮的微笑，岷江之滨的熊熊篝火、滇池湖面的灿烂阳光……于是，我的整个身心又沉浸在和学生一起度过的被青春染绿的日子里！《爱心与教育》就这样诞生了。

当然，所谓"使命"，绝不只是教师的使命，更是知识分子的使命。傅雷曾经在给他的儿子傅聪的信中写道："先为人，次为艺术家，再为音乐家，终为钢琴家。"我套用这句话来提醒自己：先为人，次为知识分子，再为教育者，终为语文教师。知识分子的特质是思考，是批判，是创造。因此，我一直认为，作为知识分子的教师，同时也是一名思想者，他应该站在人类精神文明的制高点俯瞰自己的每一堂课，他的心中应该装着整个世界——国际风云、时代变化、社会焦点……都应该在他的心灵的湖面激起思想的涟漪或巨澜。

我始终认为，高素质的教师应该是一个思想触觉十分灵敏的人；追求真理、崇尚科学、独立思考、保持个性，应该是每一个教育者坚定的人生信念。

因为教育本身就是最具创造性的精神活动，所以教育者充满理想主义激情的人文情怀和独具个性的思想之光，理所当然地应该贯穿于教育的每个环节和整个过程。作为思想者的教师，在踏踏实实地做好每一件具体教育工作的同时，还应关心、思考社会发展与学校教育的相互影响，甚至当代思想理论界的热点讨论、国际上的风云变幻都能使他联想到自己的教育。既然是思想者，我们就应该是一个心灵自由的人，我希望自己拥有自由飞翔的心灵。心灵自由，就意味着独立思考，意味着不迷信任何权威，意味着让思想的火炬熊熊燃烧。

多年来，正是抱着这种信念，我一边教书，一边读书；一边思考，一边写作。教育与文学共进，思想与激情齐飞，青春与童心为伴，生命与使命同行。继《青春期悄悄话》和《爱心与教育》之后，我又陆续出版了《走进心灵》《从批判走向建设》《花开的声音》《风中芦苇在思索》《E网情深》《怦然心动》《李镇西与语文民主教育》等反映我人生故事、教育感悟和社会思考的著作。油墨书香扑面而来，丰收的喜悦鼓满我的心房。

挽留青春，珍藏童心；挥洒情感，燃烧思想；从职业到事业，从幻想到理想；手足舞蹈于校园，心灵飞翔于社会——这就是我的生活！

2002年9月10日初稿
2003年10月11日修改

第二版序 | 常识而已

时间过得真快，作为华东师范大学出版社"大夏书系"的第一本著作，《教有所思》出版已经十年整了。当初这本书面世的时候，还没有"大夏书系"之说，从我这本小书开始，华东师大出版社出版的教育随笔越来越多，便取了一个统一包装的名字——"大夏书系"。十年过去了，"大夏书系"已经有了几百种著作，蔚为大观。这次，十年版权期已到，许多出版社都想把我这本书拿去重做，但我还是想到了华东师大出版社——作为"大夏书系"之开篇，我觉得《教有所思》的修订本还是应该让华东师大出版社出版。我也想以此向华东师大出版社表达我的谢意。

值得我真诚感谢的，还有《教有所思》的每一位读者。正是因为你们的厚爱，十年来我这本小书一直畅销不衰，直到今天。这是我当时的确没想到的。究其原因，主要不是这本书写得有多么好，而是书中所谈到的许多教育现象今天依然存在，我当年所抨击的种种不良教育现象甚至有甚于十年前。比如，弄虚作假的"伪科研"、煞有介事的"假教育"、表演做作的"公开课"等不是依然充斥在我们的校园中吗？从这个意义上说，这些文字的"畅销不衰"其实是一种悲哀——为什么十年过去了，这些大家都深恶痛绝的教育弊端竟然还有着如此顽强的"生命力"呢？

教有所思（第二版）

所以，在这次修订的过程中，我依然保留了不少篇目，比如《反思"教师是人类灵魂工程师"》《教育科研：警惕"伪科学"》《也说"教不好"与"不会教"》《万炮齐轰假教育》等等，不是没有意义的。但愿再过几年修订时，这些文字能够从本书中剔除。但愿。

也剔除了一些不成熟甚至现在看来认识有误的篇章。不过，细心的读者会发现，你手里捧着的这本《教有所思》修订本中有不少新的文字，这是我近几年对教育的新思考。十年前《教有所思》出版时，我刚博士毕业在成都市教科所工作，后来我重返校园，上语文课，当班主任，后来当校长，边教边想，自然有感而发。回头看这十年，中国教育不能说一点成就都没有，但当今的教育更浮躁了，校园更喧嚣了，许多新的教育问题更是让我触目惊心。而且吊诡的是，这些教育问题往往都是以"教育成就"出现的，比如"名校"集团化，比如"特色"遍地开，比如"品牌"满天飞，还有眼花缭乱的"理念"、琳琅满目的"模式"，似乎每所学校都在拼命地吆喝，都想使劲抢夺"话语权"，都在不遗余力地博取"眼球"，唯恐被"边缘化"，教育越来越像商业，学校越来越像企业，校长越来越像老板，教师越来越像包身工……于是，我写下一些文字，以微弱的声音呼唤教育的朴素，呼唤学校的宁静，呼唤校长的良知，呼唤教师的尊严。

看穿这些"华丽"背后的荒谬并不需要什么"理论慧眼"，只需常识。有句话流传很广："我们走了很远，却忘记了为何出发。"这话同样适用于教育。常有人说我有"很前沿的理念"，我总是解释："我没有任何前沿的理念，甚至没有自己的教育思想。我所做的一切，都是回到教育朴素的起点，遵循教育常识，面对我们眼前的一个又一个孩子，坚守良知。"十年前的初版《教有所思》写的都是常识；十年以后的修订本依然没什么"深刻的思想""创新的理念"，常识而已。

比知识更重要的是见识，因为知识是别人的，见识是自己的；比见识更重要的是胆识，因为见识也可能仅仅深埋于心，而胆识却要有勇气说出来；比胆识更重要的是常识，因为在一个人人都以所谓"创新"为时髦的时代，遵循常识意味着不坑人不骗人，不沽名不钓誉，坚守良知，回归本色。我所戳穿的，人人都可以戳穿；我所鄙视的，人人都在鄙视。只是许多人不说，而我说了。面对种种教育乱象甚至教育丑态，我无法"稳重"。如果哪天面对这些我真的"淡定"了，那只能证明我的堕落。我要说出来，而且必须写出来，是因为我不愿意自欺欺人，愿意做我自己。我没想过去改变这个世界，只是不愿被世界改变。仅此而已。

但我依然热爱教育。正如罗曼·罗兰所说，真正的英雄主义只有一种——看透了这个世界，并依然热爱它。虽然我没有高深的思想，但我可以朴素地思考。只要思考，就会有行动；只要行动，就会有希望。

2013 年 7 月 9 日

第一辑
边教边想

清明时节雨纷纷

昨天的南京还阳光灿烂，今天却下起了小雨。

今天是清明，我来到了陶行知先生的墓前。

蒙蒙细雨，让陶行知先生的墓地格外庄严凝重。九年前的秋天，我第一次来这里凭吊先生时是一个人；而今天，和我一起来祭奠先生的，还有朱小蔓、韩邦彦、杨东平、杨瑞清等几十位中国著名的陶行知思想的追随者。前天，我专程来到南京参加"陶行知生活教育理论当代价值高端论坛"和中国陶行知研究会常务理事会；今天，我们在会长朱小蔓教授的率领下，一起来看望长眠在这里的陶行知先生。

矗立在墓前的牌坊依然高大，两边坊柱上由郭沫若书写的陶行知先生的名言依然醒目——"千教万教教人求真，千学万学学做真人"，坊额上所刻写的陶行知先生手书的四个大字依然令人怦然心动——"爱满天下"。

我们向先生敬献花篮，然后在墓地前肃立，朱小蔓教授代表我们一行人，向先生致辞。朱教授声音舒缓低沉，饱含真情地追述了陶行知先生为改造中国而从事教育改革所作出的巨大贡献，表达了对先生的缅怀之情。她致辞结束后，我们集体面对先生的墓三鞠躬。随后缓缓地环绕先生的坟墓走了一圈。我们走得很慢、很轻，生怕惊醒了沉睡了六十多年的先生。

我在先生的墓碑前留影,又和朱小蔓教授合影。朱教授感慨地说:"去年我们一起在苏霍姆林斯基的墓地,今年我们又来到陶行知的墓前。这里太冷清了,中国所有的教师,都应该来这里纪念陶行知先生!"

我再次参观了陶行知纪念馆,在先生的照片前,和先生合影。

九年前我来这里凭吊了先生之后,写下一篇《愧对先生》。今天,面对先生我依然惭愧——当然,这更应该是当代中国教育者的惭愧。昨天,在晓庄学院,我站在陶行知的塑像前,看到塑像基座上刻着毛泽东的手迹:"痛悼伟大的人民教育家陶行知先生!"我心里想:那你掌握国家政权后为什么要通过发动组织批判电影《武训传》转而批判你曾"痛悼"过的"伟大的人民教育家"陶行知呢?我又想到杨东平教授在论坛发言时不无调侃地说:"六十年来,新中国只有两个教育家——毛泽东和邓小平!"是啊,为什么至今中国没有真正的教育家出现?我进而又想:如果陶行知生活在今天,他能够成为教育家吗?别说成为教育家,恐怕他连当个校长都会十分痛苦!

我对杨瑞清说:"我对中国的教育,只有悲观。和陶行知时代相比,今天的教育除了学校越来越漂亮,规模越来越宏大,在教育理念、教育改革等方面,不但没有进步,反而在后退!当年陶行知所痛斥的旧教育弊端,正是我们今天所追求的,而且这些弊端比当年有过之而无不及!为什么陶行知的思想不能成为当今中国教育的主流思想呢?现在我们都在说研陶师陶,我们究竟做了些什么?究竟有多少人认真学习过陶行知的教育思想?有多少人了解他?更不要说理解他了!有些人口头上说学习陶行知,其实不过是贴标签而已,更有甚者把学习陶行知当作'商机'!"

真是凑巧,刚好是八十多年前的春天,陶行知在这里创办了晓庄师范,后来美国教育家克伯屈来晓庄师范参观,并作出这样的评价:"这是世界教育革命的策源地!"虽然晓庄师范仅存在了三年,但它毕竟存在了三年，并影响了中国的教育。今天呢，谁还能或者说谁还敢"擅自"办个什么真正意义上的实验学校？虽然当今中国号称"实验"的学校无数，可课程一样，教材一样，教法一样，考试一样，评价一样……究竟"实验"了什么，天知道！

细雨中，陶行知墓前那"爱满天下"四个醒目的大字，却让我无比地伤感。现在，中国教育叫得最响亮的口号是"以人为本""一切为了学生，为了一切学生，为了学生的一切"，但在有些地方这不过是口号而已，是写在墙上美化校园，或烘托校园"文化氛围"的；而实际上，是"以分为本"，是"一切为了升学率，为了一切升学率，为了升学率的一切"！为了这个升学率，生源大战血肉横飞；为了这个升学率，逼着成绩差的学生"自愿转学"；为了这个升学率，不惜重金挖外校的优生……

学校不择手段，教师尊严扫地，教育丧失良知！可怜的只是孩子。

如果陶行知先生活到今天，他会怎样想怎样说？呜呼，我不敢想象……

小雨依旧无声地飘着，天空如同我的心情十分暗淡。

离开陶行知墓地，我们又来到"侵华日军南京大屠杀遇难同胞纪念馆"。雨下得更大了，似乎还在为72年前那场民族劫难哭泣。

对于南京大屠杀的惨烈，即使不来这里参观我也知道。但身临其境，依然感到窒息。

纪念馆的黑色墙上，镌刻着"遇难者300000"的字样，我一下子想到流沙河先生对我说过的话：这里不应该用阿拉伯数字来表示死难者的人数，而应该用中文"三十万"，因为我们至今不能拿出详尽的遇难者名单，这只是个大概的遇难人数。如果用阿拉伯数字则表明是精确数字，一个不多，一个不少，自己把自己套住了。用中文则没有这个问题，三十万表示概数。

我觉得流沙河先生说得有道理。不过，我的注意力不在这个数字的表述形式，而在"为什么拿不出精确的遇难人数"这个问题上。我们当然有一千个理由来解释这个问题，但是在我看来，面对民族的巨大灾难，任何为自己开脱的理由都站不住脚。至今还有日本右翼分子否认南京大屠杀，对此我们总是义愤填膺，却没有想过：为什么这些日本右翼分子会否认呢？这难道没有我们自己的原因吗？

出了纪念馆，小雨依然没有停。我想，今年的清明节过得真是有意义，我祭扫了陶行知的墓，又哀悼了几十万遇难同胞的亡灵。想到陶行知，想到南京大屠杀，我又想到了如何尊重历史——

先别去说我们的敌人是如何否认历史的吧，我们先反省一下：我们是如何对待自己的历史的？远的不说，就说新中国六十年吧——"反右"、"大跃进"、大饥荒、"文化大革命"、拨乱反正和改革开放的先驱者们……我们公正地记载和评价了吗？随便举一个例子，如果你现在去问问"80后"："你们出生的时候，中国共产党第二代领导集体的核心是邓小平同志，请问：除了核心，其他领导同志都还有谁呀？"有几个答得上来？

2009年4月4日晚上

"深刻"不是教育的唯一尺度

最近和学生一起读《青铜葵花》，读到作者曹文轩在序言中的几段话。他说，长期以来，评判文学的标准是西方的"深刻"，而且这"深刻"成了唯一的标准；但中国的文学评判标准是"意境"，是"情趣""智慧""格调""滋味""微妙"……曹文轩很激愤甚至有些极端地写道："于是我们看到全世界的文学，绝大部分都在这唯一的维度上争先恐后地进行着。'深刻'这条狗追撵得人们撒丫子奔跑……"

如果这个观点由我说出来，饱学之士们会笑话我"不懂文学"。但曹文轩我想不会有人说他不懂文学吧！他反对把"深刻"作为文学的评判标准，而希望文学回归审美。对此我基本上是同意的。只是我没他那么极端，我认为，"深刻"是可以作为文学评判的一个维度的——最近莫言获得诺贝尔文学奖，其实也是因为他作品的深刻性——只是不要成为唯一的维度。也就是说，文学，除了有"深刻"的思想元素，还应该有"妙趣""情调"等审美要素。

我想到了教育。

不知从什么时候起，我们的教育也越来越讲究"深刻"了——"前卫思想""超前观点""西方学说""后现代理论"……我首先要郑重声明，我从来不反对教育实践的思想指导和理论关照，教育本身就是深入人的精神世界的，岂能没有思想？岂能远离深刻而堕入浅薄？但是，我们强调的往往是当下所缺乏或者被忽略的，这是杜威的观点。杜威在谈到教育目的时，曾有这样的论述："我们并不去强调不需要强调的东西——这就是说，有些东西已经很受重视，就无需强调。……在一定的时期或一定的时代，在有意识的规划中，往往只强调实际上最缺乏的东西，这并不是一个需要加以解释的矛盾。"

深刻也好，思想也罢，对教育而言非常重要，也可以作为评判教育品质的一个尺度。这用不着我来强调。我现在想强调的是，我们的教育所缺乏或忽视的要素，是情趣，是浪漫，是感动，是诗意，是真，是善，是美。

一堂课，明明师生和谐，气氛欢快，潇洒流畅，欢声笑语，妙趣横生，也不乏思想的碰撞与燃烧……可是，到了评委那里，却被认为不符合这个"原则"，违背了那个"理念"。似乎不遵循某些"原则"和"理念"，就不是好课。

一篇课文，教师讲得痴迷，学生读得沉醉，会心处开怀大笑，动情处催人泪下，每一个字都散发着芬芳，每一句话都流淌着优美……可是，专家说，没有挖掘出"思想性"，分析得不够"深刻"，要讲究"深度语文"。

一次教育活动，师生都乐了，爽了，感动了，舒畅了，心灵飞翔了，情感奔涌了，而且——用比较文学的语言，叫作师生都赢得了彼此的心灵，感到了彼此的心跳，这样的教育活动还不成功吗？当然成功。可是专家说，教育岂能仅仅停留于感动？"理想"呢？"责任"呢？教育的"意义"在哪里？

一则教育案例或者教育故事，真实而细致地记录了教师转化某个学生或处理某次突发事件的全过程，叙事流畅，思路清晰，且蕴含智慧，关键是最后获得了成功。我觉得挺好的呀！可专家非要作者提升到什么"理论"高度，或者用什么"理念"来"关照"，或者从中提炼几条什么"原则"之类，否则就是停留于"感性"而不够"深刻"。

一份课题方案，教师根据自己教育实践中的难题，提出了一系列符合本班实际也符合教育基本常识的教育设想（步骤、方法、过程等），但专家说"得有理论支撑"，而且还得"国际""国内"。我想不通，诸如"让学生成为学习的主人""发挥集体的作用促进每一个人的发展"等等，这些都是常识呀，还需要什么"理论支撑"呢？

一名教师，富有爱心，拥有智慧，善于思考，喜欢研究……而这一切都不是空谈，都是结合每一天的实践，体现在每一天的行动中，无论上课，还是带班，都极受孩子们欢迎，考试成绩也相当突出。可是，在某些"思想深刻"的教育专家眼里，这样的老师"没有自己的原创思想"。

我们评价一位教师很优秀时，往往说他是一位"有思想的教师"，而很少说他是一位"有诗意的教师""有情趣的教师""有智慧的教师""有人性的教师""有故事的教师"……

上述教育评价，都是一个维度——"深刻的思想"。

年轻时，我也曾为自己没有"思想"而烦恼以至自卑。别人一开口就是这个"理论"，那个"观念"，可我说来说去无非就是一些教育的基本常识——"爱心"呀，"人性"呀，"尊重"呀，"理解"呀，"平等"呀，等等。曾有我尊敬的教育大师对我谆谆告诫："要有属于自己原创的教育思想，不要只是追随前辈教育家的思想。"于是，我也真诚地想"原创"，也想"第一个提出"什么什么"教育原理"或什么什么"教学法则"。但是，当我越来越深入地学习教育经典，越来越真诚地剖析教育实践时，我就越来越感到，教育学不仅仅有科学的特点，它更有人文学科的属性。

或者更直接地说，教育的属性，更多的是"人文"，而不是"科学"！科学的每一项新成果都可以取代旧成果，说得直接点，就是科学的物质成果都会过时。而人文则不然，一部不朽音乐、一篇经典小说、一幅传世名画、一尊大师雕像……一旦问世，便愈久弥新，不可超越。人文成果从来不会此消彼长，互相取代，而是孤峰卓立，交相辉映。教育也是如此。从孔子到卢梭,再到陶行知,再到苏霍姆林斯基,群星璀璨的教育家们一旦问世,就会不朽!他们的理论,永远不会过时——这就意味着,也不是那么好"超越"。既然如此,教育上所谓"理论的创新"、所谓"流派的创立"、所谓"规律的发现"、所谓"模式的发明"等,哪有那么容易呀!

明白了这个道理,我一下豁然开朗:其实呀,教育的真理就那么点儿,而且"那么点儿"几乎早被从孔夫子以来的中外教育家们说得差不多了!我们可以在新的历史条件下,将其或丰富,或完善,或当代化,或中国化;所谓"创新",留给我们的空间不是一点儿都没有,但的确有限。这有限的创新空间留给少数专家吧,我,作为一个基层教育者,就老老实实地实践着我敬仰的教育家们的教育思想,我这一生就满足了,不但问心无愧,而且还颇为自豪。

所以,前次有出版社在我的著作封二里称我为"教育家",并说我"提出了一系列"什么什么"教育思想"和"实践模式"时,我赶紧去信声明:"我没有任何原创的教育思想,我也没有提出什么实践模式!"我说,我就愿意忠实地追随陶行知,追随晏阳初,追随苏霍姆林斯基……朴素地做好每一天的教育。

所以,当我听谁说"率先提出"了什么什么"理论","创立"了什么什么"模式",或者是什么什么"学派"的"领军人物"时,我就想,你也不怕孔夫子在天上笑话你,你就自我陶醉吧你!再过若干年——也许还要不了"若干年",你这些"文字游戏"定会烟消云散,连回声都不会留下一点儿。

所以,当我看到某些"有思想"的"深刻的"年轻学者开口"福柯"闭口"德里达"但缺乏起码的教育情感和良知,且嘲笑广大一线老师为"愚民"和"白痴"时,我就想到汶川大地震时,我的朋友卢志文对一个热衷于卖弄学问、标榜"深刻"但临阵脱逃的青年教师的斥责:"你读了那么多的书,有那么多的教育理论知识,可这些理论这些知识全被你用来为自己的错误行径辩护,为了开脱你的错误，你连上帝都搬出来了！"

关于理论，和许多人一样，我也特别欣赏恩格斯的一句话："一个民族想要站在科学的最高峰，就一刻也不能没有理论思维。"同样地，教育的真正发达也不能没有深刻的理论指导。问题是——我再说一遍，"深刻的思想"只是教育的一个尺度，而不是唯一的尺度。

我们现在的情况是，理论过度，思想膨胀，观念泛滥，模式横行，同时常识缺位，情感凋零，智慧苍白，意趣荒芜，诗意匮乏——当人们追逐"深刻的思想"时，朴素的教育常识被遗忘了，真诚的教育情感被冻结了，丰富的教育智慧丢失了，优雅的教育意趣沉默了，美丽的教育诗意死亡了！

我在和挚友程红兵探讨这个话题时，他说："我们今天不缺乏思想，思想也不缺乏深刻，现在我们缺乏的恰恰是把深刻的思想转化到具体的行动之中，我们恰恰是缺乏把平凡琐碎的事情耐心地慢慢做好，我们甚至于不耐烦去面对这些既不深刻，也不华丽，既不出彩，也不动人的平常之事，我们不愿意去耐心解决这些剪不断理还乱的教育琐事，我们宁愿在旁边发点感慨，说点'深刻'的理念，甚而发发牢骚，但我们不愿意去身体力行，去'亲自'解决。"

有人只喜欢"深刻"，只喜欢"思想"，那就让他去"高瞻远瞩"、去"石破天惊"、去"洞察"、去"烛照"吧！我也愿意继续学习教育思想，思考教育理论，探索教育真理，但我希望我从教育中收获的不仅仅是"深刻的思想"，更有美妙的情怀——

我愿意继续守着我的梦想，看着我的田园；善待每一个日子，呵护每一个孩子；品味着生命的每一寸时光，享受着教育的每一刻浪漫；和学生编织着一个个跌宕起伏的生命故事，把这故事变成荡气回肠的成长传奇，再把这传奇导演成我和孩子们共同的充满诗情画意的"青春大片"……

2012 年 11 月 16 日

苏霍姆林斯基的另一面

至今有人对苏霍姆林斯基不以为然，认为他的教育思想是"斯大林时代的产物"。在我看来，这至少是误解。1998年，我曾到北京参加纪念苏霍姆林斯基诞辰八十周年国际学术研讨会，正是在那次会议上，我当面问过苏霍姆林斯基的女儿苏霍姆林斯卡娅："您认为您父亲在教育理论上最大的贡献是什么？"当时，她不假思索地回答我："正是我父亲，第一个把'人性'引入了苏维埃教育！"

这是苏霍姆林斯基对苏维埃教育乃至整个社会主义教育的最杰出的贡献，然而，因为这个贡献，苏霍姆林斯基付出了沉重的代价。

苏霍姆林斯基当然是一位忠诚的布尔什维克，他也始终是一位实事求是，勇于独立思考的知识分子。在当时的历史条件下，苏霍姆林斯基提出每一个富有创新精神的教育观点、进行每一项教育改革都需要有追求真理的勇气。他坚持从实际出发而不是从本本出发，富有鲜明的独创性和大胆的革新精神，经常不"与党中央保持一致"。例如，他在实际工作中深感研究儿童是搞好教学和教育工作的基本功，因此公开指出，苏共中央1932年对儿童学的批判有过头的地方，是"把孩子和洗澡水一起泼掉了"。又如，1955年以前，苏联学校完全取消了劳动课，而苏霍姆林斯基认为劳动教育是实现全面发展思想的重要因素，他又眼见越来越多的中学毕业生不能升入大学的事实，因此坚持进行劳动教育，他所领导的帕夫雷什中学，从1947年起就给毕业生授予职业证书。可是，赫鲁晓夫在1958年大搞生产教学，劳动占用了过多的学习时间，这时，他又第一个站出来反对这种过头的做法。因此，苏联就有人称赞他有一种实事求是、敢于"逆潮流而进"的精神。他之所以能够如此，其重要原因之一，就是他始终脚踏实地，立足于实践，真正面对学生的心灵，根据实际情况提出自己的观点，而不是唯上唯书是从。（参见苏霍姆林斯基《给教师的建议·上》）

　　苏霍姆林斯卡娅还告诉我，苏霍姆林斯基提出在教育过程中应始终以学生为主体，这就不符合当时苏联教育理论界的潮流和教育行政的口味；对于上级的错误指令，他从来都是拒绝执行。他主张应该对教育对象加以研究，注重对人本身的关注与研究，主张把情感教育寓于教学过程的始终，呼吁关注儿童与大自然及周围环境的关系，但这些正确的主张却被指责为"与萨特的存在主义不谋而合"。他成为苏联教育科学院通讯院士后，对理论界那种"理论脱离实际，装腔作势吓唬人"的不良倾向没有表示丝毫的妥协，他决不像有些人那样奉承拍马，做表面文章，面对各种压力他毫不动摇，继续自己的教育探索。到了60年代，他已经很少去莫斯科参加苏联教育科学院的会议了。表面上看，苏霍姆林斯基获得了不少荣誉，但实际上，在他生前，他的大部分著作都没有能够出版。他的《把整个心灵献给孩子》还是通过特殊渠道在德国出版的，为此，他差点被开除党籍！然而，历史证明了苏霍姆林斯基教育思想的不朽。现在，包括美国、加拿大、英国、希腊、日本在内的许多国家都成立了苏霍姆林斯基研究会或苏霍姆林斯基实验中学，他那充满人性的教育理论成了全人类的教育遗产！

　　他的感情真挚而充沛，他的思想朴素而深刻，他的语言平易而精彩！让每一个从他身边走出去的学生都能拥有自由舒展的心灵并幸福地度过自己的一生，这就是苏霍姆林斯基的教育追求。虽然以今天的眼光看，他的思想理论可能有着这样那样的不足和一些不可避免的历史局限，但是仅仅凭他"要培养真正的人"这一矢志不渝的信念、他教育胸襟的博大和教育理想的崇高，以及他教育论著中所散发出来的民主芬芳，他的教育境界就远远高出了苏联同时代的许多教育家。

我可以大胆地说，苏霍姆林斯基教育思想是伟大的共产主义思想与真正的人道主义精神的完美统一，尽管他的著作中没有出现过"民主教育"这个词语，但他无疑是社会主义民主教育的先驱者。

2003 年 6 月 4 日

面对实践的理论最亲切

最近我刚好写了一篇文章,这样抨击教育理论研究中的一种不良文风——

有些"专家""学者"总是认为,所谓"学术性"就是罗列学术术语构建理论框架,别人越看不懂,就越深奥,"学术性"就越强。于是,我们看到了不少这样的教育文章或著作:没有新观点却有新术语,没有新见解却有新概念,晦涩难懂,故弄玄虚。这是学术的堕落,是教育的悲哀!

在我看来,越是学问精深者,表述其学问的语言越平实。因为学问大家已将知识融会贯通且思维清晰,所以善于把高深的道理转化成大众化的语言。恰恰是那些才学疏浅者,其语言才令人莫名其妙。因为才学有限者往往自己都没有把要说的道理弄明白,思维混乱,所以只好装腔作势,在吓唬别人的同时也糊弄自己。其实,这哪里仅仅是一种"文风"?实质上更是一种学风。远离实践的所谓"理论研究",当然只能闭门造车,这是毛泽东当年就严厉批评过的理论严重脱离实际的学风!

令人忧虑甚至让人感到可怕的是,这种学风还不仅仅存在于一些教育科研机构,在一线教师中也有所表现。其实,对基层教育者

教育所思（第二版）

特别是一线教师而言，理论联系实践的最好方法，我认为不是追风搞那些所谓"课题"，如"创新教育"的风来了，就"研究"创新教育；"研究性学习"的风来了，就搞研究性学习的"课题"，等等，而是结合自己每一天的教育实践进行反思型研究，或者说，带着一个思考的大脑完成每一天平凡的教育琐事，就是最好的"理论联系实践"。

"思考"必然是理论的思考，"琐事"必然就是实践。我同意广州市黄浦区教育局教研室曲天立老师的观点："教师的研究再系统，它在根本上也只是意味着对自己实践的一种省察与反思。"不要以为这种"省察与反思"档次很低，苏霍姆林斯基正是因为几十年如一日结合自己的实践进行省察与反思，最终成为饮誉世界的大教育家！根据我二十年的体会，充满爱心投入教育，必然会遭遇许多困惑，即工作中棘手的难题；而把难题当课题，我们的思考与实践就会进入科研状态——带着问题读书，根据教育理论来审视实践中有待解决的问题，最后提出解决的方案加以实践。在这一过程中，理论与实践浑然一体。我的"以口语训练为突破口，全面带动学生读写听说能力提高""变'应试语文'为'生活语文'""以'法治'取代'人治'——班级管理民主尝试"等许多教育科研成果都是这样孕育而成的。

反思型研究，还包括用先进的教育理论总结自己的教育实践。我从事语文教学和班主任工作二十年，应该说积累了比较丰富的经验。但是如果不用理论去反思，这些经验永远只是一堆素材而已。我读叶圣陶，读陶行知，读苏霍姆林斯基，读阿莫纳什维利，每每从他们的书中读到自己，这种读到自己的感觉其实就是"共鸣"。我进而用他们的思想省察与反思自己的教育实践，我之所以能够"读出自己"，是因为我在许多地方不自觉地实践着他们的思想。于是，我拿起笔写下一篇又一篇既可以叫"读书笔记"也可以称作"教育随笔"的文章：有教育家的理论，也有我的实践，还有我的感悟、我的情感，当然还包括我的自我解剖……这一切在我的笔下水乳交融。于是，《爱心与教育》《走进心灵》《花开的声音》等十多部既闪烁着科学教育理论光芒又散发着我自己教育实践芬芳的著作便诞生了。

当理论在实践中不但获得了生命，而且赢得了尊严的时候，还用得着"故弄玄虚""装腔作势"吗？当然不需要！因为此时，面对实践的理论，格外亲切！

2003 年 4 月 30 日

"老师，用我的笔吧！"

课间休息，一女生来到办公室："李老师，我想借个杯子喝水服感冒药。"我坐在椅子上，指了指角落的书柜："喏，第二格抽屉里有，自己拿吧！"学生找到杯子，自己倒开水服了药，说："谢谢李老师！"然后走了。

上课了，是作文课。学生在下面写作文，我在讲台上批改作业。这时，手中的红色圆珠笔没油了。于是，我轻声地问前排学生："谁有红色圆珠笔，借来用用？"虽然是轻声，但许多学生都听见了。于是，坐在前几排的学生都争先恐后地从书包里拿出文具盒，然后以最快速度打开，找出圆珠笔，纷纷把握着笔的手伸向我："李老师，用我的笔吧！""李老师，用我的！用我的！"每一双眼睛都充满了真诚的渴望。还是那位课间向我借杯子的女生反应敏捷，坐在第三排的她几乎是小跑着上前，把笔递到我的手中。在递到我手中之前，她还细心地将笔芯旋转了一下，把原来的蓝色旋转成红色。

这是许多年前的一幕，当然是很普通的事，但至今仍历历在目。

不一定每个学生都向老师借过杯子，但我想几乎所有老师都曾向学生借过笔，并享受过学生争先恐后递笔的热情。

我由这件小事往深处思考：为什么学生向我借杯子时，我想都没想过亲自把杯子递给她呢？而我向学生借笔时，为什么学生没有对我说——"喏，文具盒里有，自己拿吧"？

而且这样的"为什么"还可以问许多：为什么在校园里师生相逢，往往是学生先招呼老师，而不是老师先招呼学生（而且有时学生招呼老师，老师还爱理不理的）？为什么上课前学生毕恭毕敬地向老师鞠躬，并说"老师好"，而老师往往只是敷衍地说声"同学们好"，甚至只是"嗯"一声？为什么学生到医院看望老师不过是"应有礼貌"，而老师到医院看望生病的学生就成了难能可贵的"事迹"？为什么老师去家访时，学生总会为老师搬来椅子，而学生来到办公室却很少享受"请坐"的"待遇"？为什么学生违反了校纪被处分是"理所当然"，而老师犯了错误接受班规惩罚就成了"品德高尚"？……

这一切都源于根深蒂固的潜意识：师生是不平等的。

人们谈到教师不尊重学生时，往往想到的是打骂学生，其实，真正打骂学生的老师是极个别的。而更多的时候，是我们以非平等的态度对待学生，尽管我们没有打骂学生，但很难说我们真正尊重学生。这种师生不平等的"集体无意识"多年来弥漫于校园，浸透在师生关系之中。这当然是有文化背景的。完全可以绝对地说，中国传统教育没有平等，只有等级。众所周知，出于封建权贵集团的整体利益考虑，历代统治者一向十分强调君臣父子、上下尊卑的封建等级秩序，倡导"三纲五常""三从四德"等封建伦理道德。封建社会等级森严，一切俸禄、礼、教，甚至服饰都有严格的等级标志。这反映在教育上，必然是培养学生的等级秩序意识。对学生而言，首先体验到的"等级"，便是师生关系。不可否认，传统教育文化中的"师道尊严"至今都有其积极因素，但同样应该正视的是，"师道尊严"确实包含了一些封建糟粕，受此思想影响，教师与学生之间总有一道不可逾越的鸿沟，师生之间等级森严，泾渭分明，不可越雷池一步。在专制教育体制下，教师的地位被神化和权威化。从"天地君亲师"的神龛牌位我们便可以看出：教师的权威是不容置疑的。所谓"一日为师，终身为父"，表面上看，强调的是学生对老师的尊敬;而实质上,强调的是学生绝对服从的臣民意识和教师至高无上的家长权威,以及学生对教师的绝对服从。

平等不等于民主,但没有平等绝对没有民主。人的出身背景、智力水平、学历程度、经济状况、社会分工等不可能完全一样,但他们在人格上是绝对平等的。国家主席刘少奇曾握着淘粪工人时传祥的手说:"你当清洁工是人民的勤务员,我当主席也是人民的勤务员。"刘少奇这句话绝对是正确的。但当年媒体在宣传这句话时,重在表现刘少奇同志的平易近人。然而"平易近人"本身并不是真正的平等,因为当我们觉得某人"平易近人"时,我们已经在仰视他了。还有一个与刘少奇有关的说法也很说明问题。"文化大革命"结束后,不少被迫害致死者的家属常常这样说:"连堂堂国家主席都被整死了,我们的亲人死了又算得了什么呢?"这种说法的前提,是国家主席与普通公民的生命的不平等。其实,无论你是国家主席,还是淘粪工人,都没有高低之分,没有等级之别,都拥有均等的机会和相同的政治权利,其生命和尊严更是等值的。

同样,就一般情况而言,教师在学科知识、专业能力、认识水平等方面远在学生之上,但就人格而言,师生是平等的。教师和学生不但是人格上、感情上平等的朋友,而且是求知道路上共同探索前进的平等的志同道合者。

也许在不经意之间,我们就为未来培养着公民或者顺民。平等只能靠平等来培养,让我们从细节做起,比如,下次学生再向我借杯子时,我一定亲手递上……

2002 年 7 月 19 日

漫谈"有偿家教"

除了有时给本班后进生和朋友的孩子进行一些辅导之外,我是从不做家教的,更不要说"有偿家教"了。这不仅仅是因为我感到做语文家教远不能像辅导数理化那样立竿见影,如果收了人家的钱却收效甚微我会于心不安,更重要的是,我实在太忙,我觉得自己的时间应该花在比做家教更重要的事情上。

但是,我原则上不但不反对教师做有偿家教,而且认为,正当而规范的有偿家教无可指责。

教育当然不仅仅是教学方面的知识传授,因为学生在学校接受的教育,包括知识传授、能力训练在内的人格培养。仅就以补习知识为主要任务的家教而言,学生实质上是把教师请到家里购买知识。这里确实有一个"市场"因素:供求双方都有需要,市场必然形成。我曾认为,只要学校能够真正保证对每一个学生负责,真正保证教育质量,就不应该有需要请家教的学生。现在我觉得这个想法有失偏颇。从理论上讲,学校当然应该对每一个学生的学习负责,但任何教育都不可能让所有学生都达到同样的标准,再加上学生个体之间的种种不同之处,所以,学生成绩的差距永远都是一种客观存在。在理想的社会,这种学习差距不应该成为学生发展的障碍——大学生有大学生的发展天地,高中生有高中生的成功舞台,所谓"七十二行,行行出状元"。但问题是,目前在我们的社会中,只有大学生

教育所思（第二版）

才有发展天地，而选拔考试的尺度又只有一个，于是，"千军万马"必然要去"过独木桥"。是的，学校有义务让每一个学生享受成功的快乐，但这里的"成功"应该是每一个学生在其原有基础上的进步，而不是达到一个统一的标准。面对高考，以班级授课制为唯一教学方式的任何学校，都不可能保证每一个学生达到同一水平。可是，想考大学又是所有孩子及家长的需要。于是，家教市场应运而生。应该说，一对一面对面的教学，尽管不能保证所有被辅导者都能考上大学，但这种方式确实更能因材施教，因而更有可能让被辅导者考上大学。事实已经证明，家教在帮助中等生和后进生升学方面，是有成效的。其实，不仅仅是对中等生和后进生有成效，有些尖子生为了考名牌而请家教"开小灶"，同样效果明显。因此可以说，弥补学校应试教育之不足，有偿家教功不可没！

社会上对教师做家教反应最大的是高收入，一般人看到有的教师一个月做家教收入很高，便觉得不正常。我倒认为，对此不可一概而论，关键看其是否合理合法。教师做有偿家教虽然谈不上高尚，但也绝对不可耻。我知道，在我们的教师队伍中，确实有不少教师长期不计报酬地为学生补课，这种无私奉献的精神令人敬佩，因为这是一种"毫不利己，专门利人"的共产主义精神。这种精神可以在教师中提倡，但在社会主义初级阶段却决不可强迫所有教师都这样。对一般教师的道德要求，只能是职业道德和社会公德而非共产主义道德。教师在自己的业余时间，以自己的知识与技能通过劳动所得到的收入，无可非议！且不说，一些地方老师连工资都不能按时领到，他们通过做家教来维持生活不但令人同情，而且令人敬佩；即使是在深圳等经济发达地区，老师们通过做家教来使腰包更加充实，也不应该受到指责。须知，这也是教师的血汗钱，比起那些贪官污吏靠腐败所获得的"来源不明"的收入，教师的这份血汗钱，至少干净一百万倍！

当然，有偿家教并非一点问题都没有，社会上对教师做有偿家教的批评也不全是出于"红眼病"或"思想保守"。可以说，在许多地方，在职教师有偿家教的市场基本上处于无序状态。要让有偿家教健康发展，必须予以规范。具体说来，我认为这种规范至少应该体现在以下三个方面。

第一，禁止教师对本班学生进行有偿家教。辅导学生，包括在课余时间为后进生补课，都是教师职业范围内的事情。如果允许教师给自己的学生做有偿家教，势必会使一些师德低下的教师在正常教学时间内不太关注后进生，然后在课后再通过有偿家教对他们进行个别辅导。决不能说没有这样的教师，我曾经任教过的某学校就有一个这样的同事，每到周末，她家客厅里总是座无虚席，有时甚至连阳台上都坐着学生，而这些学生全是她班上的"差生"；更令人惊讶的是，据这些学生的家长说，这些"差生"都是她在家长会上一一点名确定的！尽管后来教委根据家长的举报严肃处理了这位老师，但她所造成的恶劣影响一时却难以消除。有人也许会问：难道给自己班上学生做家教与给别的学生做家教有什么区别吗？当然有区别！对本班学生进行个别辅导是教师的义务，而教师对别的学生并没有补课的义务！"因材施教"是每一个教师应该遵循的教育原则，不放弃任何一个学生是每一个教师应该恪守的职业道德——不，不仅仅是道德，更是职业规范。

第二，防止教师因有偿家教而影响自己正常的教育教学工作。有偿家教应该是副业而非正业，但如果不予以规范，有的教师则可能将其当作正业，而把完成学校教学任务当成副业。确实有这样主次颠倒的教师，其表现主要体现在以下两个方面：一是利用上班时间搞有偿家教，比如利用晚自习辅导学生的时间搞有偿家教，或者白天上班时间为高考落榜的学生补习，这样的有偿家教直接占用正常工作时间，违反了学校纪律。二是占用大量应该用于备课和批改作业的时间进行有偿家教。我这里也有一个现成的例子：一位青年数学教师，每天放学后总要留一些成绩优秀的学生到办公室帮他批改全班的作业，而每天晚上他则在办公室搞有偿家教。事情败露后，他还在领导面前狡辩说,他叫学生批改作业是"培养学生的能力"。还有的教师因为搞有偿家教而得不到应有的休息,上班时间精神不佳,影响教学效果。这都是不允许的。教师职业的特点,就是工作不可能在八小时之内完成,而或多或少要占用八小时以外的时间。如果教师能把八小时以外的时间安排协调好,在不影响正常备课、批改作业和进修的情况下,适当做点有偿家教是可以的,但绝不能因此而影响正常教育教学任务的圆满完成。

第三,要对教师有偿家教之"有偿"进行合理调控,并使之公开化、透明化。现在的家教费确实是暗箱操作,这为一些教师漫天要价提供了可能。有的人认为,既然是市场经济,那就是"周瑜打黄盖——一个愿打,一个愿挨",两厢情愿的事,别人管不着!这种看法不对。市场经济合理公正的价格体系,是建立在良好的多元选择机制上的。而由于种种原因,学生对家教老师的选择是非常有限的,因此,一些高得离谱的家教费是家长被迫"自愿"付出的。另外,教师由一个普通人成长为一位高水平教育者,其成本投资方主要是国家(至少目前如此。尽管现在师范大学也在逐步收费,但所收费用只占整个培养费的一部分,更何况现在能够做有偿家教的骨干教师大多是国家当年无偿培养的),而国家的这份投资就包含了所有纳税人的钱。在这个意义上说,搞家教的教师没有上限的高收费是绝对不合理的。因此,有关部门应该对有偿家教的收费进行科学管理,比如建立相应的中介机构,使家教收费能够得到规范和明码实价的管理。这样,买方和卖方的合法权益都能得到维护,同时通过收费的公开透明,使国家应有的税收不至于暗中流失,从而使国家利益能够得到保障。

在对教师加强职业道德教育的基础上,通过制定相关法规或法规性文件以规范秩序,再建立并完善来自社会特别是来自学生及其家长的监督机制,只要做到了这几点,有偿家教就没有什么可怕的。我以为。

2002 年 3 月 31 日

家长也是教育者

常常有这样的家长，第一天领着孩子入学，便对老师说："我这孩子交给您就放心了！孩子犯了错误要打要骂随您，我决不袒护！"家长说这话时，脸上的表情绝对是真诚的。还有的家长，常常到学校向老师告孩子的状，"控诉"孩子在家里的种种"罪行"，末了往往说一句："您帮帮我吧，我的孩子就听老师的话！"

每当遇到这样的家长时，我都会为自己能被他们真诚信任而感动，但同时也会感到不安：如果家长仅仅用"托付"和"告状"与我"配合"，我的教育能够成功吗？我毫不怀疑这些家长对老师、对学校教育的厚望，但这种"厚望"背后隐藏着一种令人忧虑的东西，这就是同样作为教育者的家长的失职。

是的，家长也是教育者！

在每一届新生入学的第一次家长会上，我都会对家长们说："我们是同事关系。我们也许在社会角色、专业知识、性格特征、气质修养等方面都不太一样，但有一点是共同的，那就是我们有着共同的使命——教育，而且我们的教育对象完全一致，那就是你的孩子！"也正是在这第一次家长会上，我总要朗读杰出教育家马卡连柯给家长们的一段话："你们自身的行为在教育上具有决定意义。不要以为只有你们同儿童谈话，或教导儿童，吩咐儿童的时候，才教育着儿童。在你们生活的每一瞬间，甚至当你们不在家的时候都教育着儿童。你们怎样穿衣服，怎样跟别人谈话，怎样谈论其他的人，你们怎样表示欢欣和不快，怎样对待朋友和仇敌，怎样笑，怎样读报……所有这一切对儿童都有很大意义。你们态度神色上的一切转变，无形中都会影响儿童，不过你们没有注意到罢了。如果你们在家庭里粗野暴躁、夸张傲慢或酩酊大醉，再坏一些，甚至侮辱母亲，那么你们已经大大地害了你们的儿童，你们已经对儿童教育得很坏了，而你们的不良行为将会产生最不幸的后果。父母对自己的要求，父母对自己家庭的尊敬，父母对自己一举一动的检点，这是首要的和基本的教育方法。"

作为从教近二十年的教师，我的学生中有不少出类拔萃者——不仅仅是考上名牌大学，而且走上工作岗位后事业有成。但我从来不在任何场合说自己如何如何"培养"了许多"人才"，这不是因为我谦虚，而是因为我清醒地知道：对于学生来讲，他的真正成才，教师或者说学校教育的功劳最多占三分之一，还有两个三分之一分别是其家长的教育培养和孩子自身的天资以及勤奋。因此，我对一些教师爱把自己班上的学生考上大学仅仅作为自己的教育成果不以为然。在我看来，一个孩子考上大学乃至以后成就一番事业，这首先要归功于其父母。因为父母是孩子的第一任老师——从某种意义上说，也是伴随终生的老师。

从学校教育的角度看，家长的教育者身份也是至关重要的，尤其是现在提出素质教育，学校所进行的每一项教育改革如果没有学生家长的理解与支持，几乎是不可能成功的。曾有一位年轻教师对我说："现在教育上种种弊端是明摆着的，我很想进行一些改革，但我怕呀！"我说："怕什么呢？校长不是很支持你的工作吗？"他说："我怕家长啊！我想通过提高课堂效率少给学生布置点作业，家长有意见；我想取消星期六的半天补课把时间还给学生，家长有意见；我想让学生每晚看《新闻联播》，家长有意见；我想叫学生每天吃完晚饭后洗一次碗，家长反对……"他的话让我沉思：是啊，教师是为孩子好,家长也是为孩子好,可为什么这两个"为孩子好"竟然"打架"了呢?问题就出在这些家长不是教育者——他们非常希望孩子健康成长,但是他们对教育却一窍不通。

而我是幸运的。我的历届学生进校时,我都通过家长会、家访、家长校访接待日、家校联系本等形式与我的"同事"——学生家长们探讨教育,不仅仅是探讨某一个孩子的具体教育,也探讨比较宏观的教育话题。尽管我绝大多数学生家长的本职工作并非教师,但经过一学期或更长的时间,越来越多的家长或多或少懂得教育了,面对孩子的成长能够自觉从教育科学、教育规律的角度进行审视。我们有家长委员会,这个家长委员会绝不仅仅是帮班主任做一些琐碎的事儿,更多的时候是和我一起开会研究班上的工作。我的学生家长还常常出席我的班会,有时也来听我班上的课(不仅仅是我的课,也包括其他老师的课),我的确常常情不自禁地真把他们当成我的同事了。这使得我所进行的每一项教育教学改革几乎从来没有遇到过来自学生家长的反对。因此,每当我的学生取得了学业上的成功或者我自己教育上获得了新的成果时,我总是发自内心地感谢我的学生家长。

作为教育者的家长,他会随时注意自己的一言一行,尽可能在人格上成为孩子的榜样,以无声的形象去感染孩子的心灵;作为教育者的家长,他将不会把孩子视为自己的"私产",而将孩子看成是祖国的未来,这样,他对孩子的期待就不仅仅是"出人头地""光宗耀祖",而会用社会发展与时代进步的要求来设计孩子的成长和孩子的明天;作为教育者的家长,他一定会全力支持学校教育改革和老师的工作,或者说,他将把学校教育工作当作自己应该关心甚至可以直接参与的分内事;作为教育者的家长,他会以教育者的眼光(而不仅仅是父母的眼光)去打量、关注孩子,细心研究孩子每一天的细小变化,并和孩子一道成长;作为教育者的家长,不会把"哈佛女孩"之类的书奉为家教"圣经",他会尊重孩子的精神世界,按照孩子的个性引导其成长,使之最终成长为最好而又独一无二的"我"……

最后,我想以伟大教育家福禄培尔的话作为这篇短文的结束语:

"国民的命运,与其说是操在掌权者手中,倒不如说是握在母亲的手中。因此,我们必须努力启发母亲——人类的教育者。"

2002 年 10 月 14 日

百问简答

我的博客上,经常有许多班主任朋友给我提这样或那样的问题,说是向我"请教"。因为工作繁忙,我实在无法一一回复,只能就其中我体会比较深的问题,做一些简答。

其实,并不是每一个老师的问题我都能解答。因为教育总是具体的,从来就没有什么"放之四海而皆准"的教育真理。在《和青年校长的谈话》中,苏霍姆林斯基有几句话说得非常精辟:"某一教育真理,用在这种情况下是正确的,而用在另一种情况下就可能不起作用,用在第三种情况下甚至会是荒谬的。"

因此,我的这些简答,的确只能"仅供参考"。

1

钊秦暮楚:怎样在繁忙的日常教学工作中(一周十八节课加一个班班主任)加强理论学习?

答:我相信,无论多么忙,你每天都不会不洗脸不刷牙不吃饭的,因为第一,这些是你的生活必需;第二,这些你已经养成习惯。所以,只要把学习当成生活必需,同时养成习惯,无论多忙,你永远都有时间学习。

教育所思（第二版）

2

真情：提起体罚学生，教师个个望而生畏，但仅靠说服教育，又有很多解决不了的问题。怎么办？

答：没有惩罚的教育，不是完整的教育。但惩罚不是体罚。要和学生一起研究科学的惩罚方式，而且这种惩罚也包括对犯错老师的惩罚。也就是说，教育惩罚要体现教育民主与平等的"法治"精神。

3

kgdvfhp1973：李老师，我这周虽说天天坚持写了教育日记，但觉得是在坚持，没有真实的想法，所以写出来的东西像是在做流水账，没有感想，没有总结提炼。这样的教学日记有没有用呢，能不能帮助我成长呢？请李老师给我指明方向。

答：是不是流水账没关系，关键是有没有反思。有反思的文字，坚持下去，对自己的成长肯定是有促进作用的。

4

晴晴：初入教师岗位，感觉烦琐的业务很多，进一步的语文教学方面的学习机会很少。我是在乡镇小学，这里对学生的管理方法也不够科学，我该如何在教学能力和管理能力两方面提高呢？

答：不要把教学能力和管理能力对立起来。这是一回事，不是两回事。在课堂教学中培养自己的管理能力，用管理能力加强自己的课堂教学。

5

锦曦：您好！李老师。我是一名初中语文教师。工作才半年，在这半年的时间里，我对初一的孩子很是头疼。我不知道怎样才能保证课堂效率,他们好像总是喜欢讲话。对于初一的孩子,没有办法让他们学习。

答:想方设法让自己的课堂吸引孩子——让学生参与教学,将教学内容和学生的生活相联系,以自己渊博的知识征服学生,以幽默的语言让他们迷上你的语文课!

6

儿子和我:大家都在说,对学生要分层布置作业,可最终还不是面临着同一张试卷。您说,分层还有用吗?

答:分层作业是必要的,因为"因材施教"嘛,但分层作业必须与分层评价配套。

7

温勇康:现在的孩子比较不能吃苦,不够勤劳,如何克服?

答:多给孩子吃苦的机会。这特别需要家长配合,让孩子在家多做家务,比如每天晚上洗碗,自己能做的事家长决不代劳。

8

儿子和我:一个教师的成长没有专家的指引,他也能成长为一名所谓的专家吗?

答:当然能够。任何老师,只要多实践,多反思,多阅读,多写作,自然而然就会成为教育专家。这和有没有专家"引领"没有必然联系。任何行业的专家都是自己成长起来的,而不是由谁"引领"出来的。

9

水木:遇到不讲理的家长怎么办?只要学校出点事,无论家长还是社会都会把责任推给老师,殊不知,老师每周都有十几节课,尤其是班主任，责任更是重于泰山！怎样才能赢得家长对老师的理解？

答：让家长到学校体验一天或一周老师的日常生活，跟班听课，帮着老师处理一些日常事务。这样他们就会体会到当老师的不容易了。

10

儿子和我：好课到底有没有标准？是不是人云亦云？

答：好课的标准也许见仁见智，但我认为，有趣有效就是好课。"有趣"是站在孩子的角度说，"有效"是站在教师的角度看。"有趣"是教学手段，"有效"是教学目的。

11

儿子和我：一个教师的成长，到底有没有所谓的年龄的限制？

答：没有。

12

孤烟直上：李老师，您好！现在学校给青年教师太多的压力和工作量，加上各种检查、评比，使得青年教师疲于应付，疏于思考，更别说静下心好好读书了。每天超负荷工作之后，剩下的只有疲惫和劳累。没有时间反思、提炼、阅读和学习，如何实现专业成长？

答：从来就没有专门的"专业成长时间"，任何人都不可能为年轻教师成长而提供"思考"和"静下心好好读书"的"专门时间"。从某种意义上说，教育本身就是每天对各种琐事和意外情况的处理。所有的成长都是在困境与夹缝中完成的。思考也好，学习也好，都是一种习惯，而不是一项需要"专门时间"完成的任务。

13

水中的鱼儿：李老师好！我是一所中学的高一数学老师，面对的学生都是基础不好的，平时教的时候都比较吃力。我困惑的是怎样提升自己的教学能力。总感觉平时自己是在和学生为着一些简单问题不停地磨，磨上个几百遍，不知怎么教他们才会学得轻松，周围的老师都是抱怨谩骂……谢谢李老师。

答：学生基础差，只能根据他们的实际降低要求教学。如果一刀切，那么你和学生永远体会不到半点成就感。你也许会说："最终的高考并不会为这些学生降低难度啊！"但是，你目前这样教学，这些学生照样达不到高考标准。除此之外，在教学方式上还得变革，尽可能让学生动起来，让他们多参与。你在设计教学时，要变过去更多的考虑自己如何"教"，为现在的琢磨学生如何"学"。也就是要把课堂教学由教师"教"的过程变成学生"学"的过程。在这个过程中，你的教学能力自然就会提高。

14

追逐梦想：我是一名小学教师，很喜欢孩子，孩子们也喜欢我，可有时候我不知道该怎样和孩子们交流沟通，在学生做了错事后，我不知道该怎样和他们沟通才能让他们明白我是爱他们的，是为了他们好。李老师，谢谢您！

答：尽量让自己具备孩子的情感、孩子的思维和孩子的语言。

15

寒江独钓者：是否把建立职初教师成长、学生发展的图书馆作为学校管理的第一考核内容？

答：不太明白你的意思。你是说建立有利于新教师成长和学生发展的图书馆吗？这当然很好啦！至于考不考核不重要。如果是为了应付考核才建立这样的图书馆,即使建立了也没用。只有当读书成为教师和学生自身的需要时,图书馆才会真正发挥作用。

16

小灵精们:李老师,您好!我是个很普通的中年教师。我每天为孩子们记下校园点滴生活,只有一个简单的理由——为他们留下美好的童年回忆!几年前,我和孩子们还不知道新教育,但是我们每天早上也读古诗词,每周给孩子们介绍一本书,和他们共读一本书。后来,听说了新教育,我曾经欣喜地迎接新教育的到来,就像您所说的,新教育就是心教育。可是听了常丽华老师的讲座,我感到难过,感到疑惑,感到迷茫,因为常老师给我们展示的,让我感到新教育就是贵族教育,就是精英教育,就是排场教育。我们的祖国是发展中国家,值得推广的应该是平民教育!我是温州乐清人,我们这里的生活条件还可以,但常丽华老师的讲座让我们每一位老师感到这种新教育望尘莫及,那么可想而知,对于其他地区又有什么影响?我奇怪的是新教育为何不推广您的"五个一工程"!

答:常丽华老师是很优秀的新教育榜样教师,她所做的一切是符合她所在的区域的实际情况的,包括所在学校以及学生家长的经济条件。但这不是新教育唯一的方式。新教育更不是你说的"精英教育",而是面对所有孩子的教育。你如果拓展你的视野,会发现还有很多教育人,没花那么多钱一样做得精彩,比如河南的小风习习,比如湖南的桃花仙子……你可去网上查查这些老师的事迹,就会感到,朴素的新教育同样芬芳。至于我的"五个一工程",连在我的学校我都没有以校长的权力强制推广,而只是倡导。原因很简单,凡是强制的,必然逼迫部分老师弄虚作假,而这正是教育的大敌。

17

编班调班软件:小组合作是否每节课都有必要?如果不是每节

课都可以合作，那合作这个环节还能纳入教学模式吗？

答：小组合作只是形式，其实质是让学生主动地学习。至于能否每节课都小组合作，完全应该因课而异。

18

cuiwenying126：我是一名农村的小学教师，刚刚参加教育工作一年多。在这一年多的时间里遇到了很多问题。对于教学其实我感觉只要用心去爱学生，把教学工作当成这辈子唯一要做的一件事，那么什么问题都会找到解决的办法。让我无能为力的是，看着孩子们每天天还没亮就离开家，来到学校后的第一件事，就是到校门口的小卖部买些"三无"食品或是过期的食品，用这些来充当一天中最重要的早餐，接着回到黑暗冰冷的教室，坐在无法放平的板凳上，要是想趴在桌子上写会儿作业，就会让桌椅晃动。在这长身体的时期，以"垃圾"为食怎能茁壮？同样是完成九年义务教育，为什么他们没有宽敞明亮的教室和不会摇晃的桌椅？其实这里的孩子很刻苦很努力，他们很想长大后为家里为社会做点什么。你说我该怎么办？

答：你说的问题已经不是你我个人能够解决的，这得期待整个国家包括各地政府真正把孩子的今天和未来放在心上。面对这样的孩子，我们能做的就是尽可能给他们以爱。

19

聆听心声小可爱：李老师，您好！我是来自农村的一名小学老师。在我的教学中最让自己困惑的就是：在没有惩罚措施的情况下，如何确保教学工作顺利进行？如何管理不自觉的学生？有什么好方法能给教育工作一种强力的保障措施？谢谢。

答：恕我直言，如果你的教学要靠"惩罚"才能"确保教学工作顺利进行"，那你很难说是能够胜任教学的称职教师。对于不自觉的学生,当然要以纪律去约束,但更重要的,是心灵的沟通并以自己的教学艺术与智慧去吸引他们。须知你面对的是小学生啊,小学生再不自觉,又能"坏"到哪里去呢?另外,你要以一颗童心走进孩子的童心,你就会明白你在教学中应该用怎样的语言和方式了。

20

九尺浪:班上有一个孩子上网成瘾,简直到了走火入魔的程度。现在已经初三了,可他经常夜里在网吧度过,第二天要么逃学,要么在课堂上睡觉。我观察发现,他对周围的世界已经没有兴趣,也不接触同学,心里只有网络游戏。对这样的学生,我现在应该怎么做?

答:既然已经"走火入魔",那教育已经无能为力了。现在他需要的是医生,而不是老师。按你对他的描述,他的确已经"走火入魔",已经患上严重的精神疾病,远不是老师的"谈心"能够解决的,需要专业的心理医生对他进行科学的治疗和矫正。所以,我建议你和他的家长联系,送回家找相关的专门机构进行矫治。教育,要尽可能防止或减少这样的"网络走火入魔者",而要做到这一点,必须在孩子刚接触网络的时候就加强引导,比如严格控制上网时间,让孩子带着学习任务上网,随时提醒孩子警惕网络危险,帮助孩子掌握网络安全规则,建立班级网站,让孩子们能够过一种正常健康的网络生活,还要加强和学生的网上交流,等等。这一切,教师都可以有所作为。如果一开始教师没把这些工作做好,等孩子"走火入魔"了才想到"救救孩子",那肯定无能为力了。

21

小田:老师该不该惩罚学生?如何惩罚最有效?谢谢李老师!

答:完全应该。惩罚学生是教师不可剥夺的教育权利之一。但惩罚不是体罚。且有效教育惩罚必须同真诚细致的心灵沟通相结合,才能真正有效。

21

821293747：李老师，您好！我是一名新教师。尽管开学前几周战战兢兢如履薄冰，生怕哪里的细节做得不好给以后的工作留下后患，可学生还是朝着我所不希望的态势发展——他们很调皮，难管理。我的性格比较温柔，缺乏足够的魄力和威信让他们信服。尽管我想了很多办法，多次找学生谈话，但还是没有效果。而在我们学校，教学成绩突出的都是那些气场强大、管理严格、学生敬畏的老师。周围的老师跟我说：要么改变性格，要么转行。我很迷茫，不知路在何方。

答：威信不是靠"魄力"建立，而是靠心灵赢得的。有很多性格温柔的优秀老师以自己成功的教育证明，"以柔克刚"同样可以获得教育的成功。当然，这需要智慧。

22

yang_qiaoli：李老师，您好！我是通过教师专业学习才知道您的，然后找到了您的博客，在您这里开阔了视野，拓展了思维。在专业成长中首先要学习，学习理论知识。但在现实教学中仍存在很多矛盾，现在我教小学五年级，承担数学和语文教学工作，属于包班班主任。今年我校进行课改，我班被定为课改实验班，于是我参加了很多培训和研讨，有关于语文的，也有关于数学的。我感觉学的都不够精，发展受到很多限制，我想专攻一科，毕竟时间和精力是有限的。那么如何既能兼顾语文、数学两科的教学，又能走好自己的专业发展之路呢？

答：我祝贺你是个多面手。以前许多小学老师，甚至中学老师，都是同时教几门课的。我在谈到"教育家的诞生"这个话题时曾说，教育家必须是百科全书式的教育者。你当然还不能说是百科全书式的教育者，但至少具备了成为教育专家的潜能。至于"如何既能兼顾语文、数学两科的教学，又能走好自己的专业发展之路"，我无法给你具体的建议，但我要说，研究或者说探索如何兼顾语文、数学两科的教学，同时又能做好班主任工作，这本身就是最好的专业发展之路。

23

闲云：职称评审，伤不起！！！我被不合理的评审制度整治得伤钱伤心伤身体。该怎么办？

答：能够改变不合理的制度当然好，但作为个人，显然不可能。那么能够改变的只有自己的心态了——幸福比"优秀"更重要！

24

蒙海：现在各种形式的检查，走形式的东西太多，年轻教师被牵着走，没有自己的思想。怎样给青年教师提供宽松的环境？

答：宽松的环境靠自己营造。既然这些检查都是走形式，那你就不必认真对待，也用"形式"去应付它！

25

冰水一线：作为一名小学班主任和语文教师，我时常有这样的困惑：现在都提出激励孩子，明明不是很好的答案，我们不能明确指出，而是说一些话搪塞过去，这样是不是不利于孩子耐挫力的培养呢？

答：鼓励不能变成欺骗。比起一味用"你真棒"掩饰学生明显的错误，真诚而直率地指正，更有利于孩子成长。

26

美好人生：李老师，您好！能不能为我解决自私一点的问题？我是某农村中学的一名教师，参加教育工作十多年，也算是经历了教育的风风雨雨，曾经满腔激情，也有过灰心丧气。迷惘过，倦怠过，痛苦过，消沉过，但我仍然坚韧地走着教育之路，这大概是因为我对学生的爱太深，对教师的隐忍理解得很深刻。我不愿放弃教师这一职业，更不敢尸位素餐，我时时刻刻提醒自己：要对得起自己的良心！我渴望成长，可是我不知怎样提高自己，弄不准如何成长。然而，渴望成长的幼芽已破土而出，成长的渴望使我像一只无头的苍蝇，东碰西闯，不着正道，很有牤牛犊子掉井里——有力使不上，隔靴搔痒——抓不到正处的感觉。人之青春如此宝贵，再这样狼狈几年我可能真的就只能把自己的理想和愿望带进坟墓了。我不敢有太多的奢求，只希望有人能给渴望有所作为的老师指点迷津：在今天如何使老师成长？祝好！

答：不管外面如何喧嚣浮躁，守住自己一颗朴素的教育心，然后不停地实践，不停地思考，不停地阅读，不停地写作——如此坚持五年十年，你不想成功都十分困难。

27

wu_ xun_ hello：李老师，我有两个困惑：1. 抓孩子的课堂落实真的很难！对于那些经常不交作业、不背诵默写的孩子，不能罚，只能让他们下课补，但是长此以往就会形成坏习惯啊！2. 公开课的磨课真的要一遍一遍又一遍吗？为了公开课，用了全年级所有的班，一堂课上到想吐，原先还有些想法，七八个班上下来，什么想法都没了，就只有赶紧上完公开课早死早超生的念头了！

答：只有找准了学生经常不交作业、不背诵默写的原因，才谈得上找到课堂落实的办法。这需要格外耐心地个别沟通。这是一场持久战，你要有毅力和智慧。对于你说的那种公开课，我同样深恶痛绝！

28

红叶彩霞：关注你的博文已经好久了，你的教育思想一直影响着我,我更希望你的博文能影响我校的全体教师。教师们在自己的岗位上很迷茫。教师的成长问题,特别是农村教师的成长问题,一直是我思考的问题。我是一名老教师,我感到现在教师的学历高了,但教师的教学水平低了。这就是教师的成长出了问题。对教师的培训,你看我们怎么做好呢?

答:现在的文凭都有水分。如今的博士硕士学士,不说全部,至少相当一部分最多相当于民国时期的中学生。其实,学力比学历更重要。学历是给别人看的,学力才是自己的。自学吧!养成读书的习惯,坚持几年,一定会成为学识渊博、思想充实、精神饱满、心灵飞翔的真正的知识分子!

29

李军会:李老师,您好!教师成长是注重实践锻炼,还是加强理论学习?在实践过程中如何去做?理论学习该朝哪个方向发展?期待能给予答复!谢谢!

答:是注重实践,还是加强理论学习?这等于是问我"左手和右手哪个更重要"。显然,实践和学习都应该注重,二者没有孰轻孰重之分。在实践中学习是最好的学习,在学习中实践是最好的实践。理论学习哪能脱离实践呢?你在实践中遇到什么难题,便把这难题当课题来研究,并结合相关的理论学习,这就是最好的专业成长。

30

赖世云:我上的课学生爱听,但考试考不好,怎么办?
答:这说明你的课只是有趣,而无效。听课不是听郭德纲的相声。既有笑声,又有收获的课,才是真正对学生负责的课。而真正有了收获,还担心考不好吗?

31

一杯白开水：李老师，您好！我是一名初中信息技术教师，工作已经八年了，但是我很迷茫！有时备好一节课，带着很高的期望想上好一节课，但是学校有活动就把我的课给冲掉了；或者机房的电脑有很多问题，使得上课之后还常要修理电脑，这样上课的心情就没有了。还有学生来到机房不是打游戏就是上网。很多名师或者优秀教师都是语数外等学科的教师，而我们这一科的教师都是学校的修理工或者打字员，优秀教师很少！网上也少有对我们的指导，即使有也是大理论大套路。现在晋级也很难，我们要想晋级或者得到荣誉，必须达到学校的考评标准，而我们这一科的工作量是最少的，所以考评成绩一般是最低的，我们这些青年教师什么时候有出路？感觉很迷茫，很无助。我该怎么办？

答：学科尊严只能靠学科老师以自己出色的专业能力和教学成绩去争取。

32

水出：我很反感学校的一张张表格，比如，写一下后进生如何转化、优等生如何培养、如何做值班计划、如何上课。电子稿和纸稿都要，纸稿还要两份。说是为了存档，其实纯属浪费！而班上一名同学因家贫无法继续上学却无人问津，热水两天不流了却视而不见。我该怎么办？

答：重形式而轻实质，是不少学校的通病，根子还是在上级行政部门。只有等到求真务实之风从上面吹到基层，这个问题或许才能得到解决。我和你一起期待着。

33

zhulinjolin：如何在教育教学中找到自己的职业幸福？

答：每天都不要重复自己，不断地创新，你就会感到自己存在的意义；多和学生在一起，为他们的童心所感染，你就会感到快乐。

34

白云：如何在考试分数和教学宽度上找平衡点？

答：不存在所谓"平衡点"，因为没有宽度和深度的教学，永远别想获得真正的好分数。

35

草原：提倡素质教育，减轻学生负担，可是在升学率、小升初、初升高等面前，它们都形同虚设。以前中学周末甚至上课时间可以组织学生到外面学习，接近大自然。学生放学后是轻松快乐按时到家的。现在呢，为了安全，所有户外活动基本取消（除了学校接上级通知要求学生参观外），每天七节课，一周两节体育课，目前改为每天九节课，一周还是两节体育课。为了应对上级减负要求，不给学生订除课本之外的资料，但只靠上课教课本显然不行，怎么办？学校要求老师印资料，一科一科印，学生的资料还不是堆积如山？倒真是给学生减轻了经济负担，然而，让家长更不堪的是学生的身心负担吧。教师大会上，领导说，看一个教师的教学成绩，看什么？——学生考试成绩如何就反映了这个老师的教学如何。于是乎，全体教师拔学生成绩，教师就这般成长着。沿海地区相对开放，尚且如此。中国教育到底是怎么了？

答：中国教育积重难返。我们不是教育部长，无法改变中国教育，但作为一个班主任或任课教师，我们可以改变我们的班级和课堂。我们不得不戴着镣铐跳舞，但良知和智慧，可以使我们戴着镣铐的舞步尽可能优雅一些。无数相同教育体制下很优秀的老师证明，这是能够做到的。

36

千里牛：农村教师基数大，教学条件和设施比城里差。他们怎样才能获得与城里教师均等的学习、晋升机会？

答：根据现有国情，恐怕在相当长一段时间内是难以"均等"的。与其怨天尤人，不如靠自己。尽管艰苦，但我们可以靠自己的努力达到应有的专业高度和教育境界。你不信吗？铁皮鼓、滇南布衣、桃花仙子等边远地区老师的成长都证明我说的这些话绝不是安慰你。建议你到网上去搜索一下这些老师的事迹。

37

如云漂泊：在平常、琐屑的教育生活中，爱学生为何那么难？我知道很多人只是写写文章，口头说说罢了。

答：爱学生怎么会"难"呢？也许我和你理解的"爱学生"的含义不一样吧！爱是一种依恋，是一种理解，是一种尊重，是一种责任。爱的体现并非一定要如张丽莉老师那样惊天动地，有时候不过就是一个温暖的眼神、一句亲切的话语、一件举手之劳的小事。我身边许多默默无闻的老师每天都是这样爱着学生。当然，更多的时候，爱学生就体现于我们每天的本职工作中。怎么会"难"呢？

38

润心：老师们都积极参与学习，但行动上没有改变，无论学习了什么样的理念，都还是老样子上课，原因在哪儿？

答：观念的刷新只需一次培训，但行动的改变则需要持之以恒的自我超越。

39

545997891：我是科任老师，教文科班化学。有的学生根本不是来上课的，上课时就跷着二郎腿，书也不拿出来，还在那儿吃东西，老师过去跟他说话，就摆出一副满不在乎的表情，根本不把你的话听进去。这类学生如何跟他们沟通？

答：除了个别谈心，更多地要靠你的课堂魅力。你要想方设法甚至"不择手段"地让学生迷上你的化学课！

40

545997891：一、学生对某学科学习的自觉性跟老师有关，有些气场强大、要求严格的老师，或者上课较幽默的老师教的学科，学生就很愿意课后花很多时间练习。而我性格比较温和，缺乏足够的魄力和威信让他们信服。学生课后根本不自觉做练习，无论我备课备得多好，准备得多充分，也只是在课堂上教40分钟。这样学生是学不好的，怎么办？二、在正式成为老师之前，我就认为没有教不好的学生，没有不想学习的学生，看了一些教育类的书，如李老师著作中一些转化后进生的故事之后，我更深信这一点。可是到学校做老师后，我发现实际好像并不是这样的。一些同事也这样说，有些学生真的让人无可奈何。不知道是不是这样？

答：你把学生学不好的原因归咎于你的"性格比较温和"，这是误诊。要让学生喜欢你的课，还得从你的教学能力和教育智慧上去找突破口。所谓"没有教不好的学生"，纯粹是一种神话般的浪漫想象。教育从来不是万能的，哪能"包打天下"？我们能够做到的，只是尽量发现每个学生的独特潜能，让尽可能多的学生不同程度地成为最好的自己。

41

小歪歪：班级越来越大，学生越来越多，对很多事就越来越力不从心。改变思路，开始更多地让学生去处理事情，处理问题。我最为难的地方就是该学习的时候，不知道从哪个角度去学，也就是自己看看书，觉得有些盲目，我需要有高人指点，找到自己的方向。

答：你现在在教育上最急于解决的问题，就是你学习的方向。

42

倩颖：李老师，我也很想走近学生，也希望和孩子们打成一片，但总觉得中间隔了一层。我也关心学生的生理和心理健康成长，经常对他们嘘寒问暖，但是学生对我有爱更有敬，而且有些敬畏。正是这种敬畏感使得课堂的氛围比较沉闷。我很想消除这种敬畏感，拉近学生和自己的距离，但到目前为止仍没有达到理想状态。希望得到您的指引。同时我希望自己能尽快成为"教育在线"一名成员，不知该如何做。

答：走近学生不是姿态，不是手段，而是蹲下身子和学生真正平等相处，其本质是心与心的交融。教育者要有一颗童心，努力用儿童的眼睛去观察，用儿童的耳朵去倾听，用儿童的大脑去思考，用儿童的兴趣去探寻，用儿童的情感去热爱！另外，欢迎你成为"教育在线"的成员，加入的方法很简单，你直接去"教育在线"网站注册就是了。

43

朴素的教育：如何调动学生学习的积极性，使学生真正地爱上学习？

答：想方设法让学习变成学生内在的需要，想方设法让学生在学习上不断有成就感。

44

吴小燕：李老师，您好！我刚实习回来，我所实习的学校部分学生厌学情绪很大，整天无所事事。对此我尝试了很多办法都没有效果。该怎么去引导他们呢？还有就是关于早恋的问题，我并不是否认学生对感情的感知和理解,但是真的是过早了,我看了他们喜欢看的言情小说、喜欢听的歌,发现这些对他们的影响蛮大的,早恋的学生很多。该怎么去解决呀?谢谢老师!

答:学生厌学的原因很多,笼统地说"厌学",很难找到解决的办法。不过,我认为学生厌学的一个很重要的原因,是我们做教师的没有让学生感到学习的快乐和成就。因此,如何让学生觉得学习其实很有趣,并且能够在学习上尝到成功的喜悦,是我们教师应该努力的方向。至于早恋现象的大量出现,则是爱情教育的缺失所致。而爱情教育至今是中国教育的空白。我们应该主动坦然真诚地对孩子们进行爱情教育,让他们真正把握自己,为自己的人生负责,同时明白:"爱情,是对人道主义的最严峻考试。"(苏霍姆林斯基语)

45

周隽动力研究工作室:教师成长的指标有哪些?教师成长的方向在哪里(教师朝什么方向努力更能成功)?

答:没有人统一规定"教师成长的指标"。我认为,培养儿童情怀、建立职业信仰、丰富学科知识、积累教育智慧、提升课堂艺术、拓展人文视野,等等,恐怕都是"教师成长的指标",而这些同时也就是教师成长的方向。

46

论道不莫言:感谢博主的帖子。希望发牢骚的话不会给博主带来负面情绪!我是一个普通教师,可对教育理想有着不一般的追求,然而,这条路太孤独,我是草根,我周遭的环境中还没有适合我成长的土壤。课改是个大课题,决不允许忽悠,决不允许只做表面文章,可形只影单,又能怎样?想唾骂却又骂不出口,骂出口了,谁又能听懂?

答:你是一位有良知的教育者!要么改变身边的土壤,要么另择土壤生长。路宽不宽，全靠自己的一双腿。

17

黄梅荷梦：我是一名乡村中学教师。我发现有不少学生厌学的原因，是觉得读书无用。因为他们从小受到的灌输，是好好读书，将来考上大学，好挣大钱。可是，现在他们看到身边不少人没有读过书却很会挣钱，而那些读了大学的却有许多找不到工作。请问：该如何引导他们？

答：告诉学生，知识不仅仅是谋生的手段和赚钱的工具，知识有着自身的价值和魅力。这个世界上，不乏腰缠万贯却并不快乐的富翁，同时也有着并不特别有钱但因灵魂充实而快乐的清贫者。读了大学却找不到工作，这不是知识本身的过错，而往往是大学生没能力或能力不强造成的，当然，也有一些社会原因。不过一切都是暂时的。要坚信，拥有知识永远都是一个人真正的尊严和价值所在。

18

追梦：李老师，你好！一直以来很佩服你。当老师两年多了，我越来越体会到当老师的不容易。平时工作已经很多了，几乎没有时间去学习。一边是教育局的减负，另一边却是学校要的成绩，我不知道怎么去平衡两者。

答：一旦从学校毕业，伴随终生的学习就不再是"脱产"的了。勤奋的人从来不会把不学习归因于"没有时间"。真正想学习的人，永远能够找到学习的时间。

19

涛涛：我性格温和，个子娇小，也不是很幽默，学识也不高，怎样才能在学生中有威信呢？大学时就拜读了李老师的著作，去年刚毕业就当班主任，想着要像李老师那样对学生很有耐心，也有爱心，这也是学生对我的评价，可同时学生也说我没有威信。虽然所带班级各方面居中，但这一年我真的是身心疲惫，即使我有勇气继续硬着头皮当班主任，今年领导也不让我当了，估计还是不放心吧。我这才明白，李老师是有着很强的人格魅力的，所以学生喜欢你。还望李老师指导帮助。谢谢您！

答："性格温和"和"个子娇小"不是当不好老师的原因。是否幽默，也不是做老师的必备条件——当然，能够幽默更好。但"学识不高"可就要命了——哪有学识不高的人能够把老师当好的呢？难怪你没有威信啊！也难怪领导不让你当班主任了。所以我建议你多读书，努力开阔自己的视野，使自己的学识渊博起来，让自己拥有一种源于知识的人格魅力！

50

临漳教师：李老师，你从事教育管理已经多年，能不能从学校管理方面写点文章，使管理者受到启发，使教师们受到感化，为教育事业朝更好、更理想的方向发展做大家的表率？

答：谢谢你对我的厚爱！但我要说，你对我的期待已经超出了我的能力。对于学校管理，我现在也还在边学习边摸索呢！不过，我已经写过不少学校管理方面的文章，你可以注意一下有关教育报刊，也可以到网上搜索一下。

51

2992463061：李老师，你好！很高兴能看到你的微博，能够进一步向你学习。我是一个高二班主任，班里最近发生了一件事情：家长会前我在班里对同学们说，家长会期间要求同学们与家长一起倾听家长会。当时有一名男生很激动，也很气愤，用脏话在课堂上发泄。我当时看到了，问他怎么了，我同样被骂了。我没做反应，同学们说不要让他和家长一起吧，我没说什么，就叫他到我的办公室去冷静。在班上我了解到他与他父母不和。后来，我找他谈话，初步了解到他与父母一直不和，在家里父母与他对话他就只有点头或摇头。而从和他父母的电话交谈中可以知道父母还是很关心他的，从他父母口中可能很难找到答案。我初步想到的方法是找个机会和他谈谈，对他进行了解，走进他的生活，但是目前我还没有具体办法，也没有什么方案。请李老师给点提示。

答：先从感情上走近他，让他真正信任你，然后再和他真诚地交流。另外，还要和他的家长沟通，让他们主动和孩子恢复感情。这样，才能真正转变这个孩子。

52

知心爱人：李老师，您好！我是一名农村小学的班主任，班上只有十一个学生，但这还是我校最多的，其他班级学生数不到十个，也许有人认为学生少，好教育，其实我感觉很难。课上学生少，思维不够开阔，教学效果不佳，怎样找到适合小班教学的课堂模式？

答：课是你在上，所以我不可能代替你决定采用什么课堂模式，那是你自己的事。但是我想，人不多，又是小学生，是不是让孩子们多多参与要好一些？多活动，多合作，互相交流，彼此分享，游戏教学，愉快学习……也许会受孩子们欢迎，而且效果可能会不错。

53

小蜜蜂：教师怎样才能赢得社会的尊重？

答：要有知识分子的自觉意识。如果我们拥有知识分子所应有的理想、学识、教养、风骨、良知、操守、胸襟……自然就会赢得尊严。

54

小蜜蜂：教师尤其是青年教师应该确立怎样的奋斗目标？

答：寻找卓越的自己。

55

小蜜蜂：教师尤其是青年教师应在什么方面多加努力？

答：对于青年教师，刚开始要求不宜过多。把课上好，把班带好，同时让学生的成绩好，就不错了。如果要求再高一点，那就是结合实践进行思考、阅读与写作。

57

小蜜蜂：当今教师缺乏参与教育科研的热情，这是为什么？

答：那是因为他们没有感受到教育科研与自己每天工作的关系，或者说没有尝到搞科研的"甜头"。其实，一线教师可以结合自己每一天的工作，把自己遇到的每一个难题当作课题来研究，并伴随着思考、阅读和写作。如此把难题当课题，就是最好也是最有效的教育科研。

58

小蜜蜂：教师参与教育科研的最大困难是什么？

答：第一，缺乏内在的动力，总是埋怨外在条件差。以种种客观困难来为自己的惰性辩护。第二，功利心太重，不是追求解决自己遇到的具体问题，而是追求这个课题是不是"市级""省级""国家级"课题。

59

小蜜蜂：怎样引导广大教师，才能使教师队伍中出现更多的李镇西、魏书生？

答：没必要"引导"老师们成为"李镇西""魏书生"或其他什么人，而要引导老师们成为最好的自己。

60

低头看云云在脚下：学生的苦恼是我的课题，我的苦恼是谁的课题？

答：也是你的课题。

61

夕阳古道：新时期师德师风建设的有效途径是什么？

答：把对师德的评判权交给学生。

62

夕阳古道：李老师，你好！我思考的问题是："青年教师专业化发展校本培训的有效形式"是什么？

答：我推荐"五个一工程"，即每天做好五个一——上好一堂课，找一个学生谈心，思考一个教育问题，读一万字的书，写一则教育随笔。

63

杏子花开：如果某授课老师经常向班主任反映说课堂上有些学生聊天，那该怎么办？某授课老师甚至气愤地说不教那个班了，又该怎么办？

答：多和授课老师沟通，让这位老师意识到，你的课堂你做主，而不是班主任做主；"人人都做德育工作者"不是一句空话，要落实到每一堂课。

64

杏子花开：学生带手机来学校很普遍。有的学生爱用手机玩游戏或上网。班主任和家长交流的时候，家长喜欢说："麻烦你们老师控制他玩手机。"但老师觉得家长不该买手机给孩子，如果没有手机，则没有这类麻烦的事发生。如何处理学生带手机的事呢？

答：明确要求家长不许让孩子带手机到学校。

65

杨发记：感谢李老师关心年轻老师的成长问题。我和年轻老师之间有不同的观点：我认为为学校加加班，干干活，写写文章，做做宣传，打扫一下卫生，无偿付出一些时间和精力，是应该的，不能提出报酬；年轻老师认为付出就应该有报酬，奉献是不正常的，难以持久，对个人利益是一种损害，对学校的良好风气是一种破坏。有时候为具体的事情很纠结。明明举手之劳可以让学校更好，可就是没人愿意付出行动。小小困惑有时也让年轻老师尴尬不已。类似这样的问题，怎么解决较好？谢谢李老师。

答：这是学校风气问题。当然，作为学校管理者，应该尽可能在制度上保证老师们"按劳取酬，多劳多得"。但无论怎样严密的制度，都不可能穷尽所有问题。学校总有一些事是需要良知，需要情感，需要奉献的。建议学校加强老师的主人翁教育，让尽可能多的人感到自己是学校的主人——这学校是我的，而不是校长的。另外，要以多种途径表扬或者凸显乐于奉献的老师，扩大正能量在学校的影响和比重。

66

日月雨齐：现在很多老师被考试牵着鼻子走，尤其体现在语文上，认真教的老师、注重学生长期发展的老师，需要花很多的心思；而只注重让学生背背默默的老师，取得的成绩暂时也差不到哪里去。语文教学的评价机制应该改革，是吗？

答：是的。语文教学既要注重学生的知识与能力，更要注重学生的心灵、情感、人格、视野……我们对语文教学的评价的确应该改革。

67

无涯：教师进修学校在青年教师成长中的角色是什么？

答：搭建平台，提供服务。

68

无涯：促进青年教师成长最大的因素是什么？

答：青年教师本人强烈的成长欲望。

69

湖畔清风201212：李老师，您好！我是一名中学语文教师，在农村工作了十六年后，于前年调到一所城区学校。虽然一直在调整自己，但因为学情校情的差异，觉得前进的过程挺艰辛的，想问问李老师，对于调动的教师如何尽快适应新环境有没有好的建议。感谢！

答：没什么好建议。到了新环境，不适应是很正常的。任何人都是如此。想到这里，你的心态会很平和很从容。过一段时间自然就好了。

70

xzcf：李老师，现在我教了近二十年的书，最近常常问自己：教育的目的是什么？仅仅教会学生做几道题，使之能顺利通过高考，就是我现在的教育的目的吗？如果不是，我怎样才能从教育中体会到作为教师的价值？怎样才能在平常的教学中教会学生求真、求善、求美？

答："教育目的""价值""真善美"……就凭这些词，我就算写一本书，恐怕也不一定能够回答清楚你的问题。想简单些，最好的教育莫过于感染，用自己的言行去影响学生，以人格引领人格，凭心灵赢得心灵。

71

像猪一样聪明：请问李老师，我们都提倡对学生要"一视同仁"，那么对特殊学生的特别关照，是否违背公正的原则？

答：对不同学生的差别化对待，对某些特殊学生，尤其是那些容易被教育者忽视的学生倾斜教育之爱，恰恰体现了真正的教育公正。

72

犹豫不决：遇到不好的校长怎么办？我的一位校长，为人很自负，非常主观。他认为你好，你就什么都好。他认为你不好，你怎么努力都不好。比如，他喜欢的一位女老师教的学生出了什么事情，他都帮助处理；我的学生出了什么事，他都归罪于我教育得不好。有一次（几年前），我班的一个学生被高年级的学生叫人打了，是在校门外打的。（本来是打另外一个学生，没有等到，看我班这个学生和他们准备打的那个学生是一个村的，所以就把这个学生给打了。）我校一位老师打了110，但是警察没有抓住打人者。于是，校长就喊我倒点水给学生洗洗，让他去上课。既没有做初步调查，也没有对之进行心理安慰，我联系家长也找不到人，因为那时手机还比较少。当时，我多希望校长能拿出点有用的主意，但是他很"深沉"，没有说什么。于是我遵照指示，让学生先上课。结果，一放学，那个学生就不见了，晚上我终于联系到了家长，告诉了他们这件事。家长到处找孩子，结果没找到。原来，这个孩子在街上找到打他的学生，一刀刺去……治疗费花了一万多。

答：不要轻易给校长贴上一个"不好"的标签，有时候可能是因为我们的偏见，或者我们的心态，或者我们只站在自己的角度看问题，于是总觉得校长"不好"；如果换一个角度，站在校长的角度思考，可能就会发现校长其实也不好当，都不容易。当然，校长也是人，不可能完美无缺，也会有缺点，有失误。我的观点是与人为善，多和校长沟通，相信绝大多数校长会理解我们，并从善如流的。如果极个别人品低劣的校长不幸被你遇到了，你又无法和他沟通，那就另换一个单位。就这么简单。

73

年玉峰：李老师，您好！我是一名农村学校八年级的班主任，面对学生的"表里不一"现象该怎么办？学生的习惯养成与外界环境相抵触，怎么办？

答："千教万教教人求真，千学万学学做真人。"要营造一种氛围，树立一种正气，让学生感到真实的错误胜过虚假的完美——前者是成长中的"青春痘"，后者是人生的"毒瘤"。第二个问题我看不懂，或者说你表达得不太清楚。揣摩了很久，我想你是不是想说让学生养成了好的行为习惯，可社会风气却并不好，是吗？如果是这个意思，那我要问，教育是做什么用的？不就是改变社会的吗？这个改变是长期的、艰巨的，没有这个信念，干不好教育。

74

jzs_baiyun：李老师，您好！本学期我新接了一个乱了一年多的班，刚接手的时候明显有改观，可现在问题接二连三地出现。大多集中在学生基础太差，听课有相当的困难，所以纪律也不能保证。二是家庭教育跟不上，家长凡事都纵容孩子。已经初三了，还有几个月就要中考了，真担心明年不会有什么结果。我也在总结反思。如何是好？恳请您指点！

答：说实话，就取得优秀的中考成绩而言，几乎没有什么办法了。我知道这个回答会让你失望，然而，如果有什么绝招能够让这些"基础太差，听课有相当的困难"的学生在几个月内创造中考的奇迹，那么小学六年和初中前两年都没必要办了。如果你的学生参差不齐，我还会建议你尽可能鼓励有希望的学生坚持最后一搏，但既然你说你的学生"基础太差，听课有相当的困难"，那我劝你现在不要把冲刺中考作为这个班的重点，因为就算你在剩下的几个月二十四小时不睡觉地带着学生复习，他们也不可能赢得中考。我建议你把重点放在教育学生做人上，特别是让学生形成良好的接物待人的修养，并多开展各种既有趣又有意义的活动，让初中最后一段日子成为他们以后最温馨的记忆。

75

乐乐：李老师，您的文章给了我很大的启发，现在每天阅读您的博文已经成为我的习惯，每天和您这样的教育专家在一起心里感觉很踏实。现在想问您两个问题：1. 我校学生的卫生习惯太差，办法想了很多，也尝试了很多，但效果不理想，有没有什么有效的办法？2. 我校班主任工作积极性不高，大家普遍都不想做班主任，怎么办？谢谢您！

答：学生卫生习惯差，除了教育、督促、批评、惩罚、表扬、奖励……我想不到还有什么"有效的办法"。提高班主任的工作积极性，除了力所能及提高待遇，更要引导他们体验班主任工作的乐趣，感受和孩子在一起的幸福，收获结合班主任工作从事教育科研的成就感。

76

儿子和我：班里有名学生几乎每天上学都迟到，我该拿她怎么办？

答：我们是老朋友了，那就恕我直言，这些问题都要向别人请教，我有理由说你思想上太懒惰了！之所以说你"思想上太懒惰"，是因为在行动上，你肯定是很敬业很勤奋的老师，而且很有责任心，不然不会因学生迟到而着急。但你不愿意花哪怕一点点时间来思考、研究、琢磨这个微观的教育难题，其实也就是你的科研课题。一遇到问题，就想到请教"专家"，那么你永远都不可能获得教育智慧，你永远都会面对诸如"学生迟到"之类的问题而束手无策，只会哀叹："我该拿她怎么办？"我本来是不想给你做公开回答的，因为这可能会让你伤心：我这么真诚崇敬地向"富有爱心"的李老师请教，却换来如此批评。但我还是决定直率地公开答复你，因为这是一个带有相当普遍性的现象，一些老师面对难题，不是自己攻克，而是动辄"请教"，这样的老师永远都不可能有真正的成长，他们永远都只会一筹莫展："我该怎么办？"这样的职业生涯，多痛苦啊！

77

1918452592：我是农村小学老师，很苦——天气冷，回家远，工资不高，没法让家人过上好日子。当老师有各种压力啊，来自家庭生活、个人生活、社会生活，等等，怎么办？

答：辞职，改行做其他的。对我这个回答也许你会不高兴。其实，我的回答是真正为你着想。不然，我也可以用几句廉价的安慰随便敷衍你，但我觉得那才是不负责任的回答。我在学校经常对老师们说，如果对职业不满意，要么改变职业，要么改变职业心态。除此之外没第三条路可走。所以，我校曾有老师因不满意职业而辞职，我表示支持，并祝福他。同样，如果你真的觉得你做教师无以为生，那还不如做点其他的呢！

78

蓝色骨头：李老师，经常收到一些杂志来信，说可以提供论文发表的平台，但得付一定的版面费。我想问的是：这是真的吗？可信吗？

答：是真的，但这是真的假货！凡是收费发表的文章，都是假货，别上当！

79

月球上的鱼儿：李老师，上半年我在我县的报纸上发表了一篇七百字的教育随笔，结果昨天接到某编委会寄来的一份《入选通知》，说我的这篇短文被收入《喜迎"十八大"教育经典文集》，还是精装版。倒没说要交评审费之类的，但该书出版后定价998元，要我订购两本。我有些纠结，其实我这篇随笔哪是什么"经典"啊？可它毕竟是正规出版社出版的精装版，怎么说也是一种荣耀。我想听听您的看法。

答：这些所谓的"编委会"就是专门盯着你这样的老师的钱袋的，如果听我的建议，就千万别理他！

80

崇拜华盛顿：李老师，您好！我是一名刚参加工作的年轻教师。我当班主任，给同学们组织了很多活动，包括户外活动，孩子们都特别开心，这些活动既锻炼了他们的能力，也增强了班级的凝聚力。可是科任老师有意见，说这些活动耽误了学习。其实，我班的学风也不错，考试成绩在年级也一直靠前。但科任老师说，如果不搞这些活动，我班会取得更好的分数。李老师，您说我多给孩子们组织活动，究竟好不好？

答：好极了！没有活动就没有富有凝聚力的班集体，没有活动就没有孩子们浪漫的少年时代，没有活动就没有孩子们将来温馨的记忆！如果必须以取消活动为代价去换取所谓"更好的分数"的话，这种"分数"不要也罢！

81

想去火星：为什么读了很多名师的书，看了他们的讲座视频，可还是学不会呢?

答:教育情感是共同的,教育原则是相通的,具体的教育方法却是因人而异的。抱着"拿来就用"的想法去看任何名师的书和视频,是不会有"具体"的收获的,永远都不会有!

82

叶子上的光亮:能够完全由学生制定班规吗?

答:不能。国家制定法律和班级制定班规,不完全一样。前者的主体是成人,后者的主体是孩子。因此,国家法律可以由立法机构说了算,而班级的规章制度则不能简单地由孩子说了算。这就是教育区别于社会的地方,是学校生活区别于成人世界的地方。正确的方式是,孩子们在教师的引导下制定班规。

83

想当好老师:李老师,你好!我现在当着一个班的班主任,我很有热情,但我感觉家长不支持我的工作,经常是我为学生好,可家长总是反对。我该怎么办?

答:我不太清楚你的学生家长怎么不支持你,为什么不支持你。按说,你是为学生好,而这"学生"正是他们的孩子,他们应该感谢你才是啊,怎么反而会反对你呢?这说明他们还不理解你,而理解需要沟通。你可以通过家长会、家访等方式多和家长们真诚沟通,也可以用写信的方式。只要家长理解了你,一定会支持你的。另外,遇到难题还可以多和家长商量,让他们帮你出主意,有些具体做法也可以让家长们参与进来。让家长成为你的助手和同盟军,自然劲儿就使在一处了。

84

海棠朵朵:李老师好,我今年教初中毕业班。在教学中,经常看到一些孩子学习劲头不足，学习习惯不是很好，问其原因，他的理由很让人郁闷：他的父母对他说过，即使中考考不好，也会给他找关系，让他能够上高中。在和一些家长交流时，他们的言辞之中的确流露出这样的想法。请问：应该怎样对这样的孩子进行思想教育呢？

答：看来你得双管齐下。对家长，通过开家长会、家访或给家长写信，尽可能转变家长的观念，让他们切断孩子的"退路"，并与学校配合督促孩子好好学习；对学生，通过个别谈心、开班会等方式，加强心灵的沟通，让他们认识到今天的学习的确关系着明天的生存，让他们有内在的危机感。

85

微阅草堂：李老师，您好！我的困惑是，为什么作为一名小学老师会那么累，我丝毫感觉不到幸福。我很喜欢孩子，可是为了教学成绩，我得对他们严格，小学英语课时又少，我又教了很多班级，如何减轻自己的压力，从工作中寻找幸福呢？

答：只要有责任心，做任何工作都会很累。严格要求与教育幸福不矛盾啊！也许外在的压力我们是无法减轻的，但我们可以让自己的内心从容一些。教育的快乐，很多时候源于孩子。建议你多和孩子们一起玩！孩子们的天真活泼会感染你的。至于工作量过重的问题，恐怕只有找校长谈谈了。

86

平静海洋：关于内向的学生，我如何走进他的心里？

答：要走进任何学生的心里，都必须与之建立情感与信任感。对性格内向的学生更是如此。任何内向的孩子，面对自己信任的人都会敞开心扉的。另外，建议你试试笔谈，用书信的方式和内向的孩子谈心。

87

病得不轻：我刚当班主任，怎样才能尽快让学生服从我的管理？

答：要让学生尽快服从你，首先你得尽快让他们佩服你。你想想你有什么文体爱好或其他什么绝招，尽快给他们展示，让他们惊叹，进而对你崇拜得五体投地。当你的学生都成了你的铁杆粉丝时，你还愁他们不服从你的管理吗？

88

优雅客：最近我因为急躁，在没了解真相的情况下错批评了一个同学。几天来，他对我明显有敌意。我现在该怎么办呢？

答：给他道歉，请他原谅你。不要抹不下面子，错了就道歉，这不丢面子的，只会提升你真正的威信。

89

无字书：对于特别顽劣的学生可以适当体罚吗？

答：不能。可以惩罚，但不能体罚。这是底线。

90

江南淑女：我是很热爱教育的，也很爱孩子，但我感觉自己缺少智慧。请问：怎样才能让我拥有教育智慧？

答：教育智慧其实更多地源于教育难题。因此，你若想拥有智慧，除了向周围的优秀老师学习和读书，有一点非常重要，就是把遇到的每一个教育难题，包括头疼的孩子，都当作课题来研究。几年下来，你一定会有智慧的。

91

彩色童话：我知道老师必须和学生建立信任感，教育才会有效。

可是，我怎么知道学生是否信任我呢？

答：很简单，看孩子是否愿意对你说悄悄话。

92

天山雪：李老师，您好！我知道您不仅仅是一位好老师，而且还是一位好校长。我最近刚当上校长，有很多问题想请教您。如果我想让您对我说一句最重要的忠告，您想说什么呢？

答：最好的教育莫过于感染，最好的管理莫过于示范。

93

晶莹童心：李老师，我是一名小学老师，现在担任五年级班主任。班上的一些同学对男女相爱之类的事很感兴趣，有一次我还截获了一个男生写给一个女生的纸条，都是"想你"呀，"爱"呀之类的话。我很迷惑，现在的孩子这么早就什么都知道了，居然有这么坦白的表白。我该如何处理呢？

答：在我看来，你过于敏感了。虽然有早恋之说，但你说的这种情况远远谈不上是什么"早恋"。小孩子远没有我们想象的那么复杂，我们有时候是把成人的思维强加于他们的心灵。如果我遇到这样的小孩子，我可能会以某种玩笑的方式一笑了之，然后引导他们关注对集体、对他人更广博的爱。要特别提醒的是，有时候教师对自以为是"男女之情"的事过于关注，进而"认真严肃"地对待和处理，有可能在孩子心中投下对本来应该纯真美好的爱情的恐怖阴影。这将危害他们将来的幸福。

94

掠过天空的云彩：我希望我和家长保持一种纯真清白的关系，可总有不少家长要给我送礼，特别是逢年过节的时候。我觉得这是对我人格的侮辱。退回去吧，他们当然不会收，而且有些伤他们的面子;不退吧,我心里实在难受。怎么做比较好呢?

答:在这么一个物欲横流的时代,你希望和家长保持一种"纯真清白的关系",让我很感动,也非常赞赏。不过,我想家长倒不会有意"侮辱"你的人格,他们只是不了解你。他们按一般的"常规"或者说"潜规则",认为老师都会收礼,他们担心你"冷落"了他们的孩子。所以,你要通过各种方式让他们理解你,让他感觉到你是一位正直的老师。当他们看到你一视同仁地爱着每一个孩子时,他们就会真正理解你了。

95

时尚老师:我是一名高中班主任,教语文。曾经有一个女生在作文中明确向我表达了爱慕,我没理她。但后来她直接给我写信表达爱,我该怎么办呢?

答:可以就此开诚布公地找她谈一次,明确告诉她,你不可能和她建立爱情关系。你的态度一定要坚决。我不知道你在和她的交往中,是不是有让她误解的地方。所以,你一定要警惕自己的言行,并且一定要在学生面前严格保持一种师长的形象。中小学老师是绝对不能和学生有任何超越师生关系的男女之情的,这是绝对的底线。只要你守住底线,她的幻想自然会慢慢淡化。当然,这事你一定要保密,维护她的面子,不然她会难堪。

96

zhangbing198310:现在有些孩子爱撒谎,不说实话,有时候包庇其他犯错的孩子,给班主任处理一些班级问题带来了困难。请问:如何引导孩子们向班主任反映实际问题?

答:孩子撒谎往往是大人造成的。给他们一种不因说真话而受罚的环境。

97

午夜阳光：每天很忙乱，工作无头绪，怎么办？

答：调整心态，尽可能从容地面对纷繁的工作。要知道，事情永远做不完，就算今天有哪件事没完成，天也塌不下来。这样一想，你的心情就会舒缓很多。建议你在每天晚上睡觉之前，把第二天必须做的事，写在一张纸条上。第二天完成一件，就在纸条上画掉一件。这样，既能让你的一天有条不紊，又能让你不断体验成就感。

98

742710594：不允许老师订资料，为什么教辅铺天盖地？收费三四百，作业累死人，是谁允许的？不允许老师补课，为什么早晚自习取消了还要上？不允许师德败坏，为什么领导贪污腐化一个更比一个强？上梁不正了，下梁还能咋办？

答：没法管贪官，我们可以管住我们自己。在这良知被许多人嘲笑的年代，我们能够守住的，也只有自己的良知。

99

微笑的心：我和孩子们都非常热爱我们的班集体，都非常看重集体荣誉。可是我感到学校对班级的评价不公平。不止一次，明明我班教室的卫生搞得很干净，可就是得不到卫生流动红旗，而卫生不如我班的班级却得了红旗。这样的情况还比较多，不只是在清洁卫生评比方面。我个人可以忍受这样的不公，但孩子们却受到了伤害，他们是那么渴望集体荣誉。我想去找德育处主任讨公道，但又有些犹豫。李老师，我该不该去找领导呢？

答：学校的公正评价，是激发班主任工作积极性的重要因素。如果真像你说的那样，我建议你不要专门为某次流动红旗去找领导，那样不太好。但你可以在适当的时候找领导，以提建议的方式希望学校在对老师、对班级的评价方面进行改进。另一方面，我认为你和学生都不应该过分在乎外在的评价，而更应该注重班级内部的和谐、温馨和上进的风气。要告诉孩子们：开心就行！我们所做的一切都是为了我们自己的幸福！内在的快乐远胜过外在的荣誉！

100

穿着袜子洗脚：读了您的许多书和文章，看了不少您的讲座视频，还经常上您的博客。请问：怎样才能直接和您联系向您请教？能告诉我您的QQ号吗？

答：这个问题让我很是为难，很是纠结。我知道你是出于对我真诚的尊敬，想和我进一步交流。我在2004年以前，对全国各地老师的来信求助，可以说是每信必复。因为那时候我读博士，然后在教科所工作，时间相对比较宽裕。但现在呢，不用我说，你也能够想象到我有多忙。我现在不敢打开电子信箱，因为一打开便有铺天盖地的信，都是向我"求教"的。我现在的信箱里积压着二十多本书稿，这些作者都希望我给他们的书写序。但显然，我纵有三头六臂，也无法一一满足他们的要求。为此我深感内疚，因为辜负了这些老师的期望。我上QQ很早，2000年就有QQ号了。但现在我依然不常上QQ，因为一上去便有许多素不相识的人向我"请教"，我实在无法招架。因此我不敢给别人QQ号。希望你能够理解。其实，既然你读了我许多书和文章，看了我不少视频，还经常上我博客，这就很好了呀！我的所有教育想法都在其中了。也许我这个答复，让你失望了，你可能感觉，李老师怎么和《爱心与教育》中的乐于助人的李老师不一样呢？实在没办法，请理解，更请谅解！好吗？

2012年12月14日—21日

第二辑
直言不讳

我想办一所没有"特色"的学校

学校一定要有"特色"吗?

面对这个问题,有人会惊讶:"这还用说?"

是啊,这是一个热衷于谈"特色"的时代。几乎所有学校都在争创"特色"——你弄"书法教育",我就搞"剪纸教育";你争取"人人都会拉二胡",我就来个"学阿拉伯语从娃娃抓起"……

仅仅增加一门选修课,就叫学校教育的"特色"吗?

当然,也有学校的"特色"不仅仅体现在选修课上,在"理念"、"模式"甚至"培养目标"上都有"创新"有"突破",比如"让学生拥有诗意的人生",比如"312课堂模式",比如"培养走向世界的现代中国人"……

于是一种"教育服务"应运而生。某些专家、某些机构专门到学校帮着"提炼""梳理""总结"该校的"特色",于是很多简洁整齐的句式,或夹杂着数字、字母的短语满天飞,比如"教学共生,师生互动""6S教育""五合教学"……

写到这里,我的脑海里无数"新理念""新模式"以及表达学校"特色"的词语源源不断涌现出来,只是因为怕得罪人,于是很世故地不一一点出罢了。

现在很多学校的所谓"特色",要么是凭空杜撰的几个富有"特色"的标签,比如,标榜"××教育",但其内容却和其他学校一样,并没有什么独到之处;要么是多开了一门或几门国家规定课程之外的选修课;还有就是学校的什么体育或艺术"传统项目",如篮球项目、舞蹈项目,等等。

究竟有没有真正的特色学校?当然有。所谓"特色",应该是在学校管理、课程设置、教学模式、文化传统等方面表现出的与众不同的风格、个性或独特性,而绝不仅仅是开设某项选修课或组织某项课外社团活动,更不是提出一个别人没有说过的概念。

也许我的观念比较保守,我一直对义务教育学校大谈"特色"以至"特色"泛滥感到疑惑。愚以为,就义务教育阶段——请注意,我这里说的是"义务教育"——的学校而言,至少在教育方针(含培养目标)上很难说有什么特色。教育方针由党和政府制定,比如我国现阶段的教育方针是党的十七大报告提出的:"坚持育人为本、德育为先,实施素质教育,提高教育现代化水平,培养德智体美全面发展的社会主义建设者和接班人,办好人民满意的教育。"这是国家意志,显然不允许也不应该允许各学校自作主张在教育方针上还有"特色"。培养目标也是如此。基础教育,顾名思义,就是让学生打下全面素质基础。培养在人格、知识、能力、体质等方面素质全面的"社会主义建设者和接班人",是所有义务教育学校的共同目标,难道还有其他富有"特色"的目标吗?当然,如果是职业高中或大学,在培养专业性人才方面确立自己的特色,那是理所当然的。但我说的是义务教育。

这样一说,是不是小学和初中就不可能有特色了呢?当然不是。我只是说在根本的教育思想上,还是慎提"特色"为好。而在我上面所说的"学校管理""课程设置""教学模式""文化传统"等方面,教育者完全可以实事求是地展示出自己的个性,或者说"特色"。

但是,我要强调的是,真正的特色不能速成,它需要实践,更需要时间。所谓"需要实践",就是说特色是做出来的,而不是

"说"出来的。很遗憾,现在好多"特色"恰恰是"说"出来的。好多学校为了"彰显特色""打造品牌",或者为了迎接什么大型验收检查,赶忙请来专家帮着"提炼""梳理",找几个别致新颖、言简意赅的短语,"特色"便诞生了。所谓"需要时间",就是说特色是一种长期的坚守,是一种历史的积淀,是一种瓜熟蒂落,是一种水到渠成,是同行心服口服的认定,是社会众望所归的认定。从这个意义上说,开办三五年的学校,最好免谈什么"特色",更别提什么"三年打造名校"之类的口号了。但现在一些学校的"特色"则不需要时间,学校刚刚落成,便向教育局"申报特色项目"了。当然,也有一些教育行政部门,热衷于让各所学校"申报特色",人为地展现"一校一品",这是典型的教育浮躁。

此文写到一半,我参加了成都市教育局组织的一次课程改革现场活动。活动结束前,副局长左华荣在总结中说:"一定要树立正确的办学特色观。许多学校都说'要形成办学特色'。学校的办学特色,实际上就是解决自己的问题所拥有的思想和方法。我特别担心办学特色的功利化、机械化和泛化。一所学校的特色不是刻意打造出来的,应该是一所学校长期发展自然而然地形成的,不断积累、完善、升华,是日积月累,是源于实践的。"

坦率地说,我很少听到教育官员如此清醒。会后,我抑制不住激动,罕见地上台握住局长的手"大拍"其"马屁":"说得太好了!"

他谈到反对"功利化特色",我理解所谓"功利化特色",就是为"特色"而"特色",是假特色。而现在的假"特色"实在太多太多。

我想到上半年一位领导来我校视察,我陪他在校园转。他问我:"李校长,你们学校有什么特色?"我说:"没什么特色啊!"他看了我一眼,好像不太明白我的意思。我解释说:"我们学校才办几年,而形成特色是需要长期实践积淀的。再说,我现在也没想那么多的什么特色,就想让我们的老师认认真真上好每一堂课,认认真真教好每一个学生,认认真真带好每一个班,我呢,认认真真帮助每一位老师成长,就可以了。"这位领导对我的说法深表认同。

说实话,当领导突然问我"特色"时,那一瞬间,我也想过一些词语,比如"平民教育"啊,比如"新教育实验"啊,等等。但这些能够说是我校的"特色"吗?难道只有武侯实验中学在搞"平民教育"吗?难道只有我们学校在搞"新教育实验"吗?

所以,还是老老实实地做好教育应该做的每一件事,这就行了。何必要刻意追求什么"特色"呢?

有人曾对我说:"李校长,你的没有特色,就是特色!"

我知道这话很时髦,而且显得很"深刻"。但我也不接受。因为我并不是为了"特色"而"没有特色"——如此"没有特色"还是在刻意追求"特色"。

我的确想办一所没有"特色"的学校。我和我年轻的同事们,面对的是好多学校不喜欢的孩子——当地失地农民和进城务工人员的子弟。教育局划片分配生源,我们不可能将其中任何一个孩子拒在校门之外。面对这些孩子,我们没想那么多,就朴素地追求"适合每一个孩子的教育"。我们研究的,不是什么"特色",而是一个一个具体的难题:有的孩子为什么上课心不在焉?他上课为什么听不懂?有的学生为什么要辍学打工?孩子的家长为什么不愿意到学校来开家长会?怎样才能让学生享受学习的快乐?如果考不上高中,他将来能够做什么?……当然,我们学校也有相当一部分天资不错的孩子,所以我们同时也在思考:怎么让这些聪颖的孩子最大限度地获得知识,最大限度地提升能力,最大限度地得到发展?正是为了每一个孩子——是的,毫无疑问是"每一个",我们大胆地进行课程改革和课堂改革,同时相应地进行考核评价改革。

特别幸运的是,我遇到了特别理解、支持我的武侯区教育局和成都市教育局,他们不但为我校的改革大开绿灯,而且提供了强有力的物质保障。在这里我说了领导的好话,这是我的心里话。我犯不着在领导听不到的地方"歌颂"领导(我知道我的博客是从来不被局长光顾的),但我得实话实说,这是做人应有的起码的诚实。

写到这里,也许有朋友急切地想知道我校究竟进行了怎样的"改革"。对此,我要让大家失望了。一切才刚刚起步,我不愿多说细节。所以目前我基本上谢绝了所有媒体报道,因为事情才开始做,就大谈"成果",这样不好。

还有和"特色"相关的一些说法,我也常常越想越觉得不是味道。比如,学校要"打造品牌",又比如"人无我有,人有我新,人新我精",等等。这些说法,显然是一种办企业的思路,是面向市场的思维。品牌是一个商业概念,它以产品质量取胜,并形成自己独特的信任度、追随度,因而给产品增加了附加值,企业可以为品牌产品制定相对较高的价格,获得较高的利润。企业打造品牌产品,追求特色,理所当然。

一些大家公认的真正名校(关于名校的产生和意义,我将另文阐述),产生了类似于"品牌"的社会美誉度,这是一种客观存在,不容抹杀。但是,我这里依然要批评那种为"品牌"而"品牌",把"品牌"作为学校的主要追求的做法。学校是企业吗?学校需要面向市场吗?也许中等职业学校和高等专科学校以及综合性大学的专业设置,和企业有密切联系,而且需要有市场思维,但我想问的是:义务教育阶段的中小学要"品牌"来做什么?所谓"人无我有,人有我新,人新我精"意义何在?像企业一样争抢市场份额吗?当然,有人会说:"是啊,学校有品牌了,有影响了,就有竞争力,才会有源源不断的生源嘛!"且慢,按国家规定,义务教育的小学和初中,不都是由教育局划片或微机派位分配新生吗?你为什么老想着去抢占什么"市场"呢?说白了,不就是抢优生以提高"升学率"吗?不就是收择校费壮大财源吗?当然,这些话是不能摆到桌面上说的,但大家心照不宣。然而,这心照不宣的意图,不是"假教育"

教育所思（第二版）

是什么？

　　学校当然要办好，但这不是"对外"为了什么"品牌"什么"市场"，而是"对内"为了我们每天面对的孩子！只要孩子在学校能够享受每一个老师的爱，只要孩子能够喜欢每一堂课，并且真正获得全面发展，学校没有"特色"没有"品牌"没有"市场"，又有什么关系？

　　朴素比"特色"更美丽，良心比"品牌"更珍贵。孩子们的心灵和他们的未来，才是我们真正应该关注的"市场"！

　　这是我们的教育良知所在。

2011年11月23日—29日

公办义务教育慎提"品牌"

和"特色"一样,"品牌"也是不少校长追求的"境界"。

首先依然要说明,正如我不一概反对"特色"一样,我也不简单地否定一切"品牌"。所以我说的是"慎提'品牌'",而不是绝对不提"品牌"。关键是如何理解这个"品牌"。

我一直认为,品牌首先是个企业概念,或者说商业概念,它直接与市场相联系。将产品做成品牌,品牌给产品增加附加值,使企业获得更多的利润,这是一种企业发展的思路。一个企业要扩大影响,拓展甚至占领市场,都离不开品牌的打造与推广,所谓"人无我有,人有我优,人优我特"。这是一个充满创新的系统运作。对于企业来说,追求品牌理所当然,不追求品牌才怪呢!因此,我说"打造品牌"是一种办企业的思路,是面向市场的思维。

那么,公办义务教育引进这个概念是什么意思呢?或者说,学校打造品牌是什么意思呢?冠冕堂皇的话就不说了,还是挑明了说吧!把学校"做大做强"成为"品牌"之后,随着品牌效应,必然优生如潮而来,于是学校便会在竞争中占据最重要甚至最关键的优势——优质生源,这样就会占领市场——在一些地方,某些"品牌学校"甚至垄断了市场!

咦,怎么说教育说着说着便说到"市场"了?呵呵,由教育到市场,这本来就是一些校长乃至局长的习惯性思维。当然,如果是

教育所思（第二版）

大学或者高中等非义务教育，办学要有市场观念，要有"扩大市场份额"意识，这是正常的；即使是义务教育，如果是私立学校，哪怕是小学，通过做品牌来争取市场也无可厚非，人家本身走的就是市场的路子，没花国家一分钱，人家要生存啊！但是，公办义务教育学校也热衷于"品牌"，热衷于"市场"，就令我费解了。

费解之处在于——这有悖于我们国家写在各类文件上的所要追求的教育均衡与教育公正。现在全国许多地方择校热久久无法降温，就是因为每一个地区都有一所或少数几所"品牌"学校在"吸引"优秀生源——我说"吸引"是为了比较好听，其实说白了，就是"挖"生源。生源好了，学校便不会"输在起跑线上"了，教学质量自然也好了，最后升学率也上去了。这样"品牌学校"便会愈加风光。而那些普通学校，即非"品牌学校"呢？本来划在自己片区的优秀生源被"吸引"走了，生源越来越差，升学率自然无法与"品牌学校"相比。同是公办学校，同是义务教育，这公平吗？我这里只是说了普通学校和"品牌学校"在最初的生源与最终的升学率方面的巨大差距，还没说由此造成的利益差距呢！其实，这一点已经不用我多说了，大家心照不宣，"你懂的"。我只想说一句，由于所谓"品牌学校"的存在，义务教育学校之间的利益差距——学校硬件差距和教师待遇差距等，可以用一句杜诗来描述："朱门酒肉臭，路有冻死骨。"

一方面高谈"教育均衡"，一方面拼命追求"品牌"，作为主管义务教育的局长和从事义务教育的校长，他们的良知何在？

自从我在网上对"教育品牌"提出质疑后，不少人对我的质疑也进行质疑，我欢迎大家争鸣，但我还是坚持我的观点：不管如何冠冕堂皇，在不少校长那里，所谓"品牌"实际上是和市场相联系的，"做大做强"之后无非就是抢生源（当然表面上不会这样说的），这有悖教育公正与均衡。当然，我说的是"公办""义务"教育学校。私立学校、高中，讲品牌我不反对。因此，我的观点的完整表述是"公办义务教育学校慎谈'品牌'"。

本文开头,我说了我也不是简单地否定"品牌",不只是因为我理解非义务教育和私立学校追求品牌,更重要的是,如果我们赋予"品牌"另外的含义,我是能够接受的。比如有些小学和初中学校办得很好,的确有真特色(我从来不反对真特色,我只反对贴标签的假特色),形成了特有的文化和魅力。如果说这是"品牌",我是非常赞赏的。因为这里的品牌是为了让本校孩子享受更优质的教育,而不是为了挖人家的生源。这样的品牌只关系学校的荣誉、教师的尊严和孩子的成长,和挖优质生源没有关系,和占领"市场份额"没有关系,一句话,和任何物质利益没有关系!

最后我愿重复一遍我说过的话——

学校当然要办好,但这不是"对外"为了什么"品牌"什么"市场",而是"对内"为了我们每天面对的孩子!只要孩子在学校能够享受每一个老师的爱,只要孩子能够喜欢每一堂课,并且真正获得全面发展,学校没有"特色"没有"品牌"没有"市场",又有什么关系?

朴素比"特色"更美丽,良心比"品牌"更珍贵。孩子们的心灵和他们的未来,才是我们真正应该关注的"市场"!

2012 年 7 月 1 日

反思"教师是人类灵魂工程师"

"人类灵魂工程师"据说原是斯大林对作家的称呼（参见陈桂生《"教育学视界"辨析·"教师是人类灵魂工程师"辨》），后来人们将其移用于教师身上，于是，至少在中国，"人类灵魂工程师"便成了教师特定的称谓。

在很长一段时间里，我为自己是"人类灵魂工程师"而自豪。我甚至觉得，"人类""灵魂""工程师"，由这三个词语组成的称呼是多么气势恢宏而富有诗意啊！青年时代的我，曾多次在写有关教育的文章时，使用这个短语——"无愧于人类灵魂工程师的崇高使命""人类灵魂工程师不能没有自己的灵魂"等。那时候，只要一提起这个短语，一种真诚的庄严感便会油然而生。

然而现在，我对这个称呼产生了怀疑。

"怀疑"是从我无法保证自己灵魂的纯洁和高尚而产生苦恼开始的。比如说，我刚参加工作就忍不住对学生大动拳脚，如此修养当然是有愧于"人类灵魂工程师"称号的。又比如，有时学生对我提意见，我明知自己错了，却为了面子而"机智"地强词夺理，这样的虚荣心难道是"人类灵魂工程师"应该有的吗？再比如，我曾奉命动员学生为学校捐献图书，可我自己却很不情愿，只捐了很少很少的书，如此道貌岸然怎配当"人类灵魂工程师"？这样的例子还有很多。虽然这些时候我往往后悔不迭，惭愧不已，但对当好"人类灵魂工程师"我是越来越不自信了。

相比之下，需要我"塑造灵魂"的学生在许多方面却比我高尚。我打了他们，他们却真诚地原谅了我，并照样尊敬我；面对老师的批评，学生从来都是诚恳认错，即使暂时想不通，也绝不会像我一样强词夺理；我叫他们捐书，有的家境贫寒的学生不吃早点，省下钱买来新书捐给学校……我常常感到：比起学生那一颗颗晶莹的童心，自己的一颗所谓"成熟"的心其实早已锈迹斑斑！

这样一想，我对"人类灵魂工程师"的说法就愈加怀疑了。在我看来，"教师是人类灵魂工程师"这个命题至少包含三点谬误：第一，教师的灵魂肯定比学生高尚（否则怎么可能当"灵魂工程师"呢）；第二，学生的灵魂肯定不如教师（否则干吗还需要"灵魂工程师"呢）；第三，学生的"灵魂"是可以被"工程师"随心所欲地"塑造"的。

教师的灵魂真的就比学生的高尚？我前面所举的例子已经对此作了否定。传统教育习惯于把教师奉为道德圣人，但教师又不可能是道德圣人，于是，教育的虚伪就产生了。是的，就知识、能力、阅历等而言，教师显然在学生之上；但就道德而言，却很难说学生不如教师。须知"人之初，性本善"，从某种意义上说，教育的过程并不是给学生外加"美好道德"而是让学生尽可能保持童心的过程。儿童的心灵比成人纯洁，这是不争的事实，无论是《皇帝的新装》中的小男孩还是我们每天面对的学生（包括有缺点的学生），都已无可辩驳地证明了这一点。

至于学生的灵魂可不可以"塑造"，我想，在我们的教育越来越走向民主与科学的今天，什么都是可以"塑造"的，唯有人的灵魂，即人的精神和个性是不能"塑造"的！"塑造"的前提是要有模式，根据模式"塑造"出来的灵魂是否还属于学生自己的？这个灵魂是否还有真正的生命？那段并不遥远的"八亿人民只有一个脑袋"的历史，已经对此作出了回答。

教育的思（第二版）

历史地看"人类灵魂工程师"这个命题，应该肯定它有着积极意义，这主要表现为它强调了教师育人的使命感，无数优秀教师正是以此严于律己，不断攀登着人格的高峰。当然，教育者以崇高的思想境界和高尚的道德标准要求自己，本身是没有错的。但这应该是一个贯穿终生的动态的追求过程，而不是意味着教育者已经达到了很高的人格境界。我们承认教师不是完人，承认教师在许多方面不如我们的学生，这并不是降低了教育者对自己的人格要求，恰恰相反，只有教育者随时随地意识到自己的不足，才真正有利于教师的不断完善。同样，我们承认学生在许多方面，首先在道德方面在我们教师之上，这并不意味着教师就放弃了对学生的教育责任。学生童心的保持、个性的发展、思想的成熟、能力的培养等都离不开教育。但这种教育，不应该是教师的居高临下与学生的俯首帖耳，而应该是教师与学生的共同成长。再明确一点说，就是民主的教育，就是教师在向学生学习的过程中教育学生。

由做学生的"灵魂工程师"到"向学生学习"，毫不夸张地说，这是教育走向民主化所不可缺少的思想革命。这场革命早在半个多世纪以前，就被陶行知先生呼唤过："我们希望今后办训育的人要打破侦探的技术，丢开判官的面具。他们应当与学生共生活、共甘苦，做他们的朋友，帮助学生在积极活动上行走。""人只晓得先生感化学生锻炼学生，而不知学生彼此感化锻炼和感化锻炼先生力量之大。""谁也不觉得您是先生，您便成了真正的先生。"（《陶行知教育文选》）苏联杰出的教育家苏霍姆林斯基也曾这样告诫青年教师："只有当教师在共同活动中做孩子们的朋友、志同道合者和同志时，才会产生真正的精神上的一致性。……不要去强制人的灵魂，要去细心关注每个孩子的自然发展规律，关注他们的特性、意向和需求。"（《把整个心灵献给孩子》）

向学生学习，就是还教师以真实，给教育以诚实。当我们在学生面前不再是神而还原为质朴、真诚但不乏缺点的人时，学生便会把我们当作可以信任可以亲近的朋友,而朋友般平等的感情,无疑是教育成功的前提。所谓"给教育以诚实",就是面对现实中弥漫的教育虚假,教育者一方面以自身的诚实消解虚假教育的负面影响,同时又以诚实培养诚实。言行一致,表里如一,自己不相信的决不教给学生,勇于向学生承认自己的过失,这应当成为教育工作者起码的职业道德。向学生学习,即使从教育的角度看也是对学生最有效的教育。学生从教师身上,可以看到什么叫"人无完人"、什么叫"知错就改"、什么叫"见贤思齐焉"……教育者对自己错误的真诚追悔和对高尚人格的不懈追求,将会感染激励学生在人生之路上不断战胜自我,一步步走向卓越。

我不同意"教师是人类灵魂工程师"的说法,并不意味着我反对教育者应有崇高的使命感,而是主张将我们的心灵融进学生的心灵。从某种意义上讲,教育是师生心灵和谐共振、互相感染、互相影响、互相欣赏的精神创造过程。它是心灵对心灵的感受、心灵对心灵的理解、心灵对心灵的耕耘、心灵对心灵的创造。让我们的教育有更多的民主、更多的平等、更多的科学、更多的个性!——这是时代的呼唤,因为这是使我们的民族走向伟大复兴的希望之所在。

2000年5月29日

教育科研：警惕"伪科学"
——"伪教育科研"的十大表现

教育科研的重要性不言而喻。如果说"科学技术是第一生产力"，那么说"教育科研是教育发展的第一推动力"应该是毫不夸张的。在深化教育体制改革，全面推进素质教育的今天，"科研兴校"成了不少学校最响亮的战略口号和最自觉的实践行动，而"做一个科研型的教育者"也成为许多普通教师的崇高追求。

然而，我们也不能不看到，由于种种原因，在一些学校"教育科研"已经远离实事求是的科学精神而正在变味。注意，我在这里将"教育科研"四个字加上了引号，也就是说，我认为，我们的一些"教育科研"（不是所有）已经不是真正的教育科研，而正在沦为"伪科学"。

"伪教育科研"现象主要表现在以下十个方面——

一、迷信权威，亦步亦趋

科学研究是一项创造性活动，所以，教育科研的理论工作者应该通过对教育规律新的探索给我们提供新的思想、新的观念、新的策略、新的方法，等等。而一切人云亦云的"理论"或仅仅是为别人的思想"作注"的"体会"都不是真正的教育科研。

然而长期以来，我们不少教育科研工作者所从事的主要工作，正是为权威们的思想提供"论证"而"说服"普通教师。回想这么多年来，我们所津津乐道的教育理论大多是国外的教育家的：时而皮亚杰，时而布鲁纳，时而布鲁姆，时而马斯洛，时而桑代克……当然，这些饮誉世界的教育家无疑有着高瞻远瞩的真知灼见，他们的教育理论对我们的教育事业的发展无疑有着积极的指导作用，但是学习他们的理论毕竟不能取代我们对自己的具体教育问题的研究。对他们的教育理论的阐释是必要的，将他们的理论运用于中国的教育实践更是应该的。但"阐释"和"运用"不能代替创造性教育科研。跟在别人的理论后面不停地"作注"，绝不是真正的教育科研。

另外，多年来我们一些教育理论工作者往往"唯上"，根据领导人最近发表的什么谈话或什么题词来确定自己的"主攻方向"：领导人说"知识经济初见端倪"，便大谈"知识经济与教育改革"；领导人说"创新是一个民族进步的灵魂"，便大谈"素质教育要以创新能力的培养为重点"；领导人说"要加强中小学生思想政治工作"，便大谈"改进德育的必要性"……

亦步亦趋，怎能算是真正的教育科研？迷信权威，又焉能产生真正的教育家？

二、"课题崇拜"，华而不实

如果从教育科研的针对性和目的来说，任何真正的教育科研毫无疑问都是有特定课题的。而现在许多教育者特别是一线校长和教师心目中的"课题"，主要是来自上级教育行政或科研部门下达的"课题"——什么"市级课题""省级课题""国家级课题"，等等。在相当多的教育者看来，所谓"教育科研"当然就是搞"课题"啦！而且，"课题"的级别越高，说明自己的"教育科研"的水平、质量也越高。于是，几乎所有校长都特别希望争取"课题"，也不管这个"课题"是否符合本校实际。"课题崇拜"由此产生。

在现在的中国，所有的"教育科研课题"一旦立项开题，定会成功，而绝不会失败。难道不是吗？试问，这么多年来，全国中小学承担了多少"课题实验"？这些"课题"有哪一项被宣布过"实验失败"？本来，既然是科学研究，就必然存在着成功和失败的双重可能，而对于真正的科学研究来说，失败也是有意义的。但唯独中国的教育"课题实验"，无论其过程如何，一旦到期，专家验收时均宣布"取得了预期的成果"。人们常说"春华秋实"，可我们好些教育科研课题却"华而不实"。这样的"教育科研"，科学性何在？

无论是苏联的苏霍姆林斯基还是中国的陶行知，都是公认的一流教育家。我不知道他们的教育科研"课题"是谁给下达的，又是谁"验收合格"的。

三、眼睛向上，追赶时髦

大约十年前，上级有关部门强调各学科教学都应进行德育渗透，于是，笔者所在学校有位生理卫生教师便申报了一个"生理卫生教学中的德育渗透"的课题，一年后结题时，该教师果然写了一篇课题报告，大谈"消化系统与德育""神经系统与德育""生殖系统与德育"等等，这篇"课题报告"还获得了当年市级科研论文二等奖。

类似真实的笑话绝非个别现象。我们好些教育科研课题的"灵感"往往来自"上面"教育行政部门或教育科研部门的文件。当一位校长在拟定教育科研课题或一位教师在考虑科研计划时，往往首先想到的是："最近上面有什么新的精神？"即使所设想的课题或计划是来自教育实践，形成文字时也一定要用"新精神"来包装——如果最近强调"多媒体教学"，就拟定"多媒体教学中的素质教育尝试"的课题；如果最近强调"社会实践"，就提出"社会教育与学校教育的关系初探"的课题……于是，教育科研成了"赶时髦"。

真正的教育科研课题从何而来？当然应该从实践中来。也就是说，所有有志于教育科研的人，都应该眼睛向下，面对教育实际，面对实践，面对我们的学生。教育科研课题应该是在教育实践中自然涌现出来的,当教育者的教育实践遇到困惑时,教育科研课题正在破土而出。而一切跟着风向转的"教育科研"都只是大街上招摇一时的"时装"而已。

四、故作"特色",滥贴标签

稍微回忆一下,这么多年来,全国中小学所总结的"模式"、概括的"特色"、提出的"口号"是何等令人眼花缭乱!

应该充分肯定,多年来我们绝大多数学校的领导和教师在全面提高教育质量方面确实殚精竭虑,做了大量扎扎实实的工作,而且取得了巨大的成果。这一过程本身就是最贴近现实而又最实在的教育科研,如果实事求是且朴实无华地将这些探索和成绩总结出来,也就是很好的科研成果。但是,人们往往有一种认识误区:不提"口号",不提"模式",不贴"标签",就不叫教育科研"成果"——至少这个"成果"没有"档次",即使有"档次",也缺乏"新意"!本来大家的教育实践都是差不多的(因为教育本身就是朴实无华的,哪有那么多的"花样"啊),可是一旦形成"论文""报告","特色"便出来了,而且这种"特色"往往通过口诀式的数字化短语来概括,什么"三自"(自我教育、自学能力、自主发展)、"四主"(教育主动、教师主导、学生主体、人格主线),等等。还有"模式"的泛滥,目前各种各样贴着"××教育"标签的"流派"至少有好几十家。

需要特别声明的是,我绝不是一概否定这些"特色""口号"。事实上,有些教育模式确实来自科学的实践,而且对提高教育质量起到了巨大的推动作用。然而,在所有"标新立异"的旗帜中,有没有"伪劣产品"呢?

五、说做各异,阳奉阴违

如果仅从总结汇报材料看,全国几乎所有中小学的素质教育都搞得非常好,因为几乎没有一所学校在谈到教育科研时不罗列一些"做法"和"特色"。当然其中许多学校是名副其实的,但也不乏虚有其名者。有的学校"科研报告"充满说服力——有理论阐述,有实践支撑,还有成果印证,让人很难怀疑其真实性。但如果与该校平时的实践相对照,其所谓"教育科研"便会显出虚假性。因为这些学校在向上级汇报时所说的与平时工作中所做的是两回事,所谓"素质教育轰轰烈烈,应试教育扎扎实实",便是对这种现象的尖锐讽刺。

虚假"科研"还有一种表现,就是同样一种材料可以应付不同的科研课题验收。比如,某所学校在课堂教学改革中确实取得了一些成果,那么,这项成果将被"万能"地用于应付各种场合:"主体性课题研究"结题时可以用,"减轻学生过重课业负担"实验总结时可以用,"创造教育探索"课题验收时可以用,"学法指导探索"汇报时可以用,"陶行知教育思想实践"现场研讨会也可以用……

每当上级要进行教育考察或某项科研课题面临验收时,往往就是一些学校突击弄虚作假的时候:临时进行各种问卷调查以充实"原始资料",赶紧补写必不可少但平时又没有写的各种材料,马上开设平时根本没有开的有关课程,精雕细刻并反复演练用于课题汇报的"公开课",对学生进行"统一口径"的有关教育,等等。

六、冠冕堂皇,以售其奸

在"素质教育"的口号深入人心的今天,没有谁会公开宣称要搞"应试教育",但却有人拉大旗作虎皮,接过"素质教育"的旗帜而大搞"应试教育",而"教育科研"便是他们最冠冕堂皇的外衣。

最典型的例子就是在"科研课题"幌子下大办各种"实验班"。过去那种以提高升学率为目的兴办的"重点班"早已遭到社会谴责而臭名昭著,可是现在这种"重点班"又堂而皇之地卷土重来了,不过，它已经换了一个充满素质教育改革气息的名称，叫"××课题实验班"。真正的教育科研是离不开实验和实验班的，而且现在确实有许多学校的"实验班"在进行名副其实的教育科研实验。对这些实事求是的教育探索者，我表示真诚的敬意。但我这里批评的"实验班"现象，却是挂羊头卖狗肉，骨子里仍然是"应试教育"。有这样一所学校，为了保证高中招生时本校的优秀生源不流失，便在初一学生进校时通过择优考试将全年级学习最拔尖的学生集中起来办了一个"素质教育实验班"。以后的三年里，该班的教学一切都围绕升学转。到了初中毕业前夕，学校又以"教育科研课题"需要"跟踪实验"为名强行让"实验班"学生书面保证高中一定留在本校，并与校方签字画押。由于这个班本身就是"尖子班"，所以无论中考还是高考，这个班的升学率都非常高。于是，在"实验班课题"验收时这自然被校方大肆宣扬为"教育科研成果辉煌"！

这种"科研"，恐怕绝非个别吧？

七、论著晦涩，不知所云

读不懂教育论文、教育论著，这是许多教师共同的苦恼和自卑。不信，请读一读一篇题为"语文课程的本质：构建读写及审美的经验"的论文的开头："语文的主体是广泛的，复杂的，无穷的。这是指它作为知识本身不仅包含着基础的认知符号系统及其内部规律，同时包含着与之对位的人的情感状态、价值判断、过程描述等主体的共时性体验。因而，人们在教授和学习它时，不可能像对其他学科那样系统，有层次，有梯度地进行线性方式的知识传授和接受，而是要更大可能地构建学习主体能够深入、持续的语文学习的内在体验。在今天，尤其重要地凸现在现代教学中。……"

我是教语文的，但我既读不懂标题，更读不懂内容。我请教了好些语文教师（包括语文特级教师），他们也说"不知所云"。毛泽东当年批评"党八股"时说有些同志写文章是"下决心不要群众看",而现在也有那么一些"专家"写教育科研文章是下决心不让教师看懂。他们喜欢玩弄时髦术语、新潮概念,喜欢这样"原则"那样"性"地构建"理论大厦"。好像这才是"教育科研"的"学术规范",才是真正的"科学态度"。然而,当我们读到卢梭,读到苏霍姆林斯基,读到陶行知等真正教育大师精辟深邃而又亲切平易的教育理论著作时,那些晦涩高深的"教育科研"论著立刻便现出了"伪科学"的面目。

八、职称论文,虚假写作

教育科研是"做"出来的,而不是"写"出来的。即使最后的课题报告或论文,也是科研实践瓜熟蒂落之自然结晶。然而,现在有许多论文是闭门造车硬写(甚至抄)出来的。为什么?因为评职称需要发表论文啊!于是,为职称而写作成了"教育科研"的全部内容。

《中国青年报》曾开展过"中小学教师评职称是否非要有论文发表不可"的讨论。我认为,第一线的中小学教师结合自己的工作实践写出并发表教育论文,当然是一件很有意义的事。但这只能是提倡而不能通过评职称时的"一票否决"来强制。即使要将论文与职称评定挂钩,也只能是"在同等条件下有论文者优先"。因为一旦强制便极有可能导致弄虚作假,而虚假论文现在实在是太多了:有的剽窃别人的论文拿去发表,有的请人代写论文然后投寄报刊,有的通过托关系"走后门"在报刊上发表文章,有的干脆就花钱买"论文"——各种收取"版面费"的报刊或"论文选编辑部"便应运而生。

因此,"论文"等于"科研成果",就成了人们的"共识"。于是,在不少学校,每当向上级汇报或年终总结时,校长谈到"教育科研成绩",总要罗列"论文"数——在市级刊物发表了多少、在省级刊物发表了多少、在国家级刊物发表了多少,而全然不管这些所谓的"论文"究竟有多少真正的教育科研"含金量"！

九、虚张声势，热衷炒作

真正的科学研究，其过程必然充满曲折与艰辛。在没有取得成果时，科学研究本身是一件远离喧嚣、甘于寂寞的事。教育科研也是如此，苏霍姆林斯基如果没有三十多年如一日在乡村中学默默无闻的教育探索，他就不可能成为杰出的教育家。

然而，现在搞"教育科研"却是一件很"风光"也很容易"出名"的事。当然，毋庸置疑，真正的教育科研能够促进学校的发展，所谓"科研兴校"正是这个意思。但现在在一些学校搞"教育科研"却是"醉翁之意不在酒"，他们更多的是把教育科研视为"打造"学校"品牌"、"树立"学校"形象"的大好契机。于是，自我炒作便是"顺理成章"的了。有的学校与名牌大学合作搞"课题"以壮声势，有的学校邀请众多教育"名人""大腕"参加"课题"论证或"课题"鉴定，有的制作精美画册、多媒体光盘宣传"科研成果"，有的通过各种途径将"课题报告"挤进《××教育大词典》《××名校大词典》之类的巨著……当然，这一切都离不开报纸、电视的"配合宣传"。往往一次小小的"课题研讨会"却被策划成"盛大的节日"！

若真能取得实实在在的科研成果，这样劳民伤财倒也可视为不得不付出的代价。问题是这样折腾，往往是没有什么真货的，因为折腾者要的是"热闹"本身而不是实际效果。

十、"科研"牟利，以饱私囊

蓬勃兴起的教育科研之风，推动了各学校教育改革的深化，同时也成了一些利欲熏心者眼中的"商机"，于是现在有些"教育科研"充满了铜臭味。笔者曾在一所中学亲耳听到某师大一位教授对该校校长说："你们拿出一万元，我保证为你们申请到国家级课题；

然后再花点钱,我叫我的几个研究生蹲在你们学校帮你们总结总结,这科研成果不是就出来了吗?我以前帮好几所学校指导课题都是这样成功的。"但这个建议被校长婉言谢绝。

我对这位实事求是的校长肃然起敬,但又不由得产生联想:那位教授炫耀的"好几所学校"的"成功"不知蒙骗了多少人!当然,我相信那位教授的那种做法绝不带有普遍性,但打着"教育科研"的幌子而行以牟利为目的的勾当,恐怕很难说是个别的。比如,打着"科研"旗号而成立各种"学会"或"中心",这些"学会"或"中心"往往又挂靠某杂志社或某报社,于是,便可以"研讨会"或推广"研究成果"为名堂而皇之地办班并推销各种资料了。总有那么一些"教育专家"会根据教育"行情"不断推出各类"教育科研"书籍,其他的例子不用多举,就以眼下来说,贴着"创新教育"标签的"论文集""教学辅导""能力训练"之类的读物就不计其数。

如此"科研",除了填满某些人的私囊,于教育何益?

以上种种"伪教育科研"现象的出现,其原因是复杂的,这与我们目前的教育评估不够科学有关,也与目前盛行的某些不良风气有关,它甚至还有着难以详述的更深刻的社会原因和历史原因。因此,不能完全怪第一线的教育者。实际上,从某种意义上说,第一线的教育者也是这种"伪教育科研"的受害者。这是笔者必须说明的。

还需要特别指出的是,以上种种"伪教育科研"现象,绝不代表我国中小学教育科研的全部。新中国成立以来,尤其是改革开放以来,我们的教育科研所取得的成就是有目共睹的——比如,今天所倡导并已成为全民共识的"素质教育",从某种意义上说,正是教育科研的理论成果。但在充分肯定成绩的同时,清醒地意识到其中存在的弊端,恰恰是为了让我们的教育科研事业能够继续健康地发展,进而取得更辉煌的成就。我们可以想象,如果每一所学校、每一位教师都实实在在地进行教育科研,中国的教育发展将会是一个怎样蓬勃的景象!

呼唤陶行知所倡导的"真教育",让实事求是之风回归教育科研——我相信这也是所有教育工作者的真诚心愿。

2001年2月6日

也说"教不好"与"不会教"

"没有教不好的学生，只有不会教的老师"这句话，我记得最早是教育家陈鹤琴说的，现在被不少教育者广泛引用，而且引起了争论。我想，陈鹤琴当初说这话时，一定不会引起误解的。因为任何话都有特定的含义。陈鹤琴之所以这样说，在我看来，是想强调教育者对孩子的一种责任与信念，和教育者基于这种责任与信念对自己的严格要求。这句话的真理性在于：不轻易对任何学生丧失信心。

换句话说，这句话只是教育者的严于律己，而非一种教育评价标准。

但问题在于，现在一些教育者，特别是一些担负一定领导职务的教育者，把这句话当成教训老师的"绝对真理"，于是，便引起了老师们的反感，进而引起了争论。

有没有"教不好的学生"？我的回答是："可以说没有，也可以说有。"说"没有"，必须具备两个条件：第一，家庭教育和社会教育非常理想，只差学校教育这一环节；第二，"好"的标准是针对每一个具体学生，让他在原有的基础上有所进步，这里的进步可能是综合的，也可能是某一方面的。说"有"，是因为在现在的评价背景下，即使老师"会教"，可"教不好的学生"仍然大批量地存在。道理很简单：无论高考还是中考，都是选拔性考试，其目的就是要让一部分学生被淘汰，即被"教不好"——都教"好"了，还怎么

"选拔"？

即使抛开考试评价不说，就以思想品德教育而言，是不是所有的学生都能被"教好"呢？理论上好像是这样的。因为任何人一出生，都是一张白纸，谁也不会从娘肚子里带来一身恶习。但问题是，我们的教育所面对的不是一张白纸，而是已经被家长、被社会涂抹过许多印迹的纸，要想在这张纸上重新画出美丽的画儿，不是不可能，而是无法保证百分之百的成功。家长是孩子的第一任老师，是教育这一链条上的第一环，我们面对的学生已经是被加工过的半成品，同时，孩子还潜移默化地受着社会的影响，这些都决定了我们的教育不是从零开始的。如果绝对地说"没有教不好的学生，只有不会教的老师"，那为什么会出现学校之间的"生源大战"呢？既然"只有不会教的老师"，那还抢什么"优生"，而且是不择手段地抢呢？

我一直坚信，教育不是没有作为的。因此，在我的教育历程中，我总是问自己：对于具体的某一个"后进生"，我是否已经尽到了我能够尽的最大努力？二十年的实践告诉我，如果我们不用一把尺子衡量学生，绝大多数"后进生"都会有进步的——不一定成为栋梁之才，但至少可以成为一个合格的公民，成为最好的自己。

同时，我也始终认为，学校教育不是万能的。在一个人的成长过程中，学校教育的作用最多占三分之一，另外两个三分之一分别是学生所受到的非学校教育（包括家庭教育、社会教育）以及学生的自我教育。我们不能做超出我们能力和责任范围的事，我们只能在力所能及的范围内，尽可能地把工作做好。这样，即使个别学生最终没有被"教好"，我们也问心无愧！

"没有教不好的学生，只有不会教的老师"，如果这是教师的自励，我对这样的教师表达十二分的崇敬；如果有人以此苛求教师，我对这样的苛求者表示十二万分的遗憾！

2002 年 12 月 24 日

万炮齐轰假教育

种种假教育现象已经从令人触目惊心到让人见惯不惊了。

我知道,就造假而言,最严重的弄虚作假并不在学校。当整个社会都弥漫着虚假之风时,要让学校成为世外桃源,恐怕只能是幻想。我想到秦晖先生有句名言:"教育有问题,但不仅仅是教育问题。"应该说,比起社会,学校还算是相对比较洁净的。

但我还是为我经历过的种种假教育而恶心!因为作为班主任,我常常不得不昧着良心亲自去作假,甚至指导学生弄虚作假,最后,我和我的学生都成为假教育的助纣为虐者!

对于社会上的假,我是旁观者;而对于教育上的假,我却是操作者。看别人造假是气愤的,但当自己不得不造假时,这种痛苦是难以言说且无以复加的!

还是说我亲历的一件往事吧——

很久很久以前,我任教的学校要迎接上级的一次大规模检查。这次检查决定学校的地位与荣誉,所以,学校上上下下都极为重视。这种"重视"的具体表现便是认认真真地造假。

检查团还有几天才到学校,但学校已经从提前拿到手中的纷繁复杂的检查项目表中,发现有一项是检查学校各班是否开设了"健康教育课"。本来,在激烈的应试教育背景下,这种课多半是不会开设的——不光我校,其他学校也是如此。但现在检查项目中居然有这门课!如果检查团发现我校没有开这门课,会扣许多分。怎么办?于是,学校决定马上"开设"健康教育课。

政教处火速召开班主任会,要求各班主任回到教室里,立刻把教室墙壁上课表中的"自习"改成"健康教育课"(当然,实际上是重新贴出经过修改的课表)。

可是,这次检查团是非常"认真"的:人家不但看课表,还要随机抽查学生,让学生说说健康教育课的内容。这样一来,简单的改课表是远远不够的!

于是,教导处又召集班主任开会,要求我们在班上找五名成绩最好(当然,记性也是最好)的学生突击背诵健康教育教材上的内容,主任特别强调:"这几天,这些学生各科的作业都不必做,他们唯一的作业就是背健康教育内容。一定要滚瓜烂熟!"

但人家是随机抽查啊!如何能保证抽到的学生恰好是有准备的学生呢?

这好办——指鹿为马!反正检查团也不认识学生,如果抽到没有准备的张三,班主任就叫有准备的李四去。这不就行了?

我们都齐声称妙!我回到班上,按学校要求指定了五位学生,以"热爱学校""维护学校荣誉"的神圣理由,要求他们像背唐诗宋词一样背诵"佝偻病的起因"等等。

然而,正当我们陶醉在"下有对策"的喜悦中时,突然又听说人家这次要来"真格的"——不但抽查学生,而且还要看被抽查者的学生证,对着照片验证学生!

这下我傻眼了!然而,有人献计:"到时候利用时间差来个调包计!"

如何"调包"?且看迎接检查那一天我的绝妙表演(当然,每一位班主任都是这样表演的,而导演则是我们英明的领导)——

检查团成员在学校办公室按各班名单划定抽查对象后,班主任们便拿着抽查学生的名单回教室叫人。回到教室,我按名单叫了五位抽查学生，再叫出已经将健康知识倒背如流的五位学生。十位学生来到教室外面的走廊上，拿出学生证并按我的吩咐小心翼翼地撕下照片，贴在另一张学生证上！

不知各位看官看看明白没有——张三是被抽查者，他把自己的照片从学生证上撕下来贴到了李四的学生证上；李四不是被抽查者，但他是准备者，于是他的学生证上贴上了张三的照片，然后以张三的名义去接受抽查！

从我拿到名单回到班上，到我领着学生回到学校办公室，前后不过几分钟，但这几分钟，我和学校所有的班主任一样，向检查团表演了一个张冠李戴的魔术！

"谈笑间，樯橹灰飞烟灭。"所谓"一丝不苟""严肃认真"的检查团就这样被我们轻而易举地糊弄了，就像当年送鸡毛信的海娃糊弄日本鬼子！

然而，检查团真的被我们糊弄了吗？我们焉知检查团不是心知肚明呢？说不定他们早就知道大家都在演戏，只是装作不知以表现他们的"认真"罢了！

你骗我，我骗你，大家心照不宣，都自以为得意，同时又维护着冠冕堂皇的"认真"与"诚实"——这才是最令人毛骨悚然的！

记得检查团走后，我回到班上是这样对学生说的："同学们已经知道，李老师今天造假了，而且还教同学们造假！我很痛苦，但作为学校的一员，我不可能违背学校的统一指令——我一个人违背也是没有用的！但这也不能怪校长，如果我是校长我也会这样做的，因为在所有迎接检查的学校都在造假的情况下，我们学校诚实，只会意味着学校种种切身利益的损失！据我所知，校长是非常痛苦的，但他也没有办法！那么怪谁呢？我坦率地说：我也不知道该怪谁！但是，我现在只能对大家说：同学们！这就是我们面对的现实、我们面对的社会！我想，作为自认为心灵还比较诚实的人，如果我们被逼迫着不能不造假，我也希望在造假时，我们不是心安理得，而是内疚与痛苦,并在生活中尽量少造假。我还希望大家以后当了局长、厅长、部长,千万不要搞这种自欺欺人的所谓检查!千万不要弄虚作假!"

写到这里,我已经感到无语……

我想,有我这种经历和痛苦的老师肯定还有许多许多。希望每一个教育者都行动起来——当然,这里所说的"教育者"首先包括各级教育行政部门的领导和决策者们,让我们以自己力所能及的力量,抵制种种教育上的弄虚作假——

万炮齐轰假教育!

2003年4月10日

"儒学"能够"救中国"?

最近在教育在线网站论坛上看了几个关于儒学讨论的帖子,忍不住也想冒险说几句。

为什么"说几句"居然要"冒险"呢?

"冒"被一些朋友骂为"不懂儒学,居然有脸谈儒学""无知的狂妄""数典忘祖""要遭报应""教育英雄如此痛恨中庸,教育堪忧"之"险"。

看到这里,朋友们可能已经知道我要谈什么了。

那天看了看云的《我看儒学》一帖,心里很痛快。因为她说出了多年来我想说的心里话。于是便跟帖:

"全盘同意看云本帖中的观点!宁要'偏激',不要'中庸'。"

我是很少如此旗帜鲜明而又简洁明快地跟帖的。当时我实在是忍不住要叫好!

当我这样跟帖时,不是没有顾虑的。

第一,我是所谓"教育英雄"(呵呵,这是一位朋友新近为我封的),至少在一些人看来,我头上有所谓"光环",因此,我的话应该"慎重",要注意"导向"……我如此口无遮拦,会让许多同志大失所望,进而"影响"我的所谓"形象"。

第二,我是即兴发言,但别人会以非常严谨的学术规范要求我,比如"中庸"的科学含义,比如"真诚"的"所指"与"能指",

等等。这使我感到言说的困难：我如果要说"吃饭好"，必须马上申明我不反对穿衣，同时说明，我绝对主张"物质文明和精神文明一起抓"，在吃饭的同时也可以听听《命运交响曲》或"我多想对你表白，我的心情是多么豪迈……"尤其重要的是，我在说"吃饭好"时特别要申明，我说的"吃饭"是吃有营养价值而又绝对适量的饭，绝不是公款吃喝般的无度，等等。（这就是我讨厌的"中庸"。）

有了以上两点，足以让我不敢回任何一个帖子。

但我还是说了，因为我没有把自己当作所谓"教育英雄"，我知道，我除了是李镇西，其他什么都不是！

所以今天我决定继续说——

我曾真诚而苦恼地认为我是一个很浅薄的人，因为我知道稍微有点文化档次的人，不，只要是一个中国人，都不会不喜欢《红楼梦》，但我就是喜欢不起来。

现在我不苦恼了：不喜欢就是不喜欢！这是我的情感，别人无法强制，我自己也无法勉强。但这不妨碍我凭我的文学鉴赏力同样真诚地判断：《红楼梦》具有很高的艺术价值。

矛盾吗？至少在我看来不矛盾：前者是感情，后者是理智。

类似的现象还有很多很多：我认为北京是一座非常好的城市，但我不喜欢；我认为颜体代表了中国书法的最高成就（至少是之一吧），但我不喜欢；我认为京剧艺术博大精深，确为国粹，但我不喜欢；我认为西安的羊肉泡馍既有营养价值又有文化意蕴，但我不喜欢！

……

这有什么奇怪的呢？

好，我现在终于要说到"国学"或"儒学"或"传统文化"了（在我现在使用的语境里，这三者是一回事，请饱学之士们不要说我"无知"）。

我不想掉书袋（主要是因为没有多少书袋可掉），也不想纯"理性"地烦琐论证。我还是打比方吧——

在我的家乡乐山,有一尊举世闻名的"乐山大佛",当初(一千多年前的唐朝)是海通禅师为了镇住三江水患而主持修建,以后历经九十余年方得以建成的。无论是过去还是现在看来,乐山大佛不但体现了中国古典雕塑的艺术水平,具有很高的美学价值,而且内部构造非常科学,甚至考虑到了排水系统。总之,它既是一件艺术珍品,也是一件科技作品,而且其艺术表现手法和科学价值完全可以也应该被今天继承与借鉴。但是,如果今天有人还想像当年的修造者一样,幻想靠乐山大佛来"抗洪救灾",无疑是荒唐的!

传统文化同样如此。

中国传统文化博大精深,它曾经孕育或者说创造了中国的辉煌(对此,不必多举例)。这是客观存在,无法否认。不过,同样是客观存在而且无法否认的,是中国传统文化也孕育或者说创造了中国的耻辱(对此,同样不必多举例)。

我们不能要求孔夫子有现代民主的思想,这是脱离历史条件对古人的苛求。以今天的眼光来看,传统文化里面有许多需要今天吸收、融合或者说整合的因素,但总体上已经承担不了把中国带入民主文明富强的时代的使命,这是历史已经证明了的。

传统文化非但不能让中国复兴,而且其中的毒素,至今还在妨碍着中国的进步。

中国今天最最需要的,仍然是一百多年前就呼唤的"走向共和"!是八十多年前就呼唤的"民主与科学"!是六十多年前陶行知所呼唤的"现代公民"(而绝非臣民)!……

这些,在所谓"儒学"里面是找不到的。

在这种情况下,企图靠所谓"儒学"来拯救中国,恐怕不会如愿。

我与一些朋友的分歧,不在于以儒家为主流的中国传统文化是否"博大精深"、是否"灿烂夺目",而在于:今天的中国需要什么样的精神文明作为前进的动力?

这才是核心所在。

有人动辄用新加坡又怎样、马来西亚又怎样、韩国又怎样、日本又怎样……来证明儒家的所谓"生命力",对此,我完全同意王晓春老师的观点:"把几国的发展看成儒学的功劳未免牵强。实际上,它们的发展主要是由于国际政治经济格局的变化给他们提供了机遇,在这种机遇下,只要当局不犯大错误,有没有儒学都会发展。印度没有儒学,然而近年来发展速度亦颇可观。中国则是抓住了机遇,通过改革开放政策促进了发展。我觉得改革开放政策与'文革'的关系(反拨)都比与儒学的关系大。我的印象中,在日本、韩国、新加坡、马来西亚等国,儒学已经被限制在'修身、齐家'的小范围内起某些作用,国体、政治制度、法律、经济政策都不是按儒家的路子制定的。因此,总体上说推动它们社会进步的是儒家,那对儒家是过奖了。"

鲁迅在谈到中国历史时,曾用"吃人"二字来概括,至少现在没有人公开说他"偏激""片面"了,因为我们都懂得鲁迅的意思。每当听到有人赞美所谓"中国文明"(注意这个引号,以免又发生误会)时,我的耳边总是回荡着先生那掷地有声且穿越时空的呐喊:

> 所谓中国的文明者,其实不过是安排给阔人享用的人肉的筵宴。所谓中国者,其实不过是安排这人肉的筵宴的厨房。不知道而赞颂者是可恕的,否则,此辈当得永远的诅咒!
>
> ……
>
> 这文明,不但使外国人陶醉,也早使中国一切人们无不陶醉而且至于含笑。因为古代传来而至今还在的许多差别,使人们各各分离,遂不能再感到别人的痛苦;并且因为自己各有奴使别人,吃掉别人的希望,便也就忘却自己同有被奴使被吃掉的将来。于是大小无数的人肉的筵宴,即从有文明以来一直排

到现在,人们就在这会场中吃人,被吃,以凶人的愚妄的欢呼,将悲惨的弱者的呼号遮掩,更不消说女人和小儿。

这人肉的筵宴现在还排着,有许多人还想一直排下去。扫荡这些食人者,掀掉这筵席,毁坏这厨房,则是现在的青年的使命!

——鲁迅《灯下漫笔》

喜欢《论语》的照旧喜欢就是了(我也很喜欢呢),而且以之修身养性,至今不乏意义,只是不要再指望用它来"治天下"!

作为一门"学",我过去、今天乃至将来,都对"儒学"保持学术敬畏,包括对从孔夫子到杜维明等新旧儒家代表人物的人格敬仰,也希望对儒学的学习和研究能够永远继续下去,但我从不相信它能够"救中国"!

2003 年 8 月 14 日

表彰会的遗憾

刚刚从表彰会场回来，除了抑制不住的喜悦，也有挥之不去的遗憾。

喜悦绝对是由衷的。当领导宣布"请李镇西等获得××荣誉称号的老师们上台领取荣誉证书"时，我按要求在胸前佩戴好大红花，登上了主席台。面对台下响起的掌声和密密麻麻的摄像机，我的确很自豪——这不仅仅是我个人的荣誉，更是我的职业荣誉。

然而，在参加表彰会的过程中，每每遇到一些遗憾。当然，这些所谓"遗憾"可能是我个人"神经过敏"甚至"思想偏激"造成的，旁人早已习以为常了。不过我还是要说出来，但愿我不会因此被人视为"受了表彰还要发怪论""不识抬举"。

遗憾之一：为什么领导总是要迟到？通知的是八点半准时开会，但八点半到了，主席台上空无一人。我以为是我记错了时间，但我看下面已经坐满了接受表彰的老师和其他与会老师。一直到九点钟，领导们才一一上台坐定。我想，也许不是领导的错，可能大会组织者通知领导的开会时间就是九点整，因为组织者考虑领导工作忙，时间很宝贵，不能因为等台下的开会者而耽误时间，于是便通知我们八点半之前必须到场，静候领导。但我觉得这非常不合理，更不平等，难道老师们的时间就不宝贵吗？应该互相尊重嘛！我想起那年在北京参加表彰时，为了接受国家领导人接见，也是提前了半个多小时进会场静静等待。国家领导人一出场，我们还得按要求全体起立热烈鼓掌。看来这个"遗憾"还得遗憾下去。

遗憾之二：为什么主席台上坐的总是领导？如果是开党代会、人代会或其他一般的工作会议，领导坐在主席台上绝对是正常的。但今天是庆祝教师节的表彰大会呀！主角应该是教师，因此理应让受表彰的教师（当然不可能是全体，但可以选出最杰出的代表）坐在主席台上，领导完全可以坐在下面或者坐在主席台后面。这才真正体现了教师节这一天对教师的尊重。我这个想法肯定会被人认为是"异想天开""痴人说梦"，但如果真正把教师放在教师节的主体位置，自然而然便应该这样坐！

遗憾之三：颁奖者为什么全是领导？说是"全是"也不准确，也有个别出了钱的企业家。我想，颁奖者的范围能不能再扩大一些？比如，能不能由本市德高望重的老教育工作者（包括桃李满天下、白发苍苍的退休教师）给新一批获奖的老师颁奖以体现继往开来的使命传承？能不能由学生给老师颁奖以体现教师最高的荣誉是来自学生的衷心爱戴？能不能由本市其他行业的劳动模范给获奖老师颁奖以体现各行业对教师的尊重？能不能由学生家长给老师颁奖以体现服务对象对教师的服务工作的肯定？等等。

遗憾之四：为什么没有"伯乐奖"？我说过："只有自己能够培养自己！"这是从教师自身努力的角度强调"个人奋斗"的意义，但这决不意味着个人的成长能够完全离开周围的环境，离开领导（这绝非套话）与同事的支持和帮助。就以我为例，昨天通知我今天参加表彰会的办公室黄老师，最近为整理我的表彰材料多次加班加点，当她向我表示祝贺时，我从心里对她说："我真心谢谢你！"今天走进会场，我看到了教育局人事处的王处长，这是一个非常有思想而且没有一点官腔的领导，多次像朋友一样与我谈心，每次碰见我都问："有什么需要我帮助的？"我还看见我们单位的领导，他对我的直接帮助就更不用说了。还有主席台上坐着的教育局长，上学期还专门找我谈心，询问我工作中有什么不顺心的地方……可以说，没有他们给我提供空气、阳光和水，我事业的大树很快就会枯死。但今天领奖台上的灯光辉煌起来时，他们都隐藏到了幕后。我站在领奖台上，首先想到的是他们。我遗憾地想，为什么不给他们中的代表也设立并颁发荣誉奖呢？

遗憾之五：为什么不先给乡村教师和特殊教育的教师颁奖？这次有许多奖项，其中有两个奖项特别让我心动：一是优秀乡村教师奖，一是特殊教育优秀教师奖。然而，这两项奖却放在了最后颁发。当优秀乡村教师走上领奖台时，掌声已经不再热烈——前面已经颁发了许多奖，大家的手已经累了。但我使劲鼓掌，因为我想到了滇南布衣。我对身旁的老师说："他们才真正不容易！"是的，像我长期在城市工作，条件那么好，不出成绩真是说不过去，但台上这些乡村教师在那么艰苦的条件下却作出了不亚于我甚至远远超过我的成就！还有特殊教育教师，他们的学生都是残疾孩子，他们最有爱心，最有耐心，他们更应该受到尊重！在今天的表彰会上，第一批上台领奖的应该是乡村教师和特教教师！

遗憾之六：为什么对着摄像机宣誓？表彰会的最后一个议程，是新教师宣誓仪式。几十位刚毕业的大学生站了起来，手捧文件夹，里面是誓词。然后，在一位老师的带领下，开始宣誓。他们面前是一面巨大的国旗，当他们庄严地说"我宣誓，我忠于人民的教育事业……"时，我的心震动了一下。但慢慢地我不安了：第一，他们都没有举起右手，而是在领誓人的带领下照着文件读——哪有宣誓不举右手的？第二，最最让我不舒服的，是当宣誓开始时，呼啦啦地跑过去一大群电视台和报社记者，对着宣誓的老师们一阵狂拍，他们站在国旗与新教师之间，把国旗遮挡得严严实实。结果，在我眼里，新教师们是在对着一群记者、对着镜头宣誓——真是标准的表演！因此，新教师宣誓本来蕴含的庄严神圣，便成了滑稽剧。当然，这不能怪纯真的新教师们！这得怪记者们！他们要的只是精彩的新闻镜头，至于宣誓是否名副其实，他们不管！

　　写下这些文字，我有些不安，我早已经被一些人斥责为"孤傲""不谦虚""狂妄"，以上遗憾可能成为支撑这些"罪名"的新证据。但我不怕，我必须忠于我的心灵。我觉得可怕的是，这些令我"遗憾"的现象，却没有让多数人遗憾。大家已经习以为常，而且还会继续"习以为常"下去。

2003年9月5日

第三辑
思念无限

寻找杨老师

每次给学生朗读王蒙的散文《华老师，你在哪里》的时候，我总是想起我的杨老师。

杨老师是我的启蒙老师。现在回想起来，她教我们的时候，不过二十来岁，或者更年轻。无论在当时我的眼中，还是现在回想起来，杨老师长得都不算漂亮。然而，将近四十年过去了，在我的心中，杨老师的形象一直是那么亲切而鲜活。

我写过我的中学老师和大学老师，却一直没有写早就想写的杨老师。因为那时我实在太小，在我的记忆中，关于杨老师的故事实在有限。不过，有一些片段，虽然朦朦胧胧，却一直印在我的心灵深处。

记得有一篇课文叫"小猫钓鱼"，好像说的是小猫钓鱼时总想去捉蝴蝶所以老钓不上鱼，课文显然是要教育小朋友做事要专心。课文很有趣，更有趣的是杨老师讲的时候不但模拟老猫、小猫和蝴蝶的语气，而且还手舞足蹈地模拟它们的动作。课文讲完后，杨老师还把课文编成童话剧，找几个同学扮演课文中的角色。我就有幸被杨老师指定为"演员"。我扮演的是小猫还是蝴蝶已记不清了，记得清的是有一次杨老师给我戴小猫或蝴蝶造型的道具帽时说："哎呀，李镇西的头这么大，都戴不稳了！"我还记得正式演出时，杨老师往我脸上擦红油彩时，她那温馨的手掌抚弄着我的脸……

教育所思（第二版）

上小学不久，"文革"开始了。有一次，杨老师正在给我们上课，突然教室门一下子被推开了，门碰在墙上的声音很大，我们的目光一下被吸引到了进来的几个人身上——其实，他们是一群高年级的学生，不过十一二岁，但当时在我眼中都已经是大人，因为他们每个人的手臂下都夹着大字报，表情庄严，可以说是气宇轩昂。杨老师先是愣了一下，随即便和蔼而平静地对我们说："同学们，进来的大哥哥大姐姐是给杨老师提意见来了。让我们欢迎大哥哥大姐姐给杨老师提意见！"听杨老师这么一说，天真的我们当然都使劲鼓掌，我的手都拍痛了。于是，在掌声中，"大哥哥大姐姐"们把大字报贴在了教室的四壁，然后扬长而去。

后来杨老师受过轻微的批斗。说"轻微"，是因为学校开批判大会时，杨老师并没有像有的被批斗者那样被押上去站着，而是坐在主席台上，听批判者的发言。后来主持人要求杨老师做检查，于是杨老师站到了发言席上，她的声音很小，好像有点难为情。她说她"中了修正主义的毒"什么的，我们也听不懂。后来杨老师给我们上课时，专门对我们说："杨老师犯了错误。同学们要向那些大哥哥大姐姐学习，如果杨老师说了什么不对的话，你们一定要批判杨老师。"她还说："你们一定要好好学习毛主席著作，这样才不会犯错误。"我们看杨老师说得非常真诚，但仍然听不懂她的话，而且不理解：我们的杨老师那么好，为什么会"犯错误"呢？至于她究竟"犯"了什么"错误"，不但当时我不明白，直到现在我也不明白。

杨老师教我时，我的父亲已经重病缠身，常常要在妈妈的陪伴下去省城看医生。每当这时，我便被寄养在杨老师家里——其实，所谓的"家"，不过是杨老师的单身宿舍。杨老师的宿舍很狭窄，除了放一张桌子——既是餐桌又是书桌、一个书柜、一张单人床，几乎就没有其他空间了。我住在杨老师家里短则几天，长则一个月两个月。那时候，杨老师照顾我的生活可不是为了"创收"，按当时的风气，学生因为种种困难住在老师家里从来没有"交费"一说。最大的报酬,就是每次我爸爸妈妈来接我时送给杨老师的糖果点心之类。杨老师真是把我当作她的孩子了,要照顾我一日三餐,还要给我洗澡洗衣服。那时没有电视,更没有电子游戏,晚上在杨老师家里,我和杨老师面对面地共用一张桌子,杨老师备课或批改作业,我做作业。做完作业后,便翻看杨老师书柜里我能够读懂的书,记得《钢铁是怎样炼成的》连环画就是在杨老师家里看的。每天晚上,我都是和杨老师睡在一起,她那母亲般的气息至今还温暖着我的心。

后来,我父亲还是死了,当时,我刚满九岁。那天我去学校上学时手臂上戴着青纱,杨老师看到后,走到我的面前,站了很久,一直看着我,没有说一句话,最后轻轻叹息一声,摸了摸我的头和脸——写到这里,我的鼻子已经发酸,不知是为父亲,还是为杨老师。

不久听说杨老师要调走了,全班同学都很舍不得离开杨老师,不少同学都哭了。我和几个同学来到杨老师的宿舍,看着杨老师收拾行李。我们天真地问:"杨老师,你真的要走吗?"杨老师转过身,一一抚摸我们的头,然后点了点头。我又问:"杨老师,你要到什么地方去呢?我们以后来看你。"杨老师笑了:"我要去的地方很远很远,说了你们也不知道的。"可是,我们都缠着杨老师,非要她说出她要去的地方不可。于是,杨老师很认真地回答我们:"宝鸡。"那是我第一次听说"宝鸡"这个地名,我当时真不知道这个"宝鸡"在什么地方,但是,从此以后,我便知道了中国有一个地方叫"宝鸡",因为宝鸡有我的杨老师!

十几年后的1984年,我乘火车到北京,那是我第一次经过宝成线。火车奔驰了十几个小时后,我听列车员在广播里通知道:"宝鸡站快要到了!请到宝鸡的旅客做好下车准备!"心被"宝鸡"二字揪了一下,我情不自禁往窗外望去,看着那陌生而亲切的城市,心想,噢,原来当年杨老师是调到这里了!她现在还在这座城市吗?她的身体还好吗?

几年来，我在给老师们做报告时讲到"师爱"总要讲到杨老师。有一次在西安做报告结束后，有一位老师对我说："李老师，我就是宝鸡人。你能不能再给我提供些杨老师的情况？我想办法给你找到杨老师。"

我摇了摇头："没有。在一个七八岁孩子的心中，只有这些琐碎的记忆。不过，我知道杨老师的名字叫杨显英，如果健在，她现在的年龄应该是六十岁左右。"

2003 年 7 月 6 日

杜老师

那一天下着小雨。

我乘坐77路公共汽车从大石西路到红瓦寺，快下车时，我突然发现在我前面拥挤的乘客中有一位白发苍苍衣着朴素的老人的背影，这背影随着汽车的行进而摇摇欲坠却又相当顽强地屹立着。我不由得对这背影产生怜悯之情，同时更充满敬意：这么大的年纪了还来挤公共汽车！

红瓦寺站到了，我拼命向车门挤过去，这时我看到老人在我前面朝车门方向挤去，然后颤巍巍地下了车。刚下车的老人似乎是在寻找进一步前行的方向，就在他转过头的那一刻，我惊喜地发现：原来他是我大学时代我的所有同学都非常敬重的杜道生先生！"杜老师！"我忍不住叫了起来！

杜老师听到我的招呼立即认出了我："是李镇西！"他的脸上顿时露出了慈祥而纯真的笑容！他当时是去四川大学看望他儿子的。我挽着杜老师走了一段路，并且和他聊着。我问他为什么还来挤公共汽车，他说其实他随时可以叫学校派车，但他不愿给学校添麻烦，而且挤车也是一种身体锻炼。我问杜老师："您现在还是一个人生活吗？"他说他还是一个人独自生活。我说起码应该有一个人在身边照顾照顾啊，他说不需要："如果有人照顾我，说不定我就变懒了，会有依赖性，衣来伸手饭来张口，身体反而会差。"当他听说我现在还

教育所思（第二版）

在读书，专业是教育哲学时，马上对我说："给你推荐一本书——《中国文化》，复旦大学出版社1982年出版，你最好去找来读读。"我把杜老师送到他儿子的宿舍大门前，离别时，杜老师笑眯眯地对我说："欢迎你回川师我的宿舍玩，我还住在老地方。我住了四十多年了，哪儿也不愿搬了！"

和杜老师的不期而遇，让我感慨万千。不仅仅是感慨于九十岁高龄的杜老师那健朗的身体、惊人的记忆力，更感慨于杜老师那高尚的人品、渊博的学识、淡泊的生活态度，还有他对学生真诚的爱……可以这样说，在当今社会，像杜老师这样的"怪人"已经不多了。

1978年3月，我考入四川师范大学时，杜老师已经是六十六岁高龄。他担任古代汉语教学，主讲古汉字。说实话，就专业知识而言，他所讲授的这一门课几乎没有学生喜欢，因为那些难写难读的古汉字不啻又一门外语，再加上他满口的乐山方言开始让许多同学听不太懂，比如，他会把"一个人"说成"一块人"，但几堂课下来，这别样的方言给他的课平添了别样的情趣，同学们渐渐喜欢听杜老师的课了。

当然，喜欢杜老师的课绝不仅仅是因为他的"一块人"有趣。这门很遥远而且很专业的课程，并未妨碍杜老师挥洒他渊博的知识和宽广的见闻。比如，他会时不时在"之乎者也"中冷不丁冒一两句英语，将古汉语语法与英语做比较；或者讲到什么地方需要图示时便信手在黑板上画一个圆，让我们惊讶他比几何老师还"专业"；有时还结合国际风云说说萨达特遇刺朴正熙饮弹……于是我们公认：杜老师是一位百科全书式的学问家，或者干脆说他本人就是一部百科全书！

然而，这部"百科全书"也有漏掉的"知识"。中文系一位老师曾给我讲过杜老师在"文革"中的一次经历。在红卫兵"考教授"的时候，杜老师因没有答上八个样板戏的名称以及其中一部样板戏主角的名字而受到很严厉的批判。不过，这些红卫兵小将万万没有料到，说不出样板戏名称的杜老师却正在向《新华字典》"发难"。在审查期间，杜老师被剥夺了读书的权利，但豁达乐观的杜老师却有办法自寻其乐。他每日都捧着一本《新华字典》，从第一页读到最后一页，如此反复研读，不仅达到了能倒背如流的程度，而且发现这本新中国成立以来普及率最高的工具书竟然有许多错误，并向有关机构去函一一指出。后来"文革"结束了，他又开始研读台湾出版的《中华大字典》，又指出了其中的一百多处错误，使台湾同行大为叹服！再后来，他成了《汉语大字典》的编委之一。

然而，当你在校园里碰到杜老师时，你很难把他的形象同"教授"二字联系在一起，相反，看他的穿着，你会认为他不过是一个烧锅炉甚至清扫校园的老头：黑色或灰色的中式对襟褂子，不但陈旧而且有些脏；如遇下雨，他便戴着一顶破旧的草帽，草帽的帽檐因陈旧而疲软，低低地耷拉着遮住他的脸。但是，只要我们招呼他："杜老师！"那帽檐下的脸就会浮现出慈祥甚至有些天真的笑容。如果我们再请教他一些问题，他便不假思索地站在路边与我们滔滔不绝地谈起来——无论什么时候问他什么问题，他总会这样不假思索立刻作答，仿佛他头脑里的那本大书随时都正翻到我们要请教的那一页。而此时，他的眼睛里便闪烁出只有真正的学问家才会有的那种睿智的光芒。

我曾和同学一起去他的寓所请教。到了那里，我们才懂得了什么叫"陋室"。他住在一栋50年代的红砖楼的三楼上，一间最多二十来平方米的房间昏暗而令人憋闷。除了一张书桌、两把木椅和一张床，便是满屋的书，而且有许多是发黄的线装书，看似凌乱实则有序地摆放在书架上、桌上、床上、地上。靠门边有一个小煤油炉。杜老师生活之俭朴到了令人难以置信的程度：早晨自己去食堂买一个馒头，拿回来后就着豆腐乳和稀饭慢慢咀嚼；中午和晚上也是自己去食堂打饭，永远只是简单的一样蔬菜，加上早晨剩下的豆腐乳，便是杜老师心目中的美味佳肴了。有时食堂的米饭有些硬,杜老师便冲上开水放在小煤油炉子上煮一煮……

多年来,杜老师一直独自一人生活,身边没有老伴也没有儿女。他的家庭生活我们当学生的不便多问,但听说他是结过婚的,夫妻还十分恩爱,到了1975年共产党大赦国民党战犯,杜老师妻子的前夫也在大赦之列,杜老师为了让妻子同前夫破镜重圆,主动与妻子离了婚。这只是传闻,我无法证实其真实性。但我知道的是,杜老师至今独居。

在学生眼中,杜老师的生活相当凄苦。而在我看来,本来杜老师是可以不这么凄苦的,因为年轻时的杜老师其实有过很值得夸耀的革命经历:1935年冬天,还在北大读研究生的他曾行进在"一二·九"运动的游行队伍中,面对国民党政府的警棍和高压水龙头为民族危亡而振臂呐喊。如果杜老师的人生沿着这条"政治"的道路走下来,很可能他现在已经享受"38年以前参加革命"的"离休干部"待遇了。然而,"一二·九"运动第二年,杜老师从北大研究生毕业后便回到了家乡乐山办学,曾任好几所中学的校长,一直到50年代中期,才由中学调入四川师大。因此,杜老师一辈子都是标准的书生,尽管他有着光荣的历史,但到了晚年在旁人看来却如此凄凉。

杜老师有一个儿子,是川大的教授,但没有和杜老师住在一起。我曾问他为什么不和儿子住在一起,他说他一直习惯自己一个人住。我又问他为什么不请保姆照顾自己,他感到不解:"为啥子要别人照顾呢?我自己就可以照顾自己了嘛!"杜老师看出了我为他的生活状况而感到不平,他却笑眯眯地说:"一箪食,一瓢饮,在陋巷。人不堪其忧,回也不改其乐。贤哉,回也!"他脱口而出《论语》中这几句话时那摇头晃脑有滋有味的神态,我真是永远都忘不了。

是的,杜老师这种境界是我等俗人难以理解更难以达到的。

快毕业时,我和班上几位同学编撰了一本名叫"霜叶"的毕业纪念册。我去请杜老师为这本册子题词。杜老师辑录了司空图《二十四诗品》中的几句话赠给我们："碧桃满树红杏出林，犹春于绿如矿出金。"离开学校的前夕，我去向杜老师告别，当时，我专门带了一个崭新的笔记本，请老师在上面写下珍贵的教诲。杜道生老师用孔夫子的话勉励我："君子食无求饱，居无求安，敏于事而慎于言，就有道而正焉，可谓好学也已。"这本笔记本我至今珍藏着。

毕业后，我被分配到乐山一中当了一名中学语文教师，心里却不时惦记着杜老师。每逢节日我便给杜老师去一封贺卡，而他总是要回复我。他常常给我寄一些他自己整理的古籍资料，什么《论语》新注等等。这些资料都是他自己一笔一画用毛笔抄写而成的，然后自己掏钱印刷再寄给朋友们。

1987年秋天，学校举行建校八十周年校庆，杜老师被邀请来了。这是我毕业五年半后第一次见到杜老师。杜老师见到我的第一句话是："镇西，我记得你今年该满二十九岁了吧！"尽管我早就领教过杜老师惊人的记忆力，但他这句话，仍然让我惊诧不已，更是让在场的人目瞪口呆。

几年后，我调到成都，便不时去看望杜老师。杜老师仍住在那个小房间里，走进去便像走进了破旧书报的收购站。但就在这狭窄阴暗的空间里，依然健朗的杜老师兴致勃勃地与我说今论古。

记得是1997年，在杜老师的宿舍里，杜老师和我聊起了汉文化："汉文化真是源远流长生生不息啊！"然后，他从夏商周谈起，一直说到清王朝，最后的结论是："汉文化的生命力是无与伦比的。你看，历史上有那么多次外族入侵，但没一次征服过汉文化。清朝统治中国二百多年，最后还是被我们的'文'把它给'化'了。那天我问一位满族朋友：'你们满族统治中国那么久，现在的文化还剩下什么？'他想了半天，说：'萨其马。'"杜老师话锋一转："当然，汉文化在发展中也不断吸取其他民族文化的精华，形成了今天所说的中华文化。如果中华文化不创新，也就得不到继续发展。而今天的发展,还要向世界发达资本主义国家的文化学习……"听着杜老师这些话,我很难相信,在这狭小阴暗的空间里,杜老师的心中竟然有着一片无比宽阔而晴朗的天地。

那次我请杜老师与我合张影,我扶着他走出房间来到校园。杜老师突然用拐杖重重地戳着脚下的水泥地,说:"这下面可都是肥得流油的土壤啊!如果再不保护耕地,我们中国也要变成北朝鲜了!"

常常听到有人或善意或鄙夷地把杜老师叫作"怪人"。是的,在今天这个日益物质化功利化的时代,杜老师确实如出土文物般既令人惊叹又令人感到不可思议。每次和杜老师在一起面对面聊天的时候,我都感到一种人格的魅力扑面而来。我不知道杜老师是不是共产党员,但我感到他的高尚品格、他的学术追求、他的人生境界,使之作为一名真正的共产党员绝对是绰绰有余的,至少他的淡泊名利的生活态度就会让许多"共产党员"无地自容。我曾感慨,杜老师这样的人可能是中国最后一批真正能够令我肃然起敬的古典学人。但愿时代的发展会证明我这个评价过于悲观。

杜老师今年整整九十岁了,可他的身体依然那么健朗,他的思维依然那么活跃,他的生活依然那么俭朴,他的胸襟依然那么豁达,他的心态依然那么年轻。我忽然想到几年前,杜老师曾用毛笔工工整整抄给我一段美国总统克林顿的座右铭——

> 青春不是人生的一个时期,而是一种心态。
>
> 青春的本质,不是粉面桃腮,不是朱唇红颜,也不是灵活的关节,而是坚定的意志、丰富的想象、饱满的情绪,也是荡漾在生命甘泉中的一丝清凉。
>
> 青春的内涵,是战胜怯懦的勇气,是敢于冒险的精神,而不是好逸恶劳。许多60岁的人,反比20岁的人更具上述品质。年岁虽增,但并不催老;衰老的原因,是放弃了对理想的追求!
>
> 岁月褶皱肌肤,暮气却能褶皱灵魂。烦恼、恐惧,乃至自

疑,均可摧垮精神,伤害元气。

　　人人心中,都有一部无线电台。只要能从他人和造物主那里收到美好、希望、欢畅、勇敢和力量的信息,我们便拥有青春。

　　一旦天线垮塌,精神便会遭到愤世和悲观的冰霜的镇压。此时,即使20岁的人,也会觉得老了,然而,只要树立天线,不断接收乐观向上的电波,那么,即使你年过80岁,也会觉得年轻。

可以说,杜老师便是这段话最好的注释。

2002年9月12日

享受陈钟樑

那天在饭桌上，我笑着对钟樑先生说："我回去一定要写一篇关于你的文章，题目就叫'走下神坛的陈钟樑'！"当时，钟樑先生哈哈大笑，那神态宛如纯真的少年。可是现在当我真的开始写他时，便觉得这个模仿"走下神坛的毛泽东"的题目不太妥当，陈钟樑先生毕竟不在神坛上，何况他哪能跟我们的毛主席相比呢？于是，我将题目改为"享受陈钟樑"，因为与他在一起，真是一种享受。

不过，在我的心目中，陈钟樑先生曾经的确是一尊"神"。

我不敢说陈钟樑先生的知名度有多么多么高，但至少在中学语文界，他的名字是如雷贯耳家喻户晓的。我第一次注意到"陈钟樑"这个名字，是20世纪90年代中期读《语文学习》时，看到陈先生有一篇谈语文教学发展的文章。陈先生提出一个观点，认为20世纪的中国，人们对语文教育的认识经历了两次转变：第一次是20世纪初，从"文字型教育"转变为"文字—语言型教育"；第二次是改革开放后十多年，从"文字—语言型教育"转变为"语言—思维型教育"。他进而指出："人们没有理由不期待着语文教育的第三次更为壮观的转变，转变为'语言—人的发展'，以此设计语文教育的课程与教材、教法与学法、测试与评价等等方面，促使语文教育全方位的改革。"这篇题为"期待：语文教育的第三次转变"的文章不长，但高屋建瓴而又深入浅出，让我感到陈钟樑是一位有丰富实践经验的语文教育思想家。我开始有意识地注意陈钟樑先生的文章，并逐渐知道了他的一大堆头衔："著名特级教师""全国中学语文教学研究会副理事长""上海东方教育中心副主任""上海师范大学硕士生导师""华东师范大学讲课教授""香港国际教育交流中心研究员"，等等。于是，他的形象在我心目中日渐崇高起来。

第一次见到陈钟樑先生是在 1999 年 10 月在天津召开的全国中学语文教学专业委员会第七届年会上。陈先生个子不高，但很有风度，一举手一投足都透出一种儒雅的气质。大会闭幕式上，他刚好坐在我的旁边，出于敬意，我把刚刚出版的拙著《从批判走向建设——语文教育手记》赠送给了他，并小心翼翼地请求与他合影。钟樑先生欣然同意。后来，我在成都和珠海与钟樑先生又有过短暂的接触，但都没有深入交流。不仅仅是因为时间紧，主要还是因为我由自卑而表现出来的"矜持"，对于这样一位语文教育大家，我唯有用沉默和聆听来表达我的仰慕。那时，在我的心目中，他的确是一尊让人敬畏的"神"。

这次到杭州参加第二届"西湖笔会"，我不但再次见到了陈钟樑先生，而且有幸与他"同居"了几天。后来我戏称我给他提供了"三陪"：陪开会、陪吃饭、陪睡觉。

我本来和他并不是一个房间。在杭州的第一天晚上，我是同一位教授住一个房间。但当晚我几乎彻夜未眠：教授的呼噜打得简直达到了专业水平，如万籁俱寂时的雄鸡报晓，高亢而嘹亮，震得我全身每一个零部件都不得不闻鸡起舞，然而窗外却迟迟不见曙光。第二天早晨，我很直率地对教授说："对不起，今晚我得另寻新欢。"教授非常理解我，他抱歉地说："我的呼噜是厉害。有一次我住院住的是大病房，结果我一睡着，病房里其他所有的人都无法入睡。"

于是，我找到陈钟樑先生："你打呼噜吗？"他斩钉截铁地回答："不打。""那好，今晚我来陪你睡！""欢迎，欢迎！"他突然反问我："你打呼噜吗？"我说："不打。怎么？你也怕呼噜？"他说：

"前几天在洛阳,我和陈军同房,陈军的呼噜,咳,真是惊天动地!"

由于我头天晚上没睡着,所以那天晚上我很快入睡了。但到了半夜,我被一阵激越高亢的小号声惊醒。回头一看,演奏者乃一代名师陈钟樑。想不到此人竟是睡在我身旁的赫鲁晓夫!我悄悄地把灯打开,只见熟睡中的钟樑先生面目委实有些狰狞,嘴巴大张,仰天长啸。面对他洞开的口腔,我凝视良久,心想:钟樑先生的喉部居然自带音响设备并安装了功放!小号之声便从他那幽幽的喉舌里喷涌而出,徐徐绕梁,不绝于耳。唉!没想到我刚出虎穴,又入狼窝!

第二天早晨,我笑着对钟樑先生说:"你也打呼噜啊!"他睁着一双无邪的眼睛惊讶地问:"是吗?我怎么不知道?"我说:"当然,你的呼噜比起那位教授还差一个档次,他是专业,你是业余。不过,你打的呼噜却是美声!"当晚入睡时,想到又将免费听一场小号通宵演奏会,我试探性地问钟樑先生:"如果你侧着身子睡而不是仰面睡,你能睡着吗?"他说:"可以呀!"于是我乘胜进军:"那你就侧着身子睡吧!这样就不会打呼噜。"这个办法果真灵验,那一夜他关闭了音响,停止了小号演奏,而我也睡得很香。

论年龄,六十有三的钟樑先生绝对属于"老龄",但在我看来,他其实是很年轻的。这个"年轻"既写在他的脸上——白皙的脸上几乎没有一丝皱纹,更体现在他的心态上。是的,在与钟樑先生的几天朝夕相处中,我发现钟樑先生的确是很年轻的。

这已经是规律了,只要他一走进房间,第一个动作一定是打开电视,而且电视打开后他并不离开屏幕,而是拿着遥控器不停地搜索频道。每当这时,他总是目不转睛地盯着电视,那痴痴的神态,我想只有迷恋电视的中小学生才会有。而且,钟樑先生有一绝技,任何时候打开电视,他都可以立即进入剧情。有一天中午,他打开电视,屏幕上是一群俊男靓女,一看就是港台言情剧。突然,钟樑先生叫了起来:"快看,范冰冰!"我当即便笑了:"我女儿也喜欢范冰冰，原来你也是个追星族啊！"我问他是什么电视剧，他说："《青春出动》。"果真是个电视迷！又一次，电视里正在播放电影《黄河绝恋》，我指着屏幕上的演员宁静和那个外国人说："好像这两个人在生活中本来就是夫妻。"钟樑先生说："这是很早的事了。宁静在演完《红河谷》以后就与那个外国人结婚了。"

钟樑先生的幽默是出了名的，而且，他肚子里总有那么多笑话故事。在那几天里，只要他走到哪儿，哪儿就总是笑声不断。比如"您就把我当作您肚子里的屁放了吧"，又比如他对年轻女性说"我年轻时比你还年轻呢"，等等，都是他给我们留下的经典笑话。钟樑先生还很会模仿表演。他是上海人，但学北京公共汽车上的售票员说话却足以乱真。他说，有一次在北京乘公共汽车去地安门，他问售票员"地安门到了没有"，结果被正在悠闲地修指甲的女售票员一顿训斥："不日（是）已经告入（诉）你了吗？你累日（死）我了！你站远一点！烦日（死）我了！"他用卷舌音快速模仿售票员的话，真是惟妙惟肖，逗得我们捧腹大笑。

钟樑先生曾给我们讲述他在北京的一次经历："有一次我去故宫，当时时间是3:50，我怕关门，便问售票员：'还可以买票吗？'回答可以。没想到买了票还要求买鞋，可待买好鞋子穿上，门口不让进，因为4:00到了，这是故宫关门的时间。我急忙问售票员：'可以退票吗？'她回答'不行'。'那为什么刚才要卖票呢？''刚才是几点？''为什么刚买了票又不让进呢？''现在是几点？''那么，这票明天可以用吗？''明天是几号？'"

与其说钟樑先生是在叙述，不如说他是在说单口相声，或者是在分角色表演，他的口吻时而是他自己，时而是那冷漠而不讲道理的售票员，特别是听他模仿"那为什么刚才要卖票呢？""刚才是几点？""为什么刚买了票又不让进呢？""现在是几点？""那么，这票明天可以用吗？""明天是几号？"这几句对话时，我们仿佛就在现场,看到陈钟樑先生正可怜巴巴地企求着售票员。

在餐桌上,钟樑先生也令我大开眼界,他惊人的食量令我望尘莫及。一天早晨,他一边吃一边和我聊:"老年人身体好有五个标志:说得快,走得快,吃得快,拉得快,睡得快。"他还给我一一解释:"所谓说得快是指反应机灵,走得快是指动作敏捷,吃得快是指吃得香,拉得快嘛……"我说:"你别解释,我都懂了。你这几天的表现,就是对这五条的注释。"他盘里的东西全吃完了,又起身去夹了一大盘蔬菜,我忍不住对他说:"你真是饭桶啊!"

这当然是玩笑,不过当时我还说他是"智囊",这倒的确是真的。和钟樑先生一起聊天散步,我会感受到一种智慧的启迪。因为钟樑先生随时都在思考。那天晚上下着小雨,我和钟樑先生来到西湖边散步。夜幕下的西湖朦胧而神秘,远没有朱自清在《冬天》里描绘的那么美丽,但听着钟樑先生的闲聊,我的眼前则展现出了一道道美丽的思想风景。

"教育成功的秘诀,破折号,爱心!"我清楚地记得这是钟樑先生那天晚上走出宾馆时对我说的第一句话。接下来,他回忆起他当班主任和当校长时的一些往事。他谈到一件处理学生早恋的事,特别强调:"必须尊重孩子们美好而纯真的心灵,才谈得上对他们的引导和教育。"有一个细节让我很感动:一位女生要转学了,去教导处开转学证,教导处主任对她说:"想好啊!千万别后悔,转学证一开,以后你想回来都不可能了!"钟樑先生讲到这里,很动情地说:"为什么不给这位学生一点温情呢?这毕竟是她就读了几年的母校,应该让她有一些留恋之情。这位主任对学生应该这样说:'你现在虽然转学了,但如果到了新的学校不适应,我们欢迎你随时回来!'如果这样多好!可教导处主任却那样说,唉……"写到这里,我的耳边还响着钟樑先生当时那沉重的叹息。

由教育者的爱心,我谈了一些我的思考。我津津乐道于自己心灵的自由,因为没有任何行政事务的干扰。钟樑先生却说:"你以后还是应该当一段时间的校长——当然,我说的是只当一段时间,这样你思考问题的视野会更开阔,而且与外面交往的机会会更多,更有利于你的事业。"

我们又谈到新世纪语文教学的改革。钟樑先生说:"都说要继承传统,但什么是传统?又如何继承?这是值得我们认真思考研究的。比如,有人认为应该'多读多写',这当然是对的。但今天的孩子应该读什么写什么,又如何读如何写,这才是关键。"说到这里,他引用了马克思的一句话:"马克思说过,'人体解剖是猴子解剖的一把钥匙'。这句话是什么意思呢?我理解马克思的意思就是,只有把握了今天的现实,我们才能更深刻地理解认识过去。因此,继承传统必须立足今天的现实,站在未来发展的高度,才能真正继承优秀传统。"

他以"语文是最重要的交际工具"这句话为例:"这句话是对语文功能的概括,当然是对的。但站在今天的角度,我们不能简单地把'交际'理解为同一时空面对面的交际,而应根据时代的发展赋予新的内涵。我理解,今天来谈语文的'交际'至少还应包括两个方面:一是通过文本与同时代的其他人乃至其他民族和国家的人进行交际,比如我们通过《文化苦旅》与余秋雨进行沟通,通过《时间简史》同霍金展开交流;二是通过文本与历史对话、与未来对话,比如我们通过阅读《史记》与司马迁对话,正所谓'抚摸历史的伤痕',我们也可以通过自己留下的文本与未来的人对话。如果这样来理解'交际',我们的语文教育的内涵就要丰富得多,其前景也广阔得多。"

谈到语文教育科研,我深感现在伪科学太多,模式泛滥,名词乱飞,而缺少一些实事求是的朴实学风。我对钟樑先生说:"我越来越感到,真理总是朴素的。哪有那么多的什么玄妙理论啊?有些人就喜欢把简单的东西深奥化,以显示其'学问'。"钟樑先生非常同意我的观点,他说现在语文教学杂志上一谈到教学方法、原则,总是这个"性"那个"性","简直是性泛滥"!他引用文艺评论家王瑶先生的话幽默地说:"现在一些年轻人一做学问就谈'性',我老了,对'性'不感兴趣了!"他又引用了李政道的一句话:"不管对自然现象还是社会现象的规律,叙述得越简单,应用越广大,那么,这个科学的内容往往越深刻。"说到这里,他举了一个例子:毛泽东的老师、著名历史学家周予同先生在回答学生"中国传统文化的特点是什么"的时候,是这样回答的:"吃饭,生孩子。"钟樑先生评论道:"如果让一些人来阐述这个问题,肯定是一篇长长的论文甚至一部巨著,可周先生用非常通俗简洁的语言就把这个问题说清楚了。为什么'吃饭'呢?因为'民以食为天'嘛!为什么'生孩子'呢?因为'不孝有三,无后为大'嘛!一切都围绕农耕生产,并传授生产经验。吃饭是'生存',生孩子是'发展'。就这么简单。"

钟樑先生又谈到现在语文教育界的浮躁,并认为医治浮躁的最好办法是读书:"1972年联合国教科文组织第17届大会确立了'阅读社会'的概念,倡导全社会人人读书。'读书人口'在人口总量中的比例,将成为综合国力的一个重要指标!"

我惊讶于他的大脑宛如一部随时都在高速运转的机器,时时都燃烧着思想的火焰。他的口中随时都会冒出一段名言或一个什么最新的数字。他还十分善于收集和学习。几天来,在我的谈话中,只要是他认为"有用"的,哪怕是一个笑话甚至只是一个词,他都会随时掏出笔记下来。

现在,我终于发现了他永远年轻的秘密,那就是随时不停地阅读,不停地吸收,不停地思考。于是,他思想的车轮便永远走在时代的前列。我再一次感到,所谓"僵化""保守"与年龄是没有必然联系的。

我们沿着西湖,边走边聊。此时的西湖,仍在夜幕下静静地躺着。近处的灯光勾勒出西湖柔美的曲线,远处黑黝黝的轮廓书写着吴山的静默。微风徐来,浩瀚的湖水拍打着堤岸,汩汩作响,我听到了思想的涛声。天空没有星光，但因为与钟樑先生为伴，我心灵的夜空正星光灿烂……

钟樑先生说他每周一下午都要去上海师大给他带的硕士生上课，我由衷地对他说："你真该去带博士生！我真想当你的学生，每周星期一下午都能聆听你的教诲。"

笔会结束的最后一天下午，我回到房间，钟樑先生因事已经提前离去。他给我留了一张字条——

镇西：
  愉快的"同居"生活告一阶段。
  盼望着下一次继续"同居"！
  再见！

钟樑
4月12日

人去楼空，钟樑先生幽默的话语、爽朗的笑声、睿智的目光和青春的气息，现在竟化成了这一张薄薄的字条！我凝视着这张字条足足有几十秒钟，心中不禁有些伤感起来……

我把字条小心翼翼地收藏起来，突然有了些遗憾：可惜这张条子是用圆珠笔写的，不然，保存的时间会很长，因为我打算把这份"名人手迹"作为一份将不断增值的"文物"留给我的子孙。下次，我一定要让钟樑先生用钢笔重写一遍。

可是，"下次"又是何时呢？

2001年4月15日

我和魏书生

我第一次见到"魏书生"这三个字，是在刚刚参加工作不久的1983年。我在一个刊物上读到了介绍魏书生的文字后，真是激动万分。那时我正沉迷于苏霍姆林斯基的著作中，所以很自然地把魏书生与苏霍姆林斯基相比较，他们两人都是自学成才，都在农村中学任教，都把自己的心融入了学生的心……于是，我得出的结论是：魏书生就是中国的苏霍姆林斯基！我决心做一个像魏书生那样的老师——不仅仅是决心，我真的开始了自己的行动：魏书生老师要他的学生办班级日报，我在自己的班上也开办了班级日报；魏书生老师要他的学生写日记，我也要我的学生写；魏书生老师让学生画"语文知识树"，我也让我的学生画……说魏书生影响了整整一代语文老师，可能有点夸张，但说他影响了年轻时的李镇西，是一点不夸张的。

第一次见魏书生老师是1995年夏天，我回老家乐山看望母亲，正碰上魏老师来乐山讲学。魏老师讲的题目是"自强　育人　教书"，他站在宇宙的高度看待社会、人生和教育，把我的心也引到了一个澄明的境界。下午听报告之前，我在去剧院的路上碰到了魏老师，烈日下，他也步行前往剧院。怀着崇敬和激动的心情，我追上去和他打招呼，并和他一起走到剧院。一路上我们聊了些什么我已经忘记，但他的平和从容给我留下了很深的印象。当天报告完了以后，我买了一本他的著作《班主任工作漫谈》请他题词，他写了四个字："解放自我！"

那个暑假我一口气看完了《班主任工作漫谈》，心灵的原野阳光灿烂，同时身上有一种飞翔的冲动。合上书，我作出了一个庄严的决定：要求学校给我两个班，我要进行真正的教育科研实验！后来的几年里，我同时担任"优生班"和"差生班"的班主任与语文老师，我把主要精力用在"后进生"的研究上，做课题，写随笔，正是那几年艰辛的教育教学探索，孕育了《爱心与教育》。

后来，我又先后三次在不同的场合与魏书生老师有过近距离接触和交谈，但都没有比较深入的交流。不仅仅是没有时间，主要是我的自卑，使我觉得除了仰视，我没有资格与魏书生老师进行平等的对话。随着教育思考和实践的深入，我开始反思自己也反思苏霍姆林斯基、魏书生、叶圣陶等教育大师的教育，我开始从单纯的感情崇拜转向相对成熟的理性审视。我开始意识到，正如苏霍姆林斯基的思想并不能取代我的实践一样，魏书生的具体做法也不能取代我富有个性的创造。在《和青年校长的谈话》中，苏霍姆林斯基有几句话说得非常精辟："某一教育真理，用在这种情况下是正确的，而用在另一种情况下就可能不起作用，用在第三种情况下甚至会是荒谬的。"

比如，魏书生老师指导学生画"语文知识树"，以我现在的眼光看，可能不太符合语文学科的学习特点，但如果放在魏书生老师的语文教育体系中，可能是最符合他的教学个性和他的学生个性的做法；又如，他当班主任能够带着学生练拳击练气功，我显然做不到，也没有必要去做。我认为，任何一个杰出的教育专家或优秀教师，其教育模式、风格乃至具体的方法技巧都深深地打着他的个性烙印。也就是说，他们的生活阅历、智力类型、知识结构、性格气质、兴趣爱好以及所处的环境文化、所面对的学生实际等因素，就决定了任何一个教育专家都是唯一的、不可重复的。这就是为什么不少人

教有所思（第二版）

苦苦"学习"于漪、魏书生却老也成不了第二个于漪、第二个魏书生的原因。我这样说，当然不是反对向优秀教师学习，而是给自己也给正在成长的其他青年教师一个提醒：向优秀教师学习主要是学习其教育思想，而不是机械地照搬其方法；而且，其先进的教育思想必须与自己的教育实际和教育个性相结合，只有这样才能将别人的精华融进自己的血肉。

于是，我在苏霍姆林斯基、陶行知、于漪、钱梦龙、魏书生等人的旗帜下，从这几位教育大师的教育思想中提取"人性""民主""个性""创造"等精神元素，开始走自己的路了——从教育浪漫主义到教育理想主义、变"语文教学"为"语文教育"、口语—思维训练、"语文生活化"与"生活语文化"、语文教育中人文精神的培养、班级管理从"人治"走向"法治"、充满爱心的人格教育、面向未来的民主教育……

我渐渐取得了一些教育成果，并开始引人注目了——我的"事迹"出现在一些报刊上。特别是随着我"影响"的逐渐扩大，我所在的城市有人把我称为又一个"魏书生"，网上也常常有人这样评价我。面对这些赞誉，我总是很认真地说："请不要把我同魏书生老师相提并论。"

这绝不是一般意义上的"谦虚"，而是基于这样的认识：任何一个人都是独一无二的个体，人与人之间是不可比的。对于魏书生老师，我一直都认为他是我学习的榜样；我没有想过成为他，也不可能成为他，我就想做一个最好的自己。

长期以来，不少人喜欢用"中国的××"来赞美一个人，比如把张海迪称作"中国的保尔"，再早一些把鲁迅称作"中国的高尔基"。我不怀疑赞美者的真诚，但这是一种很不恰当的说法，因为在这样的称谓中，张海迪消失了，只有保尔；鲁迅消失了，只有高尔基。在我看来，作为独特的个体，张海迪是独一无二的，鲁迅更是无与伦比的。

由我和魏书生，我自然想到了我和苏霍姆林斯基。无论怎样形容我崇敬（注意，是"崇敬"，而不是"崇拜"）苏霍姆林斯基都不过分，但我始终清醒地认为，我就是我，我不可能成为也不愿意成为另一个苏霍姆林斯基。

1998年我见到苏霍姆林斯基的女儿苏霍姆林斯卡娅时，她曾给我写过一段话，大意是说"您是中国的苏霍姆林斯基式的教师"，这当然是过奖，是一种鼓励，但这句话后来竟然被讹传为"你是中国的苏霍姆林斯基"！于是我不止一次被人这样"赞誉"，真让我无地自容。说实话，苏霍姆林斯卡娅的原话我能够接受，因为做苏霍姆林斯基式的教师正是我的追求，但我远远不是"中国的苏霍姆林斯基"，我也不想做。我曾经对人说过："如果硬要说中国的苏霍姆林斯基，在我的眼里，辽宁的魏书生可能是，上海的冯恩洪可能是，但我不是。"——当然，现在我认为，魏书生和冯恩洪也都不是苏霍姆林斯基，虽然他们身上有着苏霍姆林斯基的某些影子，但他们仍然只是他们自己。

著名教育专家查有梁教授在为拙著《爱心与教育》写的评论文字中有这样一句话："作者的思想源于苏霍姆林斯基，又超越了苏霍姆林斯基。"这话显然有些过头，但我把它看作是查老师对我的鼓励或者说为我指出的一个奋斗方向。后来，《爱心与教育》出版后，有些读者朋友也爱把我的名字同苏霍姆林斯基联系在一起，甚至有一位好心的青年学者在写《爱心与教育》的评论文章时，标题竟然就是"超越苏霍姆林斯基"。对此，我是万万不能接受的。这绝不是出于谦虚或者世故，而是我觉得现在的我哪里有资格侈谈"超越"？这些说法实在让我有一种无地自容的羞愧！

不是说苏霍姆林斯基不能超越，尽管我非常敬仰他，可我从不认为他作为科学而不是宗教的思想理论就没有历史的局限性或其他不足。然而，就我目前的情况看，我不过是一名刚刚起步的苏霍姆林斯基的追随者而已，离"超越"何止十万八千里！

教育所思（第二版）

即使以发展的眼光看，我为什么一定要"超越"苏霍姆林斯基呢？苏霍姆林斯基属于他的民族和他所处的时代，有他自己独一无二的精神个性。我们可以学习他，借鉴他，但不可能也没有必要去"超越"他。不同时代、不同民族或同时代、同一民族的杰出教育家之间并不是人们通常所说的非要"发展"与"超越"不可，他们可以互相借鉴融汇，交相辉映而又保持自己的思想个性、时代特色、民族气派。中国的孔夫子、陶行知，外国的卢梭、苏霍姆林斯基，你能说谁"超越"了谁呢？

对苏霍姆林斯基是如此，对魏书生也是如此。

今年国庆，我去北京参加"全国著名中青年特级教师课堂教学艺术展示活动"，又一次见到了魏书生老师。尽管我和他以前就见过几次面，也算老朋友了，但我在他面前仍然"放肆"不起来——同样是面对名师，我和程红兵、韩军、程翔等人却可以很随便地调侃。其实，魏书生老师是非常平易平和的，和我聊天也很随便，但我心中始终把魏书生当作我的老师来尊敬。

在去会场的车上，我对魏老师说："80年代前期，我就开始学你的具体做法，但越学越不像；后来我只取你的思想，然后结合我的实际走自己的路，我便找回了自己。"魏老师说："每个人都有自己的特点，我有的你没有，你有的我也没有。"我说我曾读过魏老师的书，问他现在又出了什么新著。他说现在因为忙写得少了，然后又说："我读过你的文章，你的文章很有文采与思想。"我知道魏老师是在鼓励我，但我还是为自己的文章能够被魏老师读到而高兴。

上午听魏老师上课，讲《人生的境界》。实话实说，我不太喜欢这样的上法，如果由我来上我不会这样上，但这是魏书生式的上法，别人想学也学不来。上完课，魏老师又做了一个报告，他没有就语文讲语文，甚至没有就教育谈教育，而是从做人谈起，从改造自己谈起。魏老师的许多话我已经在他的著作中读到过，但今天亲耳聆听，仍然引起我强烈的共鸣："要改造别人，先改造自己。""不要老是和别人比，要和自己比，活出自己来！""过年过节的日子很快乐，这容易做到；但要把平常的日子也活出滋味来，那才是一种境界！""不提口号，不搞运动，该怎么做就怎么做。用平常心做平常事！"等等。他谈到任何一件事都有一百种做法，举到刚才的语文课："同样一堂课，我有我的上法，李镇西有李镇西的上法，上出个性来就是最好的课。"讲台上的魏老师谈吐从容优雅，语言平和朴实，而不乏幽默。他把我们的精神引向崇高的境界，又让我们的心回到平凡的世界。他用最朴实的大白话娓娓诉说着人生的哲学，让我们在感受他博大胸襟的同时，也禁不住审视着自己的灵魂。

中午在饭桌上，我和魏老师闲聊，他关切地问我现在身体怎样，我说还行，就是头发掉得厉害，而且近几年不断发胖，他要我加强锻炼，我问他如何锻炼，他马上忍不住挥了挥拳头说："我坚持打拳，而且如果不外出的话，我每天都坚持跑三千米。"我说我平时在家每天都坚持步行半个小时，他说这足够了。我说："魏老师，我会继续向你学习，但我不会做你，我要做最好的自己！"他直说"好，好"。我发现魏老师和我一样，不喜欢喝酒，只喜欢喝白开水。于是，我举着纯净的白开水和魏老师碰杯："君子之交淡如水！"

2003 年 10 月 5 日

怀念孙维刚

今天是孙维刚老师周年忌日。

去年他逝世时,我就想写文章悼念他,但写不出,只是对着他的照片流泪。

今年我也想写——前几天就在心里酝酿,但仍然不知从何写起。

我和孙老师有过几次比较亲密的接触,他到成都,我到北京,都要见面。他说我是"他真诚的朋友",说我的《爱心与教育》让他"感动"。但我知道,我远远没有达到孙老师的境界。

永远达不到!

但这不妨碍我尊敬他,并因他而坚信,世界上的确有高尚的人和纯粹的人。

在现在奉行所谓"个性"的时代,我知道,尊重个性是历史的进步,但在有些人看来,似乎搞不好人际关系才是"个性",而"改革"非要以"头破血流"作为所谓"代价"。而孙老师的经历告诉我们:在尊重别人的同时,也能赢得多数人的尊重,从而为自己营造一个和谐的改革环境。

孙老师以一个普通中学班主任和数学老师的身份,创造了让班上55%的学生考上清华北大的"神话",这个奇迹至今没有中学老师能够打破。然而,他似乎没有媒体所希望的那么"悲壮",那么"众人皆醉我独醒"。

他谦虚而又温文尔雅地走向了教育的最高境界，同时也走向了人格的最高境界。

　　当许多人以"市场经济""个人利益"等时髦词语来消解崇高的时候，当有人对学生大谈"读书只是为了挣大钱娶美女"而赢得相当多教育者喝彩的时候，他在教室里平静地对学生说："我们读书，就是要让自己的一生为国家为民族赢得荣誉！"

　　当然，他自己也是这样做的。

　　我们当然不要求也无法强迫人人都是孙维刚，但请那些追逐庸俗的教育者不要无视孙维刚的存在。

　　我不反对"个性"，更无意把孙老师作为"好教师"的唯一模式，但我希望社会也能尊重孙维刚老师质朴、儒雅、温和的"个性"。

　　当报上大肆渲染他的"55%的学生考上清华北大"并把他作为应试教育的先锋时，他的学生说："这是对我们孙老师的误解！孙老师最看重的是我们做人。"

　　一个学生在孙老师去世后写道："我要用我的全部生命证明：孙老师是真正的素质教育！"

　　最后一次听到孙老师的声音，是在2000年的教师节我在北京参加教师节表彰活动的时候。我给他家里打电话，他希望我抽空去他家里坐坐，但我不忍心打搅他，我说："孙老师，我就问你个好，希望你好好保重身体！"然后我又说想要他的著作，并请他给我寄到成都家里。电话里孙老师非常爽快而和蔼地说："没问题！"第二天，我回到宾馆，服务员便送来一个纸包，打开一看，正是孙老师的著作。原来，孙老师竟亲自给我送到宾馆来了！

　　在写这篇文字的时候，我忍不住从书架上拿出孙老师的书，亲切地摩挲着，我感到正握着孙老师温暖的手，正抚摸着他的灵魂。

　　面对孙老师的灵魂，我感到自己的渺小，但我愿意尽可能接近他的境界。

2003年1月21日

绍华校长

1991年秋天的一个下午，距今刚好二十周年，我应邀去成都石室中学听课。在课后的座谈会上我做了几分钟的发言，然后和主人共进晚餐。晚饭后，石室中学教务处主任、四川省语文特级教师徐敦忠老师对我说，希望我调入石室中学。他说这也是王绍华副校长的意思。

当时我很意外，更受宠若惊。"成都石室中学"这几个字是怎样的如雷贯耳啊！其前身为文翁石室，建于汉代，是我国第一所地方官办学府。1904年改设现代中学，绵延两千一百五十多年，石室弦歌不辍，文脉不断，甚至连校址都没有动迁过。在石室的土地上，留下过文翁的足迹、王维的足迹、杜甫的足迹、李调元的足迹，活跃过李一氓的身影、何其芳的身影、曹葆华的身影、曾彦修的身影，更孕育了郭沫若瑰丽的诗歌、李劼人凝重的小说、王光祈迷人的音乐、周太玄科学的梦想……

能够在这所著名学府任教，该是多么幸运和幸福啊！

我当时不过是一名普通的青年教师，听了徐主任的话，简直像中了彩票一样没反应过来。我猜测，也许刚才座谈会上我几分钟的发言受到了徐敦忠主任和语文教研组长陈文汉老师的认可与好评，也引起了王校长的注意，但他居然"看中"了我，确实让我吃了一惊。当然，给我更多的是感动。不过，我稍微理智地想了想，便对徐主任说，我才到玉林中学工作半年多，人家杨校长对我也不薄，我现在怎么好走？请转达我对王校长的感谢。

尽管当时我没有答应绍华副校长，但他对我的厚爱我记在了心中。

两年后，绍华担任石室中学校长。有一次，我又去石室中学参加语文教研活动，在学校大门口碰见他。王校长非常热情地和我握手，并说了一句让我终生难忘的话："李老师啊，我们就像是谈恋爱，是我在追你，我在你后面追呀追呀，不知什么时候能够把你追到！"

我知道绍华校长说话幽默，但我相信他这话不仅仅是幽默，还表达了他对我的真诚期待。

坦率地说，那一刻我开始动心了。因此，和玉林中学签订的三年合同到期时，我犹豫着是否续签。但想到杨校长把我调进成都也不容易，于是我一咬牙，决定再为杨校长干三年。于是我又和玉林中学续签了三年合同。

这一晃近七年就过去了。由于种种原因，注意我的人渐渐多了起来。成都市内几所知名中学的校长也向我抛出了"绣球"，但石室中学始终在我心中占据着不可动摇的地位，因为那里有绍华校长！绍华校长那句"追呀追呀"的话一直在我耳边响着，并感动着我。

1997年刚放寒假的一天晚上，我突然接到绍华校长的电话："李老师，你明天到学校来拿房子的钥匙。"我再次惊讶得说不出话！尽管再过半年我在成都玉林中学的第二个三年合同即到期，我与绍华校长也谈过我合同期一满，就过去，但毕竟没有履行任何手续，连起码的文字承诺都没有，然而绍华校长就是这么信任我，直接就把房子钥匙给我了。

后来我才知道，这套位于三楼的房子，是前任校长现任教育局局长调离石室中学后留下的，本来应该轮到王明宪副校长住，明宪校长住六楼，因为爱人患重病而一直想换个楼层低的房子，但绍华校长对他说:"这套房子,我要用来引进一位优秀教师,我给李老师留着……"明宪校长当即表示充分理解,并极力支持。

　　写到这里,我不禁想到,有多少人有恩于我,而我又愧对多少人啊!

　　1997年秋天,我正式到石室中学执教。我至今还记得,到石室中学之初,绍华校长和我聊天,问我的想法。我说我不想做什么"行政",我就想尽可能排除一切干扰,好好教书,好好当班主任。他说:"好,我懂你的意思了。我尊重你。我不会把你朝行政干部方面培养,我创造条件让你朝教育专家方面发展。"

　　这是绍华校长让我感到他真正懂我的一句话。事实证明,绍华校长后来确实一直是这样做的。他果然没有给我任何行政干扰,让我安安静静地教书。

　　而绍华校长本身就是一名教育专家。近距离接触绍华校长,我感到绍华校长是一位有着浓厚书卷气的管理者,一位真正的学者型校长。

　　1993年王绍华担任石室中学校长时,古老的石室中学经过前几任校长的锐意改革,在各方面都取得了引人注目的成果,成为当时成都市乃至四川省教育改革的一面旗帜,在全国都享有盛名。如何让石室中学在保持荣誉的同时再创佳绩?如何让发展平台已经很高的学校再有新的突破?这对新任校长王绍华来说是一个不小的挑战。苏霍姆林斯基说:"学校领导首先是教育思想的领导,其次才是行政领导。"而王绍华校长正是以自己富有创造性的教育思想给这所千年名校注入了新的活力与生机。

　　要办好石室中学,有千头万绪的工作需要做,但王校长认为,首要的工作是提出一个科学、明确、符合学校实际的办学思想。这样的办学思想既是过去办学经验的提炼,又是未来发展的指导方针。它会激励全校师生为学校的发展而奋斗,也应该是石室中学成为一流学校的标志。基于这样的思考,王校长组织全校教师清理、总结石室中学以往的办学经验，同时结合素质教育的时代要求学习、研究先进的教育理念，根据前任校长叶长坚把石室中学优良传统与现代教育思想熔于一炉的办学方针，最后提炼出了石室中学的办学思想："继承优良传统，打好素质基础，培育创造能力。"（简称"传统·基础·创造"）

当然，这一办学思想绝不是仅仅悬在空中的口号，它最后都应落实于石室中学的教育管理、教育改革、教育科研等方面。为了在保持并发扬优良传统的同时，找到学校教育发展新的增长点，王校长把眼光投向了教育科研，提出"以研兴校，以研促教，以研名师"，通过教育科研促进教育改革的发展、教育质量和教师专业水平的提升。

我这里特别想说的是，强调"重视教育科研"的校长太多太多，或者说几乎没有校长不把"科研兴校"挂在口头上，但在这个浮躁而浮夸的社会，并不是每一个校长都能够做真科研的。绍华校长是我所见到的为数不多的搞真科研的校长之一。这里披露一个细节——

有一年，某高校某著名什么什么"学家"带着几个研究生来到我校，说是要帮助学校搞教育科研，帮助学校"总结""提炼"什么"经验"之类。宽厚仁慈的绍华校长一开始也持欢迎态度，但后来发现味道不对，他们不是踏踏实实地指导老师们如何结合自己的教育实践从事科研，而是关起门来写文章，闭门造车。最让绍华校长不能接受的是，他们提出，学校给几万块钱，这"科研成果"肯定就出来了！绍华校长毫不犹豫地拒绝了。我知道，现在花钱买成果的校长还少吗？但绍华校长不干，因为这有违他的教育良知。

何况，绍华校长本人就是教育科研的身体力行者，带头实实在在地搞教育科研，哪需要弄虚作假花钱买"成果"？担任校长之前，身为数学特级教师的他，就已经出版了《中学数学解题方法——判别式法》等学术著作。他对全校教育科研的领导首先体现为身体力行带头搞科研：《教育科研是发展教育的重要推动力》《略论现代石室教育思想》《现代中学生文化科学素质培养研究》《培养学生创新能力的思考》《对吴莹莹发明成功因素的探究》……王绍华校长在繁忙的工作中，主持了一个个教育科研课题，写下了一篇篇教育科研文章。石室中学由此形成了不同级别、不同层次、不同领域、不同学科的教育科研课题网络系统，并带动了教育教学改革：研究性学习、学分制、选修课……一时间，石室老师发表出版的教育科研论文、著作蔚为大观。科研成果当然不仅仅是论文著作，还有教育质量的稳步提高，包括学生在学科竞赛和科技发明方面的优异成绩！绍华校长率领石室的老师们以教育改革的卓著成果为学校注入了新的活力。

也是在这浓郁的教育科研氛围的感染下，更是在绍华校长的热情鼓励和支持下，我结合自己每一天的工作做真正的教育科研——不停地实践，不停地思考，不停地阅读，不停地写作，我在全国报刊上发表了一篇又一篇教育论文。

绍华校长有一种人格魅力，这种魅力不仅仅来自他的学识，更来自他宽厚仁慈的品格。我从来没有见过绍华校长对任何人发过脾气，甚至没见过他声色俱厉地批评过谁。他也从来没有校长架子或专家派头，总是那么平易近人。说一个细节，自我认识他到现在，他从来没有直呼过我的名字，总是叫我"李老师"，不只是对我，他对学校所有老师都称"某老师"。这不是客气，更不是客套，而是发自内心对老师们的尊重。他是一个内心深处特别善良的人。

他对我更是特别宽容和包容，宽容我的个性，包容我的缺点。在语文教学和班主任工作方面，我有些做法比较新颖，甚至比较独特，这些做法并不是每一个人都认可的，但绍华校长总是鼓励我"大胆创新"。我从来不选择学生，所以当时我班上的差生相对多一些，尽管我操了不少心想办法转化这些孩子，但班上总有"出事"的时候。绍华校长从来没有责备过我一次，相反他还帮我和一些人解释:"李老师班上调皮娃儿多一些,人家李老师比一般老师付出的辛劳更多,怎么能够简单地责怪他呢?何况,这些孩子也在进步!"可以想象,当这些话传到我耳朵里时,我是怎样的感动!我当班主任喜欢把学生带到大自然中去玩,这在十多年前并不是每一个校长都支持的。曾经在一所学校,我因为带学生出去活动,结果不但被校长批评,还受了经济处罚。然而在石室中学,我多次带学生出去玩,我曾带学生去公园踢足球做游戏,也曾带学生在春天的田野步行一天,还曾带学生在青城山的小木屋里住过一夜……我从来没有挨过一次批评。

当然,绍华校长也有批评我的时候。记得有一次,他找我谈心,非常严肃而又诚恳地指出我存在的一些问题,说得我心悦诚服。同时他又怕我背思想包袱,便鼓励我不要因此而畏首畏尾,要我保持工作热情和创新锐气。他有几句话我至今还记得:"谁没有缺点呢?谁都有失误或犯错误的时候。你千万不要因此而不敢大胆工作,你一定要继续保持你的创新精神,你一定会取得更大的成绩的!我相信你!"他当时说这话时,那信任和期待的眼光,好像至今还在注视着我。

1999年10月下旬,我偶然从《中小学管理》杂志上一则启事中得知,由北京师范大学国际与比较教育研究所主办的纪念苏霍姆林斯基八十诞辰国际学术研讨会将在北京举行。我一下想到了不久前我写的一篇文章《追随苏霍姆林斯基》,我便将这篇文章和刚刚出版的《爱心与教育》寄给了会务组。两周以后,我接到了大会的邀请函。

这本来是一件好事,但当我拿着会议通知去向绍华校长请假时,他开始有点为难:"按规定,只有教育行政部门或教育科研部门组织的会,学校才同意参加的……"

绍华校长这样一说,虽然我感到遗憾,但也不好多说什么,毕竟规矩在那里摆着。绍华校长在办公室里踱了几步,又仔细看了会

教育所思（第二版）

议通知，沉吟了一会儿，说："北京师范大学国际与比较教育研究所也是很有影响的教育科研机构，著名教育家顾明远还曾担任所长。你去吧！我知道你多年来对苏霍姆林斯基的热爱与追随，我支持你！"

绍华校长的支持，促成了我的北京之行，而且让我第一次在国际会议上亮相，我的教育故事感动了许多中外学者，包括苏霍姆林斯基的女儿、乌克兰著名教育专家苏霍姆林斯卡娅，她当时为我的发言所感染，即兴写下几句题词——

亲爱的李：

　　听了您刚才充满激情和爱心的发言，我很感动。您是一位真正的教师！

　　您把您的热情传播给您的事业，您把您的爱心传播给您的学生。我相信，您是很幸福的人。

　　您是中国的苏霍姆林斯基式的教师。虽然您与我父亲苏霍姆林斯基年龄相差很大，中国和乌克兰相距遥远，但您是苏霍姆林斯基的亲人，是他最亲近的人！

　　我代表我的亲属向您表示敬意，我代表乌克兰人民向您表示敬意，我向您深深地鞠躬！

奥丽佳·苏霍姆林斯卡娅
1998 年 11 月 27 日

正是从那次北京之行开始，我的教育视野从中国投向了世界，我和苏霍姆林斯卡娅女士的友谊一直保持到现在。

我后来不止一次地想，人生有时候因为许多偶然而改变方向，如果我没有遇到王绍华校长，或者那次王绍华校长不同意我去北京，后来的我会怎样呢？当然，我的教育事业肯定会继续向前推进，但我的教育景观可能会有所不同吧。

不仅仅是参加学术会议，一切可能的学习机会，绍华校长都积极支持我。2000年3月初的一天，王绍华校长突然向我转告一个来自省教委的通知，要我于当月下旬赴西安参加教育部组织的骨干教师国家级培训。当时我正带毕业班，还有三个月就中考了。我说："现在，学生正值临考的关键时刻啊……"王校长说："是啊，的确来得不是时候。但这是国家级培训，机会难得，你去吧！"对于我后来考博士研究生，绍华校长也很支持，他很爽快地在报名表上签字，并且勉励我说："顾泠沅是著名的中学数学教研员，也是我国第一个中学数学界的博士，希望你向他学习，成为我国第一个中学语文教师中的博士。"

如此开明的校长，真是不多见。如果没有绍华校长的开明，我现在会是怎样的？当然，绍华校长不仅仅是开明，更有他对年轻教师真诚热切的培养提携之心。

每当我取得了一点点成绩时，绍华校长总是由衷的高兴，并尽可能地宣传我。那年拙著《爱心与教育》荣获中宣部"五个一工程"奖后，四川省委宣传部组织了一个座谈会。开会前，绍华校长本来已经坐上去泸州出差的车，临时接到参加这个座谈会的通知后，马上跳下车专程赶到会场。在会上他热情地说："我把李老师的成功归结为'四加一'。我认为，他在四个方面很突出——勤于学习善于学习，勤于思考善于思考，勤于积累善于积累，勤于写作善于写作；'一'就是一片爱心。当然，爱心我们都有，但李老师非常执著，再加上前面那四个方面，所以他能够取得显著的成果。"听了绍华校长对我的评价，我感到他是了解并理解我的。会后他又真诚告诫我："作出了成绩，有了点名气，更要谦虚谨慎，要夹着尾巴做人啊！"

我在石室中学绍华校长手下工作不过五年，但这五年是我教育生涯的重要的转折点。进石室中学之前，我只是普通的语文教师和班主任，尽管也有些文章见诸报刊，但总的说来我是默默无闻的。

正是在石室校园,我开始崭露头角,开始在四川省乃至全国基础教育界发出自己的声音,我的名字渐渐被越来越多的人眼熟。石室中学是我总结提炼升华我过去15年教育实践,深化我的教育思考并继续我教育探索的地方,也是喷发我从1982年参加教育工作以来所积淀的教育情感、教育思想与教育智慧的地方——《爱心与教育》《走进心灵》《从批判走向建设》《风中芦苇在思索》《花开的声音》《教育是心灵的艺术》等著作都是那一时期的教育作品。我因此同时荣获"四川省中学特级教师"和"成都市中小学教育专家"的称号。

后来我读博士,到成都市教科所工作,后回到学校教书当班主任,再到成都郊外搞平民教育,直到我现在当校长,我和绍华校长见面的时间渐渐少了,但他一直都关心着我,并为我的每一次进步而高兴。那年夏天,温家宝总理对我从事平民教育的批示下来后,他和我相约在三圣乡荷塘边小聚。我们沿着荷塘一边散步一边聊天,谈教师理想,谈教育公平,谈学校管理,谈知识分子的使命感,谈中国社会的发展与进步……我再次聆听绍华校长的教诲,他的热情与真诚,还有真知灼见,如无边的荷香扑面而来,鼓满我的心房,让我神清气爽。

这么多年来,我心中一直装着兄长般的绍华校长。几年前,我写过一篇题为"谁在教我当校长"的文章,其中提到绍华校长:"是绍华校长教会我宽厚,教我与人为善,教我要欣赏每一个老师的长处,并尊重每个老师的个性,并根据这个个性帮助老师成长。"

的确是这样的。现在,我总是欣赏和宽容我学校的老师,特别是对一些有这样那样不足的老师,以及有独特个性的老师。一些老师在我的宽容和帮助下成长起来了。这些做法,都有着绍华校长的影响。现在,每当遇到困难,甚至遇到棘手的人或事时,我往往会情不自禁地想,如果是绍华校长,他会怎么做呢?

2011年10月13日

又见谷建芬

怎么也没有想到，2003年10月13日那天下午，仅仅是因为我忘记了带手机，我便失去了与谷建芬老师见面的机会！

早在今年6月，我就从《成都日报》上得知谷建芬老师要到成都来。我的心一下子回到了二十年前我永远难忘的日子——因为学生们一封真诚的信，本来和我们素不相识的著名作曲家谷建芬老师便答应给孩子们谱写班歌！然后便是孩子们和他们亲爱的谷阿姨纯真的书信交往，一直到他们毕业。1984年夏，我曾去北京看望过谷建芬老师。后来我便没有和她联系了，不仅仅是考虑到她很忙，更重要的原因是，她毕竟是名人，我不愿意有意无意借她的光环来照亮自己。但从那以后的二十年里，她崇高的人格一直鼓舞着我在教育事业上不断迈进，她为我班谱写班歌的行为本身，也教育着我如何对待一切需要我帮助的人。虽然我再也没有和她联系，但我时时关心着她，关注着她后来创作的每一首新歌：《绿叶对根的情意》《今天是你的生日，我的中国》《歌声与微笑》以及电视剧《三国演义》插曲……有一年我突然看到《参考消息》上登出谷建芬老师家被盗的消息，我在为她担心的同时还在想：谷老师家除了一架钢琴，什么值钱的东西都没有，有什么好偷的？还有一次在中央电视台播出的"大地芬芳"晚会上，谷老师和一群孩子在演唱着欢快的歌儿，隔着电视屏幕，我也能够感到谷老师那不老的青春气息扑面而来！

教育所思（第二版）

二十年来，我从乐山到成都，从青年到中年，但对谷建芬老师的感激以及心中那份遥远的思念一直持续不断。

今年国庆节假期刚过，我就从报上得知谷建芬老师真的要来成都了，她将为成都谱写一首歌。我立即拨通报社一位记者朋友的电话，想通过他们联系上谷老师。一周以后，那位记者朋友打电话告诉我说谷老师真的来成都了，他一定安排我们见面，叫我随时等他的电话。那天下午，我骑车在上班的路上，突然发现忘记带手机了。还是回家去拿吧！万一那位朋友通知我和谷老师见面怎么办？但我又侥幸地想，可能不会吧？于是我没有回去拿手机。就这一"侥幸"，让我后来悔恨不已——下午五点钟左右快下班时，我给那位朋友打电话，问什么时候见谷老师，他第一句话便是："今天下午给你打了几百遍电话，硬是没有人接！"然后是劈头盖脸地埋怨："你是怎么搞的？人家谷建芬老师本来说是今天下午两点与你在武侯祠见面，结果无法与你联系！"我一下子慌了，忙问："谷建芬老师她现在在哪儿？"对方说："北京！她已经乘四点过的飞机回北京了！"那一刻，我沮丧的心情真是难以形容……

不行，我一定要联系上谷老师！我像着了魔似的四处打听与她联系的办法，最后托北京的朋友得到了谷建芬老师的住宅电话。那天中午，我拨通了谷老师家的电话，拿起话筒，那边便传来亲切的声音："啊，是李老师！那天还说在武侯祠见你呢！"我当即向谷老师表示歉意："都怪我粗心和侥幸，忘记了带手机……"谷老师说没关系，她请我到北京时一定去她家。我说我正好过几天要去北京讲学。她很高兴地说："那好啊！你一定要来呀！你来的时候，我送给你一套 CD 碟，是我的二十年作品集。"我直说谢谢，并问谷建芬老师是不是还住在原来的地方，她说："早搬家了！你来北京后给我打电话，我再给你说详细地址，告诉你怎么走。一定要来呀！"

2003 年 10 月 20 日午后两点过，我乘车前往谷建芬老师家。在车上我给她打电话问具体的线路怎么走，她生怕我找不到，电话里对司机说得非常详细。来到她家的楼下，我想应该给谷老师买一束鲜花，于是我边问边找来到一家鲜花店。店主问我接受送花的人年龄大概有多大，我说是一位老太太，她便建议买一枝百合花——象征"百事如意"，再买几枝康乃馨——象征"健健康康"，然后配上松柏。我说好，并请她在捆扎时一定要更加精心和细心，我说你知道这花是送给谁的吗，是"谷建芬"。她笑了："啊，认识认识，谷建芬还经常来这里买花呢，她先生有时也来这里。"

当我捧着鲜花又来到谷建芬老师楼下时，门卫问我是找谷建芬的吗，我说是啊。他说刚才谷建芬还问门卫客人来没有呢！我心里顿时掠过一丝感动：谷老师在等我呢！

来到谷老师家，她的先生邢老师已经把门打开了。谷老师从里屋走出来，当我看到她的第一眼时，我一下觉得时光倒流了二十年，还是那么慈祥的笑容，胸前还是挂着眼镜（好像这眼镜挂了二十年），还是那么亲切地请我"快坐下"。坐在谷老师身边，我仔细看她，不禁惊讶于她仍然那么年轻！脸上看不出皱纹，和我事先想象的"老太太"形象根本联系不上。我忍不住说："谷老师，您和我84年第一次见您时变化不大，还是那么年轻！"她笑了："哪能啊！我今年六十八岁，奔七十的人了！别看我这头发还这么黑，其实是染过的！"

见到自己仰慕的艺术家，我竟然一下子不知从何说起。我问谷老师收到我前几年寄给她的《爱心与教育》《走进心灵》等书了吗，她说："收到了收到了，你也很有成就啊！"

我说："谷老师，二十年前您为我的学生谱班歌的事，我永远不会忘记。您当年那张歌谱以及写给我和我学生的每一封信，我至今珍藏着。唱过您谱写的班歌的孩子们，现在都已经三十多岁了！"谷老师感慨道："时间过得真快呀！"我说："但是我最近一次和学生聚会，大家还提到您为我们谱歌儿的事呢！"

我真诚地对谷老师说："我不敢说您的那支歌对我的学生有多

教育所思（第二版）

多么大的影响，但是我二十年的教育生涯可以作证，您为我们谱班歌这件事本身，对我产生了非常大的影响！我记得84年我来见您时，您对我说过一句话：'不管怎样，只要我们这些从事精神作品生产的人不垮，国家就有希望。我们个人的力量当然不可能扭转大局，但我要尽力守好自己脚下这块净土。做，总比不做好！'这句话一直激励着我。我经常告诫自己，谷建芬老师并不是搞教育的，但她却那么真诚热情地关心我的学生，那么，我作为一个教师，有什么理由不把自己的本职工作做好呢？因此，如果说我现在的教育取得了一些成绩的话，的确有着谷老师您的影响！真是感谢您啊，谷老师！"

谷老师谦虚地说："哪里哪里？你是一个很用心做事的人！其实，无论做什么事，只要用心去做，就一定能做好，就一定能够取得成功！"

我又说："现在我也常常收到许多陌生老师和读者的来信，哪怕我再忙，也总是有信必复，并力所能及地帮助他们。因为我想，当年谷老师对我那样一个年轻教师的爱心，我已经无法完全报答了，但我能做到的，是把这份爱心传递给其他人！"

谷老师轻轻点头，仍然那么和蔼地笑着。

我问谷老师是否经常参与大型晚会的创作，她说："现在的许多晚会要我创作我都已经推辞了，我创作歌曲最喜欢有感而发，不喜欢按别人的意志写。"

我说就像我们教语文中的命题作文，学生也是最不喜欢写的。她说："是啊，我最不喜欢写'命题作文'，更不喜欢配合形势的应景之作。"正说着，某电视台来电话请她写一首欢呼"神舟"五号载人飞船发射成功的歌，她当即便推辞了。她对我说："艺术创作哪能这样配合时事呢？不是说不能歌颂这件事，但艺术不是这么简单！"

我特别对谷老师说，我最喜欢她谱曲的那首《今天是你的生日，我的中国》，并问她是怎么创作的。她说："这首歌是在一个特定的时候写的。当时因为国家政治气候的变化,老百姓的情绪是忧国忧民,谁愿意唱激昂的歌呢?于是,我采用了舒缓的曲调,表达一种深情,让人们深情地回眸祖国走过的历程,包括经历过的风风雨雨,在无限的期盼中祝福共和国的生日。结果出来后有人说歌唱祖国的歌,怎么能这样写呢?但我说,这不是50年代了,那时可以很激昂地唱'五星红旗迎风飘扬',现在能这样唱吗?艺术创作应该贴近老百姓的心境。因为我就是老百姓,因此我把我的心情表达出来,大家就能引起共鸣。"

我知道谷老师和我们祖国的历史一样,也经历过风风雨雨,便问她:"您是否想过把您一生的经历写成书呢?"

她说:"我原来也想过,但我后来看到许多明星出书,我就不想写了。要我说呀,有些人太把自己当回事了!你的吃喝拉撒与老百姓有什么关系?你是唱歌的,你是演戏的,不是作家,你就应该做好你的本分,不应该过多地说你本职以外的东西。我们还是把我们专业以内的事儿做好吧!历史赋予每一个人的任务,就是让他用自己的作品说话!我的作品就是音乐,是我写的歌!"说到这儿,谷老师特别强调:"现在许多人都把成功和成名混为一谈,其实,成功和成名是两回事!有的人一辈子默默无闻执着于自己的事业,他事业成功了却不一定成名,比如无数科学家。有的人成名了,却不一定意味着他事业的成功。我们应该追求事业的成功!"

听了谷老师的话,我对她的真诚正直非常敬佩,但我仍然说:"您写的书不应该和那些明星一样,因为您的经历会折射出共和国几十年的历史,会有价值的!"

她不置可否地笑了,她强调艺术家的地位还是应该靠艺术本身。说起这一点,她感慨在中国艺术家的地位没有得到足够的重视:"在我国,一切都以你官儿的大小来决定你的地位和待遇;而在国外,人们对艺术家是非常尊重的。有一次我随团到欧洲访问,别人知道我是作曲家后,特别尊重我;无意中倒把带团的领导给冷落了,这让领导很尴尬，也让我感到过意不去。在一个博物馆，珍藏着一架海顿用过的钢琴，平时都是锁上的，不许别人碰，但他们破例让我弹了弹，那种很古典的声音顿时让在场的人受到感染。"

我以前在报纸上看到过谷建芬老师在全国政协的发言，便问她现在是否还在全国政协。她说她现在是全国人大常委："我目前主要是积极参与和关注有关著作权法的完善与实施，保护著作权人的权益。因为在我们那个委员会只有我一个人是著作权人，因此我的话还是比较管用的。"我说："我也是著作权人呢，那您也在保护我的权益呢！"她笑了："是啊是啊！"停了一下，谷老师又说："我国加入WTO后，我们的著作权法也进行了相应的修改，但是实施起来很难。现在，全国的广播电视使用著作权人的播放权仍然是无偿使用，分文不给作者。我看这就叫有法不依，所以，保护著作权人的合法权益是迫在眉睫！"

我突然想到很多年前《参考消息》上登的"谷建芬家被盗"的消息，便问谷老师是怎么回事。谷建芬老师哭笑不得地说："那是以讹传讹，是记者在不明真相的情况下写的。其实不是我家被盗，是我住家大院另一户人家被盗，结果传到外国人耳朵里，就成了我家被盗！"原来如此，我也忍不住笑了。

我问谷老师去成都参观杜甫草堂没有，她说："去了，感觉挺好！"谷建芬老师对成都很有感情。她说这次是阔别四十年后又去成都，变化的确很大。"不过，我给成都市的领导建议，应该把整个成都市建成一个大草堂。"我一下子没有明白她的意思，她解释说："应该更加突出成都这座历史文化名城的文化含量和文化氛围，比如，在市区广场建立杜甫的塑像，等等。为什么城市中心广场只能塑领袖的像呢？"

我知道谷老师这次是为成都写歌而去采风的，便问她歌儿谱没有谱，她说没有，因为还没有她满意的歌词。"慢慢来吧，让我找找感觉。我写歌就喜欢有感而发。"她再次强调这一点。

聊着聊着，听到有人按门铃，原来是谷老师通过麦考林电话购物，人家送货上门了。谷老师和老伴一一细心地检查送来的货物，我从商品包装上看不懂是什么东西，便问谷老师买的是什么。她指着一个箱子对我说："这是我为我孙女儿买的东西，就是那个什么……那个抽水马桶的垫子。"我还是不明白，谷老师耐心地说："那抽水马桶不是为大人设计的吗？小孩儿坐上去要往里面掉，现在有了这个垫子，小孩儿就不会掉进去了！"听她这么一说，我终于明白了。

这时候的谷老师，完全不是艺术家，俨然就是一位慈祥的老奶奶，很普通的家庭主妇。我们重新坐下时，我问谷老师现在身体怎么样，她说："还行！我这儿不是离工人体育场很近吗？每天早晨我都到工体锻炼，平时也常常散步。"我对谷老师说："您一定要保重身体呀！别太累。"她叹了口气："是啊，我真想把所有的事都推掉，静下心来，写点自己想写的东西！"

我突然感到，谷建芬老师作为一位著名艺术家，同时也是很朴素很平常的一个人，也过着很朴素很平常的生活。我想到刚才在花店买花时，店主说谷建芬和她老伴常去买花，我觉得谷老师的日常生活其实单纯而雅致。

我向谷老师打听王健老师的身体状况，谷老师说王健老师的身体不太好，我请谷老师下次见到王健老师一定代我向她表示祝福。

时间不知不觉已经过去一个多小时了，我向谷老师和邢老师告辞，并和谷老师合影，然后我请求和邢老师合影，他居然不愿意，不停地摆手，说："每次来了客人，都是她负责和客人合影，我负责灯光，因为我是灯光师！呵呵！"我说："人家谷老师都不摆架子，您邢老师架子还不小！"他爽朗地笑了。我想，和这么活泼风趣的老伴一起生活，谷老师一定很幸福。

谷老师送我一套CD光盘——《谷建芬作品选》，并说："下次我去成都再去见你！"我说："到时候我把唱过您谱写的班歌的学生也叫来，好好聚聚！"谷老师高兴地说："好啊！"

我对谷老师和邢老师说再见，我再次对谷老师说："您一定要保重身体呀！"然后走到门口换鞋，谷老师突然想起了什么似的说："李老师，你还没有给我留电话呢！你叫我到了成都怎么找你！"我赶紧抱歉，并给谷老师写了我的联系电话。谷老师也送给我一张她的名片。我注意到，名片上"谷建芬"三个大字旁边，就两个小字"作曲"。是的，是"作曲"，而不是"作曲家"。谷老师的平淡平和即使在这小小的细节上，也自然而充分地表现了出来。

我已经回到成都家里几天了，但谷建芬老师的形象一直还在我眼前浮现——崇高而普通，伟大而平易，优雅而朴素。我毫不掩饰我为拥有和谷老师二十年的友情而自豪，但我可以问心无愧地说，我绝不是因为谷建芬是名人而去"高攀"她，在我的心目中，谷建芬是最可尊敬的老师和最可信赖的朋友！社会在进步，时代在发展，学生的审美趣味也在变化，谷老师当年为我班创作的班歌，现在更多的只是一种美好精神的象征，而不再经常被我的学生演唱。但是，谷建芬老师和未来班的友谊，一直是我对后来的学生进行做人教育的最美好也最生动的故事，谷建芬老师品格的精髓——善良和正直，不但是我，也是我的学生永远追求的境界！

此刻，我在书房里的电脑前坐定并戴上耳机，然后把谷建芬老师送我的 CD 盘送进光驱，于是一种温馨美好的氛围充盈在我的周围。在谷建芬老师谱写的纯净而神圣的旋律中，我怀着纯净而神圣的心情，写下这篇文字，也写下我对谷建芬老师永远的敬意。

2003 年 10 月 23 日

我想念你们

昨天中央电视台播放《小崔说事》时，我在火车上。我到现在都还没有看这个节目。但从节目播出开始，一直到今天，都不断收到许多朋友的手机短信或微博留言，谈感受，甚至不止一个朋友说"含着眼泪看"。其实，刚才吃饭时，女儿说："你说得不好，明显紧张。邹老师也讲得不好，平淡，只有李青青讲得还比较生动。"所以我说，我们几个老师在节目上的表现并不是特别好，大家之所以感动，是因为我校的老师所表现出来的爱和敬业精神感动了大家。

在收到的所有反馈中，刚才我在博客上看到的一段留言，特别让我感动和激动——

> 我是李镇西老师84级未来班的一员，昨日含泪看完了《小崔说事》，未来班的班歌还在传唱，未来班的精神还在发扬。这是老师给我们的精神财富。记得当时毕业时有同学在问李老师："你这样培养出来的我们能不能适应社会？"现在我以我的经历现身回答：是的，我是适应社会的，而且如同老师所希望的那样——正直、勤奋、向上。我做到了。

准确地说，"84级"应该为"84届"，因为这个班的学生是1984年毕业。我是1982年寒假大学毕业，开学便教他们的。算起来，这个班的学生今年应该是四十二三岁了。我不知道留言的这位同学是谁，但岁月的流逝没有磨灭当年的记忆——我和我学生的记忆。其实，那时我刚参加工作，什么教育理念，什么教育智慧，什么教育艺术……统统谈不上，有的只是童心、热情和爱，为此我全身心超负荷地投入工作中，投入学生中——

我给孩子们读《青春万岁》，读《红岩》，读《烈火金刚》；我带着孩子们去登峨眉山、凌云山；我教孩子们唱许多革命歌曲（即现在的所谓"红歌"），并参加歌咏比赛；我们请谷建芬给我们谱班歌，并和谷老师保持通信；我们在岷江之滨燃起篝火，载歌载舞欢度儿童节……因为太投入，我竟然通宵失眠，患上了严重的神经衰弱，最后不得不住院治疗！

然而，学生们对我的回报是丰厚的——

刚参加工作不会用嗓子，不久我的声音就嘶哑了，下班回宿舍，门缝下塞着一包药，还有一张纸条："李老师，保重嗓子！"我住院前一天，几个女生在我宿舍里哭着给我唱歌，并说李老师养病期间她们一定好好学习。我在医院里，一群学生突然出现在眼前，带来了全班同学对我的祝福。一年元旦的早晨，我打开门，门外放着一束鲜花，还有一张纸条："祝老师新年快乐！"……

此刻，当我写下这些文字的时候，思绪回到了教84届一班的日子。那时候，我年轻气盛，脾气不好，遇到学生不听话，就冲他们发火。然而，他们从来不记恨我，毕业之后，记住的全是我的好，而把我的缺点忘得干干净净。学生对老师总是那么宽容！

说到我们未来班的班歌，这真是让我们难忘的一段经历。是的，班歌一直唱到现在。我们唱的不是一首歌，而是一种情感、一种精神、一种纯真。去年春节我回乐山，和部分84届的学生搞了一次分别二十六年后的聚会。饭桌上，大家提议再唱唱当年的班歌，当时我很惊讶，这么多年过去了，他们居然还记得歌词！如果谷建芬老师知道了她当年为我班学生谱曲的班歌，至今还被一届又一届孩子传唱，应该很欣慰吧！

是的，当年不只是学生，更有许多成年人——家长和老师，都多次充满忧虑地问我："你的教育这么纯，把学生教得这么善良，他们走上社会不吃亏吗？"当时，我无法回答，毕竟我的教育才刚刚开始，但现在三十年过去了，我的历届学生都可以回答：善良，永远不会吃亏！

的确是"三十年"了。我是1982年1月走出大学校园的，过了春节便踏上了中学讲台。仿佛就在昨天，但时间已经过去三十年了。当年，还不到二十三岁的小伙子，现在已经五十三岁了。让我非常自豪而坦然的是，我胸中的一颗童心，依然和三十年前一样纯净而透亮！正是这颗童心让我不老，也让84届之后的87届、90届、93届等历届学生都爱我。《小崔说事》中的那个面部曾烧伤的小姑娘王露霖，去年在接受媒体采访时，对记者说："李老师不仅是我的老师，更是我的好朋友！"无论我现在有多少"荣誉称号"，都不及这句话让我骄傲！

亲爱的84届的孩子们，你们现在已经是爸爸妈妈了，你们的孩子也已经上中学了。但在我的心中，你们永远是十二三岁的孩子，我想念你们！

2011年11月14日

第四辑
说语论文

公开课,请别再演戏了

多年来各种公开课已经在人们心目中形成了一个思维定式,那就是一堂优质的公开课必须是"完美"的。

为了这个"完美",公开课就成了"集体智慧的结晶";为了这个"完美",公开课就越来越成为"无懈可击"的表演;为了这个"完美",公开课就越来越讲究"精雕细刻"的形式;为了这个"完美",公开课就越来越成为各种"模式"或生搬硬套或惟妙惟肖的翻版……这样的公开课的确很"完美",但也很虚假。这一方面有违教师道德,另一方面等于是公开地对学生进行作假示范!这样虚假得"完美无瑕"的公开课至今还在不停地演示着,这究竟给我们的语文教育带来了什么后果?难道不应该好好反思反思吗?

当然,公开课中的弄虚作假未必是我们的主观追求;导致这种客观效果的原因,我认为,是长期以来语文教育中对教学个性的排斥。

是的,教学个性!

本来,语文课应该是最具教学个性的学科。且不说每一篇文质兼美的课文,都是一朵独一无二的精神花朵;即使是面对同一篇课文,不同的老师,都可依据各自的个性上出风格迥异的课来。任何一位杰出的教育专家或优秀教师,其教育模式、风格乃至具体的方法技巧都深深地打着他的个性烙印。不同的生活阅历、智力类型、知识结构、性格气质、兴趣爱好以及所处的环境文化、所面对的学生实际等因素，决定了任何一位教育专家都是唯一的、不可重复的，他们所上的课也是唯一的、不可重复的。试看于漪、钱梦龙、宁鸿彬、魏书生……哪一个人的课不是其鲜明个性的体现？由于有了个性，他们便成了公认的语文教育改革家。

然而，多年来，为什么我们的语文教育专家仍然只是于漪、钱梦龙等人呢？原因在于广大普通教师所被允许的教学个性空间实在是太狭窄了。从刚踏上讲台开始，一堂堂汇报课、观摩课、示范课，就规范着他们只能"这样"上而不能"那样"上。都说上公开课"锻炼"人，但我要说，正是在这一次次不断的"锻炼"中，教师失去了自己的个性，因而失去了创造性。（因此，在这个意义上，我不同意有的老师来信所说，"参加工作不久的青年教师，完全可以沿用现在流行的方式"上公开课，这"是青年教师明确如何上好课的过程，是激发青年教师精益求精的过程，使青年教师学会上课"。）

语文公开课的规范化、模式化，实际上是传统文化中"大一统"思想对语文教学个性潜移默化的扼杀；而扼杀了个性，便窒息了语文教育科学的生命！

我对这种语文教学中的文化专制主义深恶痛绝，因而总想努力通过自己的探索追求语文教学的个性。而教师的这种语文教学个性，首先体现为对学生个性的真正尊重。上周我刚刚教了《我的小桃树》，自己还比较满意。"比较满意"的唯一原因就是我在课堂上真正做到了以学生为主体。具体说，就是让学生思想的火花随心所欲地迸射，让学生心灵的翅膀无忧无虑地飞翔——

课一开始，我让学生齐声朗读这篇课文。读完之后，我让学生自由发表意见：可以就不懂的问题提问，可以谈自己的感受，也可以就自己最喜欢的某一点做简要分析。

学生问的第一个问题是："为什么中间作者要写自己'脾性也一

天天坏了','心境似蒙上了一层暮气'?"如果按教参上的教学程序,显然不应该从这儿讲起,因为这个问题并不是教参上确立的重点和难点。但至少对于这个学生来讲,这个问题就是她的"难点"和"重点"。我当然就得顺应学生。我把这个问题交给学生讨论,学生便纷纷发表自己的看法。

于是,新的问题又涌出来:关于"奶奶",关于"小桃树",关于"我的梦是绿色的"……在学生无拘无束的讨论中,或者是一个学生的话引发了大家的共鸣,或者是一种观点引起了不同的看法,或者是学生之间的碰撞,或者是学生和老师的辩论……总之,整个教室弥散着浓浓的学术氛围,大家都感受到了一种交流的快乐。

还不仅仅是交流的快乐,更有发现的喜悦:"我觉得'我'眼中的小桃树,就像奶奶眼中的'我'。""'它长得很委屈,是弯弯头,紧抱着身子的',这是写小桃树,也是写作者自己。""作者把题目由原来的'一棵小桃树'改成'我的小桃树',更能表达对小桃树的感情。""倒数第二个自然段最让我感动,作者把风中摇曳的花苞比作'像风浪里航道上远远的灯塔,闪着时隐时现的光',我读着读着就感到一种向上的力量。""我最喜欢文章最后几句,作者对着小桃树倾诉自己的感情,其实也含蓄地表达了作者对理想的追求。"……

学生的每一个发现都令我惊喜。这一切都不是我预设的,而我感到学生是用自己的心灵感受作品,他们不是通过我的解说而是自己直接与作者对话。学生的提问和分析也许很肤浅,很幼稚,但这一切都属于他们自己的收获而不是我的灌输。

上这样的课我也十分轻松愉快,因为我的眼前没有"评委"只有学生,我也不必有一种紧迫感,老惦记着把我准备的货色匆匆灌给学生。在这样的课堂上,我的所谓"主导作用"只是给学生提供一个自由论坛,或者说我只是一个学生思想大海的推波助澜者——我适时巧妙地在学生心灵的海洋中掀起一个又一个思维的浪花;同时,我的心灵也在这些新鲜的浪花中沐浴着……

可是，如果是公开课，我敢这样上吗？

以前我不敢，现在，我倒很想试试。——我想以这样质朴、真实、自然的公开课，呼唤语文教学的个性。

1999 年 5 月 16 日

语文教学可否提倡"多元化"

最近有人提出:"语文教学应该提倡多元化。"我的看法是:"多元化"当然非常好,但现在恐怕还难以实现。

说心里话,我非常赞同"语文教学多元化"的主张。在谈到教育的种种弊端时,有人说教育是"计划经济的最后一个堡垒"。对此,我们以前往往只从教育体制的角度去理解其"计划性",而忽略了在这种计划体制下人们所形成的思维的"计划性"。长期以来,语文教学的一切(即教材、教法、测评等等)都是"计划"的,甚至连"思想"都被"计划"了——我们总习惯于用"树样板"(比如宣传、推广"××教学法"之类的"先进经验")的形式来达到某种精神和行为的统一,这样,教师失去了思想个性,语文教学必然"一元化"。随着教育体制改革的深化,教育上的各种看得见的僵化壁垒(比如办学形式、招生制度等等)正在被逐步打破,但精神方面的"计划性"却是不容易破除的。我曾说:"语文公开课的规范化、模式化,实际上是传统文化中'大一统'思想对语文教学个性潜移默化的扼杀;而扼杀了个性,便窒息了语文教育科学的生命!"现在,用这句话来说明语文教学"一元化"的文化根源,我以为仍然适用。

然而,如果我们把什么都推给"文化",也是欠妥的。这实际上是把自己的责任推得干干净净,更何况最近二十年来,我们的国家

教育所思（第二版）

逐步走向开放和民主，对人精神个性的尊重已经越来越成为我们社会的发展趋势。而且，在教育改革日益深化的今天，我们也不能把语文教学"一元化"仅仅归咎于考试制度，因为近年来，国家在考试制度方面已经并将继续加大改革力度。所以，探讨语文教学"一元化"的原因，还得从我们语文教师自身找起。

我们不妨这样设想：如果不按现在的教材、教法、考试进行语文教学，那么，我们国家的语文教育将会是怎样一种景象？可以毫不夸张地说，没有了统一的教材（而且还不能经常变动），没有了统一的教参甚至统一的教案，没有了统一的练习册和各种模拟训练题，没有了统一的考试，没有了高度精确而且答案唯一的"标准化试题"，也许有一些语文教师将无法继续教语文！以教材改革为例。我曾经和程红兵老师讨论过教材改革的问题，当时，他认为如果一定要编全国统一的教材，这套教材最好只选经典文言文，而现代文教材让每一位教师自己编，以体现个性。当时我虽然同意他的设想，但又补充了一句："这有一个前提，就是语文教师必须具备比较高的鉴赏力，有一种高品位的审美眼光，不然会乱套，比如，有的老师可能就只会选《还珠格格》。"几乎没有一个教师不抱怨现在的教材有这样或那样的问题，但是，如果教材真的有较大的改革，或者只是教材篇目做些调整，都会有老师反对。"语文教材经常变"不就是许多语文教师经常抱怨的话吗？其实，在我看来，教材变是正常的，不变才是不正常的。不但应该变（当然，应该是科学的"变"），而且真的应该提倡多种教材百花齐放，甚至允许任何教师个人自编教材。但这样一来，一些老师又不好教书了。"好不容易把教材教熟了，怎么又变了？"如果大一统的教材格局被打破，有的教师更会迷惑不解："那高考依哪个教材呢？"

不错，时代呼唤着语文教学的"多元化"，而语文教学的"多元化"则呼唤着高素质的语文教师。对"高素质的语文教师"当然有许多要求，但我认为这样的教师至少应该是真正有"学"有"识"

的。所谓"学",就是要有深厚的文化功底和扎实的语文教学基本功。比如,语文教师不妨问问自己:我每天花了多少时间在读书上?我能不能写得一手与语文教师身份相称的文章?让缺乏读写能力的教师去追求教学"多元化",岂非缘木求鱼?所谓"识",就是要有自己的思想,要有敢想敢创敢为天下先的探索勇气。语文教师应该拥有一个辽阔而富有个性的精神空间,即应该具备一种海纳百川的文化胸襟、一种高屋建瓴的人文视野、一种不畏权势的民主意识、一种独立思考的批判精神……不能想象,一个目光短浅、心灵封闭、观念保守、思维萎缩的人,能够培养出下一世纪中国的脊梁。连属于自己"一元"的思想都没有的人,又怎能在教学上"多元"呢?

只有语文教师素质高,语文教学"多元化"的局面才会真正形成;反之,"多元化"的结果只能是"乱套"。

1999 年 10 月 5 日

老鼠可不可以被同情

——读《逮老鼠》所想到的

初读这篇作文,我的第一个反应是:如果在阅卷场上,这篇作文会有怎样的"遭遇"?

按照传统的作文标准,这篇文章当然只能打低分——首先作者的思想感情就不健康。自古以来,"老鼠过街,人人喊打",作者居然对老鼠充满了同情!起码的是非观、正义感到哪儿去了?

但是假如由我来判分,我将给这篇作文以积极的评价。且不说文章语言朴实流畅,描写细腻生动,也不说作文所表达出来的珍视一切生命(特别是弱小生命)的可贵品质,单就这篇作文"居然"同情老鼠这一点,我就看到了作者的个性、作者的真情实感,还有作者那自由飞翔的心灵。

多年的应试作文训练,学生早已习惯于这样的"作文思维":面对蜡烛,一定要赞颂无私奉献的老师;面对铺路石,一定要歌颂默默劳作的养路工;面对风雪梅花,一定要抒发不畏严寒的情怀;面对中秋圆月,一定要想到香港回归、澳门回归或台湾统一……在学生的头脑中,一切高尚和卑下、正确和错误、伟大和渺小、正义和邪恶都是早有"定论"(当然是由老师来"定论")的。因此在他们的笔下,黄鼠狼永远是"没安好心",狗咬耗子永远是"多管闲事",中途睡觉的兔子永远是骄傲的象征,不懈爬行的乌龟永远是执着的典型,而乌鸦自然是不能赞美的,麻雀自然是不能歌颂的,老鼠自然是不能同情的。

既然大自然是丰富多彩而又千变万化的,既然每一个人的心灵都是独一无二的宇宙,为什么到了我们学生的作文里却只有千篇一律杨朔式"欲扬先抑"的"托物咏志"呢?马克思曾抨击普鲁士的书报检查令:"每一滴露水在太阳照耀下都闪烁着无穷无尽的色彩。但是精神的太阳,无论它照耀着多少个体,无论它照耀着什么事物,却只准产生一种色彩,就是官方的色彩!"遗憾的是,当我们孜孜以求学生高考时的"保险文""保险分"时,他们本来最具青春活力的精神花朵却统统被涂抹上了教师的色彩!学校不是工厂,学生不是产品,工厂产出标准化的产品,是其生产的成功;而学校若培养出模式化的"人才",却是教育的失败!

是的,真正的写作应该是感情泉水自然而然的流淌或思想花朵无拘无束的开放。郭沫若能够歌颂"我把月来吞了,我把日来吞了"的"天狗",屠格涅夫能够尊敬"充满爱和力量"的"麻雀",我们的学生为什么不可以同情甚至赞美老鼠呢?在美国动画片《猫和老鼠》中,老鼠不就是一个活泼可爱的小机灵吗?什么时候,我们每一个学生在写作文时都能拥有这样自由飞翔的心灵呢?

1999 年 10 月 15 日

附:逮老鼠

老鼠,真可谓十恶不赦,天下有哪一家没尝过它的苦头?我家住的是平房,那就更不用说了。袜子经常不翼而飞,书本被啃得残缺不全,买回的鱼肉糕点几乎都被它们光顾过,提起老鼠,家里人都咬牙切齿。

今年寒假,我弄到了两只老鼠夹,准备好好地惩治它们。

那天晚上,我在厨房里放好老鼠夹,便回到房里看电视。刚看

教育所思（第二版）

了一会儿，就听到厨房里传来一阵"吱——吱——"的叫声，我忙拉开电灯，只见一只小老鼠被夹住了，同时，一只大老鼠一闪，窜进了煤堆。嗬，这只老鼠可真不小。我想：要是能夹到它就好了！于是，我躲在暗处观察动静。

被夹住的小老鼠只有半个拳头大，两颗黑豆似的眼睛充满绝望，"胡须"也颤抖着，嘴已经张到了最大限度，露出几颗小小的牙齿，并不住地叫着。它被夹住的身体已经悬空了，前腿向前扑着，后腿来回地直蹬，那尖尖的爪子不时碰到鼠夹的铁板上，发出"嚓嚓"的响声，尾巴把铁板上的米扫出老远。

这时，刚才那只跑进煤堆里的大老鼠又钻了出来。它拖着一条又粗又长的尾巴，竖直了耳朵，左右张望，嘴里发出一阵阵叫声，像是在安慰小老鼠。它的眼里露出焦灼的神情，不用说，这小老鼠一定是它的孩子。

它很快靠近了小老鼠。小老鼠看见它，也减弱了号叫声。只见大老鼠用尖尖的牙齿咬住夹子上的铁丝，左右摇动，仿佛要将这个怪物咬碎，立刻救出自己的孩子。它咬了半天，怎么也咬不动，于是又去咬拴在桌腿上的布带。我想，糟了，布带一断，它会把小老鼠连同鼠夹一起弄走。

忽然，"啪"的一声，接着从桌子下面传来一声惨叫，大老鼠被桌子下面的另一只夹子夹住了。它挣扎着，带着铁夹在桌下拼命翻滚。"吱——""吱——"这声音仿佛在向苍天诉说，诉说它的孩子和它的命运；又仿佛在诅咒，诅咒那锁住它们的铁夹。

打死它们吗？看到这情景，我踌躇了。

恰在这时，弟弟看完电影回来了。他看见两只被逮住的老鼠，欣喜地摇着我的肩膀："哥，你逮的？""嗯。"我点了点头，可并没有他那样高兴，而且心里有股说不出的滋味。

弟弟拎着两只老鼠夹走出了厨房，接着便听到了两声惨叫……

（湖北省江陵县郢都中学初三　李煜辉）

文本也是特殊的"主体"
——对语文阅读教学的一点哲学思考

就教师、学生和课文之间的关系而言，在中学语文阅读教学中，早先流行的观念和做法是，只有教师才是理解的主体，学生则只是被动接受教师的"理解"。而文本（课文）当然更只能是理解的客体。于是，在这样的课堂上，教师垄断了理解的特权，成了文本唯一的诠释者乃至学生思想的主宰者，所谓"满堂灌"由此产生。

现在这种观念和做法基本上已经失去了市场，即使是一些仍然习惯于喋喋不休向学生"满堂灌"的教师，至少在理论上也认为学生也应该是课文阅读的主体。近年来，已经有不少教师意识到师生之间的平等主体关系，这比起过去的教师单一主体观无疑是一个很大的进步。是的，面对同一文本，"我"是理解的主体，别人也是理解的主体，同为理解的主体，主体之间的关系是平等的，主体之间的相互理解、探讨、批评是推进正确理解的重要途径。于是，所谓"双主体互动"成为越来越多教师的教学理念。

但是，这里有一个问题仍然没有解决——课堂上都是"主体"，那么与之对应的"客体"到哪里去了呢？于是有人把眼光投向了文本，把它看作是"客体"。不错，作为师生共同研究理解的对象，文本（即课文）无疑是客体。

然而，文本是一种很特殊的客体。就物质形式来讲，文本是我们理解的客体,但这个客体不同于认识论中认识的客体,比如日月山川、天体运行等等,对那些客体,人们要认识的是其本身的属性和运动规律;而我们这里所要理解的文本,其本质是人赋予的"意义"。英国著名科学哲学家波普尔曾把世界分为"世界一"——客观物质世界、"世界二"——主观精神世界、"世界三"——凝聚于物质形式中的思想、感情、精神等文化形态。而文本,实质上属于"世界三"。"文本"具有双重性:一方面,作为存在,是一定的物,是一定的符号系统;另一方面,作为理解的真正对象,是一定的意义,这个意义是作者思想感情的表达。所谓"阅读理解"就是通过符号系统把握意义,而不是认识符号系统这个物本身。因此,理解文本,就是理解其物质形式(符号系统)所表达的思想、感情、意志、观念等等。因此,我们对文本的理解,实际上是通过文本的物质符号系统这个中介与物质符号系统背后的作者进行对话,换句话说,我们阅读文本,实际上是主体之间的精神交流——我们的阅读,绝不是仅仅读文字本身,而是通过文字与古今中外的作者进行"对话":读屈原便是与屈原对话,读鲁迅便是与鲁迅对话,读茨威格便是与茨威格对话,读霍金便是与霍金对话……正是在这个意义上,我们在把文本视为特殊"客体"的同时,也视为特殊的"主体"。

这样,在阅读教学的课堂上,存在着三类主体——两类阅读(理解)主体,即师生双方;文本背后的"主体",即作者。

当我说出文本也是特殊的"主体"时,我是胆战心惊的。因为这很容易在学理上被人质疑。的确,从严格的哲学意义上说,真正的主体应该是"实践着的人",而文本显然是没有生命的物。但在这里,我不但用了"特殊"二字做"主体"的定语,而且还特意在主体上打了引号以反复强调其特定语境中的特定含义,即这里的特殊的"主体"实质上是指文本背后的作者。作为"主体"的作者,其特殊性表现为,他不是"现场主体",而是隐蔽的或者说没有出场的"主体",他可能与我们处在同一时代但在不同空间,也可能与我们根本就不在同一时代，因而这个"主体"在阅读过程中是无法言说的，是处于沉默状态的。

我还想说的是，作者之所以是特殊的"主体"，不仅仅是因为其文本是精神承载者，还因为他参与了我们的对话与交流，引导着、影响着、制约着我们的理解。其引导、影响、制约的中介便是其作品。我们可以这样理解也可以那样理解，或者我们只能这样理解而不能那样理解，除了理解者自身的因素外，还取决于作品。

因此，阅读教学的过程，实际上是教师、学生、作者三方平等"对话"的过程。

把握这一点特别重要。过去我们之所以随心所欲对课文进行错误的理解，有一个重要原因便是忽视了文本背后那另一个"主体"的存在。从这个意义上说，因为有了这个隐蔽"主体"，我们对文本的理解便不可能拥有绝对的自由。

这绝不是否认理解者（师生）的能动性。在解释学发展的历史上，一直存在着读者中心主义和文本中心主义两种倾向。前者强调读者的绝对主观性，所谓"作者写了什么并不重要，读者读了什么才是重要的"，这导致了理解的相对主义；后者强调文本的客观性，这导致了理解的绝对主义。我们认为，如果从能动的理解者这个角度看，读者的确是理解的中心，但读者的理解毕竟是对文本的理解，在这个过程中，读者的整个理解都是围绕文本进行的。我们强调尊重文本，实质上是强调我们对另一个"主体"的尊重。

而对另一个"主体"的尊重，恰恰是我们现在的阅读教学中所忽视的。这也是我提出这个命题并写下这篇文章的针对性所在。比起过去阅读教学中的"文本崇拜"（实质是"作者崇拜"）的弊端，现在人们强调阅读者的主观感受、个人发现，这无疑是个进步。但似乎走到了另一个极端，即无视文本的意义（实质上是无视作者的存在）而追求所谓"创造性阅读"。

说到"创造性阅读"，我不能不提到著名的"接受美学"（也叫

"接受理论"或"文学接受理论")。可以说，接受美学是影响语文阅读教学改革最重要的理论之一。按照现在一般人所认为的接受美学看来，面对文本，读者的地位和作用与作者相当，二者均为作品创造的积极参与者。与传统的文艺理论只承认读者对文本的被动接受，充其量只是充当鉴赏者或批评者角色不同，接受美学强调读者的能动创造，并给这种创造以充分而广阔的自由天地，即读者对文本的接受过程实质上是对作品的一种再创造过程。

接受美学与解释学的确有着某种"血缘关系"。有学者认为，接受美学作为西方20世纪中期以来出现的颇有影响的文学批评思潮，是紧随着解释学而发生的，它与解释学具有一种内在的联系。可以这样说，解释学发展到后来，也就逐渐演变为接受美学。解释学到了海德格尔和伽达默尔那里，解释作为一种再创造的元素被赋予了一种新的文化含义，形成了以接受美学形式出现的新的解释学观。所以，有人甚至把接受美学也看作是一种广义的解释学。

应该说，接受美学是符合阅读特点的，也是符合理解规律的。是的，任何阅读都不可能是"清白的阅读"，都必然加进阅读者自己的个人色彩——已有的价值观念、经验、知识、思维方式等等（即解释学所说的"前理解"）。因此，任何读者理解到的意义都不完全等同于作品原来的意义，而且不同读者面对同一作品所理解到的意义（就文艺作品来说，则是感受到的艺术形象）也不可能完全一样。所谓"一千个读者就有一千个哈姆雷特"，便是这个道理。

然而，真理往前多跨出半步则会导向谬误。如果把创造性阅读理解成不顾作品的意义而随心所欲地"自由理解"，则只有"创造"而无"阅读"了。"一千个读者"所理解到的"一千个哈姆雷特"毕竟是"哈姆雷特"，而非"冉·阿让"或"阿Q"。这里的关键在于"创造"的基础是否离开了"阅读"，即是否抛弃了作者的本意？应该说，读者理解到的意义与作品本身的意义是不完全等同的，作品的意义（含义）与读者理解到的意义有区别——因为加进了读者的"前理解",但绝不是与原作无关——因为毕竟是对作品的理解。如果是在这个意义上说"共同创造",则是科学的,因为这种"创造"的前提是肯定作品有自身的意义。

这里又有一个问题出现了:允不允许学生对文本进行"戏说乾隆"式的再创造?当然可以。所谓"古为今用""洋为中用"以及"旧瓶装新酒"式的"故事新编"都是允许的,比如"滥竽充数"新说,比如"龟兔第二次赛跑"等等。学生联系自己的生活和时代特点由文本而激发新的联想或想象,进而赋予文本以新的含义,或者将作者的意义加以引申(包括对文学形象进行再创造),这不但符合学生的阅读心理,也是阅读要达到的真正的目的之一。然而,如果我们把这种新的意义、新的形象强加给作者,硬要说这是作者的原意,这便是极不严肃的。正如魔术师耍分身术的魔术,魔术师明说这仅仅是魔术而不是真的,观众都不会误解;如果魔术师硬要说其"分身术"是真的,那么,这便成了伪科学。即使是并未强加给作者的新意,也不能完全离开文本,"戏说乾隆"说的毕竟是乾隆而非尼古拉二世。近年来,有人把《荷塘月色》中的情感"新解"为朱自清的婚外恋苦闷,把《孔雀东南飞》中刘兰芝被休的原因"新解"为刘兰芝的"不孕症",我认为,诸如此类随心所欲的"理解"是很不严肃的,也是违背理解规律的。

我所理解的创造性阅读包括:用自己的"前理解"去阅读,同时又借助于别人的"前理解";努力发现别人没有发现的作品的其他含义;对理解到的意义作出自己独到的价值判断而不仅仅停留于理解本身或人云亦云;在理解意义的基础上产生联想而生成新的意义和塑造新的形象;将阅读与生活相联系,用阅读去影响生活,等等。

最后我还要强调的是,认识到文本也是特殊的"主体",还有助于我们重新认识语文的"交际功能"。"语文是人类最重要的交际工具",这是《中学语文教学大纲》对语文性质的界定。严格地说,这里的"语文"应该是"语言文字",因为一般意义上的语文("语言文学"或"语言文化")本身即工具的运用。

　　语言文字的确是交际的工具,而交际是在对文本语言的理解中完成的,因为文本是语言的存在。这里的文本,既指口语文本,也指书面文本。然而长期以来,我们对语文的交际功能却做了狭义的理解,我们谈到交际时,更多的是指同一时空面对面口头交际,似乎"交际"只是人与人之间面对面的交谈。这显然是很不够的。

　　如果我们承认文本(这里指的不仅仅是课文,还包括课文以外的文章和著作)是特殊的"主体",那么,我们便可以通过文本与更多的人进行精神交流。这样来谈语文的"交际",至少还应包括两个方面:一是通过文本与同时代的其他人乃至其他民族和国家的人进行交际,比如我们通过《文化苦旅》与余秋雨进行沟通,通过《第三次浪潮》同托夫勒展开交流;二是通过文本与历史对话、与未来对话,比如我们通过阅读《史记》与司马迁对话,正所谓"抚摸历史的伤痕",我们也可以通过自己留下的文本与未来的人对话。

　　是的,从这个意义上说,文本的确是特殊的"主体"。这并不是我的什么新发现。歌德所说"读一本好书就是同一位高尚的人谈话",不正是这个意思吗?

2001 年 4 月 18 日

你凭什么要我"必读"

到书店转转,会发现各类"必读书"充斥于书架上:"小学生必读书目""中学生必读书目""大学生必读书目""青年必读书目""教师必读书目"……

什么叫"必读"?当然是"必须读"。

开列书目的专家们,无非是想在这信息爆炸的时代,把最精华的人类文明结晶介绍给读者。但为什么要"必读"?

阅读作为一种个性化的心智活动,是不应该被强行统一的。当然,一些经过历史浪涛冲刷的精神产品,应该被一代又一代人传承,可这种传承应该是一种自觉的行为,而不应该用"必读"来强制。这种自觉的选择,首先应该是建立在尽可能广泛的阅读基础之上,而不仅仅是少数所谓"必读书目"。只有经过自己大脑的比较、鉴别、欣赏、批判,所得到的才真正是文明精华。

有人说,中小学生还不成熟,鉴别能力不强,为什么不可以给他们指定"必读书目",引导他们直接面对人类经典,让他们少走弯路呢?

引导当然是需要的,但这种引导应该体现为教师和学生一起读书,一起讨论,一起交流,而不是简单地开个"必读书目"了事。更何况现在的"必读书目"已经绑在"应试教育"的战车上了,在繁重的功课压力下,学生们对各种强制已经非常逆反。请到现在的

教育所思（第二版）

中学去问问，有几个学生真正喜欢"必读书目"？"必读"的强制，让阅读丧失了本来应该有的心灵愉悦，唯一的"好处"是使阅读经典成了难得的"商机"——围绕"必读书目"的各种"导读""训练"读物随之滚滚而来！

各种"必读书目"的制定者们无一不打着新课程改革的旗号，但他们似乎忘记了语文新课程标准的基本理念之一便是"构建共同基础与多样选择相统一的语文课程"。阅读当然也需要"共同基础"，即让学生自觉走向经典走近大师，但阅读同样需要"多样选择"，即尊重学生的阅读兴趣，鼓励充满个性的阅读：文学、历史、政论、科普、传记……应该允许不同的学生根据自己的爱好去选择。岂能用一个"必读书目"将多元阅读定于一尊？

还有一个问题不容回避："必读"——如此不容置疑的命令，谁有资格下？

当然是各类"专家"。他们坐在书斋里，开列一串串书单，然后写出一篇篇导读，居高临下地"教导"我们要这样不要那样……凭着专家的身份指手画脚，用自己的阅读爱好取代别人的阅读兴趣，甚至用"必读书目"的名义把自己的审美观和阅读观强加于人——这不是另一种形式的"思想专制"吗？

"难道就不应该给成长中的学生开些书目吗？"有人也许会问。

当然可以！但请不要用"必读书目"这样充满霸气的话语，能不能用一个充满尊重、协商的词——"推荐"？

2003 年 10 月 5 日

也说语言的"华丽"与"朴实"

从来就没有脱离内容的"纯粹"的语言，这应该是常识。因此，说"华丽"或"朴实"仅仅是对语言的评价，我认为是片面的。即使是纯粹的语言训练，也不仅仅是遣词造句，还包括思想感情。这里当然就有了真实与虚假之分。我非常赞同有的老师所说的："不要用成年人的标准评价中小学生的写作。"是的，我们不能要求孩子写的文章内容多么深刻，语言多么成熟。然而，我们在指导学生写作时，作文与做人的统一依然是重要的标准，这个标准我认为不能因为是成人或孩子而有所区别。在这个意义上，我不同意孩子的写作"形式要比内容重要得多，或者说，'怎么写'比'写什么'重要得多"的观点。

孤立地看"华丽"这个词，应该说并不含贬义。《现代汉语词典》对这个词的解释是"美丽而有光彩"。"语言华丽"这个短语本身也不带有贬义，语言"美丽而有光彩"有什么不好呢？但放在对中小学生作文语言的评价的情境中，"华丽"似乎带上了贬义的色彩。不过，这里的"贬"，绝不仅仅是对"语言"的贬，同时也是对"内容"的贬。通常只有那些虚情假意而做作的语言，才被批评为"华丽"，而抒发真情实感的文字，无论多么"华丽"都不叫"华丽"，而叫"优美""生动""形象""凝练"。换句话说，这里所谓的"华丽"已经不是词典上那个意思了，而是特指华而不实的文风,而不仅仅是文字表达能力。同样,"朴实"也不仅仅是指语言表达,还包括内容,指的也是一种文风。至少我和我周围的中学语文教师,从来不会把内容实在但语言干瘪苍白乏味的文章称作"朴实"。总之,所有文质兼美的文章都是好文章,无论其风格是"华丽"还是"朴实"。

当然,中学生在习作的过程中生搬硬套、堆砌词藻是难免的。有的老师说得好极了:"中小学生在学习使用语言的过程中,误用错用的现象肯定会经常发生,不要紧,用多了,用熟了,自然慢慢就会找到语感,不用是永远也找不到语感的。"我把学生作文中的字词错误视为写作成长中的"青春痘"。哪怕是有了真情实感,也有个如何表达得更准确、更得体、更生动、更有感染力的问题。是的,许多作家初学写作时都要对对子,或者背诵足够数量的古典诗文,也有仿写的阶段,但这与我们通常批评的华丽文风是两码子事。有老师说:"一个学生,在其学习阶段,只有在无数的写作练习中反复使用所学过的各种词语,反复引用所学过的诗词文赋,反复运用所学过的各种修辞手法,反复使用各种句式,他才有可能真正掌握这些语言知识,并把这些语言知识转化成为语言技能。"这话完全正确,但这个练习或者说训练绝不是所谓"华丽"!

再重申一遍,中小学作文教学中所反对的华丽和提倡的朴实都特指一种文风,而不是文字。而我们现在之所以要提倡朴实的文风,反对华丽的文风,当然是有的放矢的。不是说语言技巧不重要,比语言技巧更重要的,是思想感情。纵观现在一些学生的作文,究竟是语言的问题更多呢,还是内容的问题更多?十年前,我曾在批阅新一届初一学生作文时,看到有一个学生这样写开学第一次升旗仪式:"……随着一轮冉冉升起的红日,鲜艳的国旗也徐徐升起……望着那迎风招展的红旗,我眼前浮现出董存瑞、黄继光、江竹筠等无数先烈的形象……我又想起了红领巾是国旗的一角,是革命先烈的鲜血染红的……我一定要……"这篇作文的立意,当然是好的,而且这篇作文的文采也是不错的——算得上"华丽"吧？但我却在作文后面批道："请问：那天早上阴云密布，何来'冉冉升起的红日'？又请问：你不停地想董存瑞、江雪琴，又哪有时间认真聆听校长讲的新学期要求呢？"这位同学开始还颇感委屈："我这是写作文嘛！"我说："作文只有'真'，才会'善'和'美'！"

也许有人会说，这是现在"应试教育"背景下普遍存在的一个让人无奈的现象。这样说当然不错，但我认为，还不能仅仅归咎于"应试教育"。问题的实质在于，由于长期以来极"左"思想的统治，整个国家弥散着假话和套话，人们失去了说真话的权利，进而也就失去了说真话的勇气，甚至到最后连说真话的意识都没有了！其登峰造极的恶果，就是"文革"灾难的降临！没有了思想自由，必然鹦鹉学舌。这反映在教育上，便是阅读教学中的"思想一律"和作文训练中的"假话盛行"！

当然，十年过去了，现在的学生作文情况有一些变化，"假大空"的豪言壮语逐渐为"庸俗低俗""玩世不恭"的幽默或刻薄所代替。不久前，我以评委的身份参加了一次规格和规模都比较显赫的作文大赛。读着最后入围的几十篇作文，真是让我"惊心动魄"。这是一些什么样的入围作文呢？如果就文字表达而言，文中的语言技巧相当老练，但作文本身却呈现出一种灰暗和玩世不恭的色调：想做职业杀手、想方设法欺骗父母甚至报复父母、捉弄男人、三角恋、偷情怀孕……这是不少参赛作者用娴熟的文字技巧所表现的主题。我在阅卷过程中，随手从一些作文中摘抄了这样一些句子："我崇拜鲜血。""我将一个啤酒瓶砸碎，然后插进他的口腔插进他的喉咙。""生活就像是被强奸，如果不能反抗就试着去享受吧！""用的是那种男人特有的低沉的嗓音，一种让任何女人都心碎的声音。""寒潮如尿水泄入尿缸般拥进了四川盆地，同时将爱情挤了出去。"……

从假崇高跌落到真低俗，语言以及语言所表达的内容似乎在变，但有一点没有变，那就是从来就没有孩子应有的纯真纯净的童心！

在这种背景下，我们能够仅仅是对孩子进行所谓纯粹的言语技巧训练吗？

判定一个班学生写作水平的高低，我认为至少应从四个方面来考虑：一是大多数学生的写作内容——是不是源于自己的生活？是不是表达了真正发自内心的真情实感？二是大多数学生的写作兴趣——一听说写作文，学生是高兴甚至兴奋呢，还是愁眉苦脸？三是大多数学生的写作创新——是人云亦云而只会"克隆"课文呢，还是展示个性以写出富有新意的作文？四是大多数学生修改文章的能力——是否不需要老师的"通篇见红"就能自己发现作文中的毛病，并予以修改？

注意，我这里不厌其烦地强调"大多数学生"，这就排除了教师以少数几个写作尖子来"证明"其作文教学"卓有成效"的可能。如果以上观点能够基本成立，那么，对照现在的作文教学现状，恐怕我们是很难乐观的。

我不打算详尽展开上述四条标准，这里我只想谈谈我是如何对中学生作文的思想与语言进行引导和指导的。

教师应该给学生作文以思想个性和感情自由。不要误会我主张教师放弃对学生的思想教育；不，我认为"教育"的前提是尊重和信任，而且这个基础上的"教育"应是教师对学生的人格感染、情感熏陶和思想引导，而非空洞的说教。就作文教学而言，尊重学生的思想感情，就是尊重学生作为"人"的心灵世界。如果我们对自己一手培养起来的少先队员、共青团员们都不信任，生怕他们的作文中思想"越轨"、感情"失控"，那么，我们的教育就太虚弱太苍白了。

教师要解除学生作文的种种心理束缚，告诉他们："真实"，是作文的生命，作文就是"我手写我口"！同时，教师更要具备宽容的民主胸襟：对学生作文中积极向上、体现时代主旋律的思想感情，当然要热情鼓励并大力提倡；而对学生作文中流露出来的一些幼稚的想法甚至消极的情绪，也应当予以理解和尊重。要知道，学生愿意向老师敞开心扉，这是对老师的一种难能可贵的信任啊！所有"真实的消极"都比任何"虚假的积极"珍贵一百倍。当你不能容忍学生作文中的任何"灰色"时，你便把学生的真诚永远拒之门外了。对于成长中的学生，出现一些糊涂的认识是正常的、真实的，相反，如果学生作文中全是清一色的"正确思想""健康感情"，那才是反常的、虚假的。作为教育者，当然有教育的责任，但如果我们不许学生写真情实感，那么，我们就失去了教育的针对性——学生的思想感情个个都是那么"令人欣慰和骄傲"，你"教育"谁去？

每教一个班，我都向学生宣布："作文无禁区！只要写的是真情实感，只要说的是真话，李老师都非常欢迎！"因此，我可以说，我的学生拥有一种"写作安全感"。在作文、日记或其他课外练笔中，他们什么都可以写，什么都可以对我说。就以本学期我收看的学生随笔本为例，有对班级生活的描写，有对高尚同学的赞美，有对成都市市容变化的好评，有对某些献爱心捐款的不同看法，也有对我的工作的尖锐意见，甚至还有对伊朗核问题的评论……总之，不拘一格，畅所欲言。

思想感情不过是对生活的反映，因此，若尊重学生的思想感情，就应允许学生写他们自己的真实生活。然而，现在我们常常听见学生抱怨："我们的生活多么枯燥啊！哪有什么值得观察的内容？"以为只有"感人肺腑的""终生难忘的""惊天动地的""曲折惊险的""大事"才能够进入我们的作文，这无疑是同学们长期以来作文过程中的一个误区。奇怪的是一些教师和家长也这样为中学生"鸣不平"："唉！现在的学生从家庭到学校，除了上课就是写作业，怎么写得出好作文嘛！"

作为长期从事中学语文教学的教师，我对这种似是而非的说法，从来都是坚决反对的。学生作文，不过就是写自己的所想所见所闻，

教育所思（第二版）

写自己每天耳闻目睹所熟悉的一切。难道非得深入工厂参观大中型国有企业改革，或走向田野考察农村家庭承包责任制现状，学生才写得出好作文吗？

所以，我们要反对作文教学中"题材决定论"，学生能够在作文中真实自然地反映更广阔的社会内容当然很好，但学生的作文首先是他们生活的镜子，而不是时代的橱窗。我经常对我的学生说："只要同学们忠实于自己的心灵和生活，写作素材就会源源不断地流向笔端。"在作文教学中，我往往引导学生从这样几个方面打开自己心灵的闸门，开掘生活的素材——

自己的情感：油然而生的欢乐，抑制不住的兴奋，热泪盈眶的感动，挥之不去的惆怅……自己的思想：别具慧眼的见解，刨根问底的质疑，社会现实的忧虑，人生道路的迷惑……自己的校园：风采迥异的老师，性格不同的同学，休戚与共的小组，色彩缤纷的班级……一缕飞扬的思绪，一声由衷的慨叹，一句温暖的问候，一次有趣的对话，一场激烈的争鸣，一簇思想的火花，一份纯真的友情……都可以成为学生笔下一道道独具魅力的心灵风景和一幅幅别有情趣的生活画面！

而且，我告诉学生，只要忠于自己的生活和心灵，任何陈旧的作文题都可以写出好文章，因为任何一个人的生活和心灵都是独一无二的。我曾多次以"我和我的班级"为题布置学生写自己身边的生活，面对这个"老掉牙"的作文题，我的每一个学生都从自己的视角写出了班级的某一个侧面和自己的独特感受：《黑板报前的故事》《当车胎破了以后》《童心比面包更芬芳》《语文课上的歌声》《班长哭了》《溜冰之趣》《一根二极管的故事》《借笔》《我们的课间十分钟》《雨中那火热的心》……虽然学生们每天都生活在一个看似平凡的班集体，但因为他们随时都用心去感受身边的一切，他们因此也就拥有了取之不尽的写作素材。

有了真实的思想感情，才谈得上得体的语言。注意，对中学生作文的语言，我这里没有说"生动""形象"，而说的是"得体"。至少在我的语文教学经历中，常常感到一些学生老是用想象取代观察，用模仿取代创新。注意，我不反对习作过程中的想象和模仿，我反对的是"老是"。都是中学生了，可作文中公式化的描写、雷同的形容、陈旧的比喻等比比皆是，在相当多中学生的笔下，写小孩必然是"大大的眼睛，红红的脸蛋"，写老师大多是"像慈祥的母亲（或父亲）"，写安静场面常常是"掉根针都听得见"，写星星多半是"在眨眼睛"，写读后感或观后感开头第一句话一定是"读（看）了……我的心情久久不能平静……"，如此等等。这些俗套语言都应该在学生作文中清除，而代之以朴实、新鲜、富有生活气息的语言。我曾叫我的学生清理他们作文中的类似语言，然后编成《中学生作文俗套词典》，这个"词典"后来在《中学生读写》上发表后，引起了一定的积极反响。这也是学生们写作中的一次自我教育和自我训练。

上面那些语言或者说句式表面上看，学生很有"想象力"，其实一点想象力都没有，因为几乎全是对现成套话的"盗版""复制"。关于想象力，我还有话说，并想介绍我的一个作文训练案例。写作中的想象力当然是可贵的，但想象力的滥用却是目前中学生作文中的通病之一：想当然的比喻句取代了对自然对生活的细心观察和准确描写。为了纠正这种偏向，我曾带领学生进行了一次忠于生活、再现自然的室外作文训练活动。

我先给学生朗读了屠格涅夫的散文诗《村》，这篇描写19世纪俄罗斯乡村景色的美文，深深打动了学生们的心。我紧接着给学生们分析，这篇散文诗的特点实际上就是八个字——"描摹自然，朴素即美"。作品从天空、气息，写到田野、农舍，再写到人的活动，语言洗练质朴，几乎没有什么比喻和其他修饰语，而是白描式地写生，却让读者身临其境，如见其景。我又让学生背诵孟浩然的《过故人庄》，并比较分析，然后得出结论：凡出色的写景文字，无不是寓情于景,自然朴素。

然后,我对学生们说:"其实,这样的文字你们也能写,因为大家都有着热爱美的心灵和捕捉美的眼睛。现在,正是阳春三月,我们一起到府南河边去吧!去感受春光,沐浴春风,描绘春色——不用空洞的想象和华丽的辞藻,只需细心的观察和真切的描摹。你们笔下,也会出现屠格涅夫和孟浩然那样朴素优美的文字!"学生们跃跃欲试,于是,我和学生们来到我们曾一起种下小树的府南河边。

在河两岸,我们在徜徉、嬉戏中观察、感受春天府南河的特点:天空是怎样的?河水是怎样的?银杏和女贞的树叶分别是什么颜色?河水和小草分别是什么气息?还有河岸护栏的造型、石柱上的图案、未完工的河畔石凳以及民工敲凿石头的声音……离开府南河时,我和学生们约定:"李老师和你们一起写这篇文章,看我们谁写得更好!"

回到学校,学生们立即投入了写作。一节课后,学生全部交上作文。我也认真地写了一篇《春天素描》。两天后,我看完了学生的作文后在班上讲评时,把屠格涅夫的《村》以及我写的《春天素描》草稿和定稿同时印发给学生。我在评点学生作文的同时,着重给学生讲了我写作、修改《春天素描》的全过程,提醒学生们在作文时应追求真实、朴素、自然。然后,我布置学生根据评讲,重新修改自己的作文。

学生修改后交上的作文,大部分达到了我的要求,整体水平有了很大提高。不光是内容真切,而且学生的观察细腻,描摹自然景物的语言也非常细致贴切。我从中选了几篇佳作在班上念,学生们都认为达到甚至超过了李老师的文章。看到学生作文水平的提高,回顾这次作文训练活动的经历,我由衷地感到欣慰,并情不自禁地想到巴金老人关于写作的一句话:"文学的最高技巧,就是不讲技巧。"当然不能用巴金的标准去要求学生,但是我们的作文训练应该让孩子们明白:"内容第一,技巧第二。"语文教师的责任,正在于引导学生具备发现生活、忠于心灵的"最高技巧",然后"不讲技巧"地再现生活、表达心灵。

这样的作文训练,哪里仅仅是一个"华丽"或"朴实"所能够概括的?

2007年4月17日

我的语文教育主张

举重若轻，行云流水，是我追求的课堂教学境界。

所谓"举重若轻"，是指教师的内在功底以及对教材的处理艺术。这里的"重"，指的是教师本人的文化储备和课文固有的文化内涵；"轻"则指的是深入浅出的教学。备课时，教师应该尽可能深入地钻研教材，挖掘文本的精神内核，感悟其深刻厚重的文化内涵。但是在课堂上，则要尽可能尊重学生的认知水平和能力基础，将课文深刻的思想内容和学生的生活打通，让他们轻松地感悟课文内容。任何脱离学生实际因而让学生不知所云的"精彩讲解""深刻分析"，都不过是教师"举重若重"的自言自语。

所谓"行云流水"，是指驾驭课堂教学环节、流程、节奏等的艺术。语文课有多种上法，不能定于一尊，但我追求自然、潇洒与"随意"。如果把语文课作比作画国画，那么有人喜欢画工笔画——追求课堂的精巧，甚至对每一个细小的环节课前都精心设计因而胸有成竹，对这样的老师我充满敬意。但我不愿意画工笔画，而更愿意"大写意"，愿意课堂上有一些"突发情况"，这最能激发我即兴发挥的教学灵感；不要把课堂填得太满，留一些空间给学生，留一些空白给自己；教学的流程随课堂现场的情况而自然推进，教师"教"的思路和学生"学"的思路融为一体，教师和学生不知不觉地走进对方的心灵，同时也走进课文的深处。

阅读教学的起点在什么地方？应该在学生的心灵。

我以前上课，往往是先抛出一两个自己精心设计的问题，所谓"牵牛鼻子"，然后组织研讨，在研讨中让学生理解课文内容。这样做的立足点是教师，而非学生。能不能让学生先提问？能不能尊重学生对课文的"第一印象"？能不能从学生的疑问开始我们的教学？

完全可以，因为对一篇课文，首先是学生学，而不是教师学。因此我现在主张，要把（教师）"教"的过程变成（学生）"学"的过程，无论备课还是上课，都应该从学生的角度来思考、设计和操作。

有的课充满了知识与能力的讲授和训练，便被指责为"语文课的人文精神荡然无存"；有的课充满了思想与情感的激荡和流淌，便被批评为"把语文课上成了政治课或主题班会课"。我们当然可以折衷一些或者说"圆滑"一些，把语文课上得既有知识、能力，又有思想、感情。偶尔上一堂这样"全面"的课是可以的，但不太可能（至少我不可能）每堂课都如此。

评价一个老师的课是否"语文"，恐怕不能只凭一堂课就做结论，否则，所做结论往往为盲人摸象般的自以为是（我有时正是这样的盲人）。如果所上的课文刚好是重点进行知识传授和能力训练，这样的课无疑是语文课；如果所上的课文刚好是侧重于视野的拓展、思想的启迪、感情的熏陶，这样的课也很"语文"。

因此，我们要着眼于整个三年当中给学生一生有用的语文素养——知识、能力、思想、情感、习惯、信念、价值观等等，而不是某一堂课面面俱到。只要是从文本出发，从语言出发，无论是训练还是熏陶，都是语文课。管他"工具"不"工具"或者"人文"不"人文"！

阅读教学的过程，实际上是教师、学生、作者三方平等"对话"的过程。近年来，已经有不少教师意识到师生之间的平等主体关系，这比起过去的教师单一主体观无疑是一个很大的进步。但我认为还不够，我们还应该将文本作者纳入阅读过程中的主体行列。当然，作为文本作者的主体有其特殊性，这种特殊性表现为他不是"现场主体"，而是隐蔽的或者说没有出场的主体，他可能与我们处在同一时代但在不同空间，也可能与我们根本就不在同一时代，因而这个"主体"在阅读过程中是无法言说的，是处于沉默状态的。

然而，作者之所以是主体，不仅仅是因为其文本是精神承载者，还因为他参与了我们的对话与交流，引导着、影响着、制约着我们的理解。其引导、影响、制约的中介便是其作品。我们可以这样理解也可以那样理解，或者我们只能这样理解而不能那样理解，除了理解者自身的因素外，还取决于作品。

把握这一点特别重要。过去我们之所以对课文随心所欲进行错误的理解，有一个重要原因便是忽视了文本背后那另一个主体的存在。从这个意义上说，因为有了这个隐蔽主体，我们对文本的理解便不可能拥有绝对的自由。

这绝不是否认理解者（师生）的能动性。在解释学发展的历史上，一直存在着读者中心主义和文本中心主义两种倾向。前者强调读者的绝对主观性，所谓"作者写了什么并不重要，读者读了什么才是重要的"，这导致了理解的相对主义；后者强调文本的客观性，这导致了理解的绝对主义。我们认为，如果从能动的理解者这个角度看，读者的确是理解的中心，但读者的理解毕竟是对文本的理解，在这个过程中，读者的整个理解都是围绕文本进行的。我们强调尊重文本，实质上是强调我们对另一个主体的尊重。

唯有教师、学生、作者三方平等对话，我们的阅读教学才真正充满了互相尊重、互相宽容的民主精神。

对一些经典作家的经典作品的理解，不少教师常常存在着两种认识：一种意见认为，仁者见仁，智者见智，只要言之成理，无所谓"标准答案"；另一种意见则认为，只要方法正确，我们是可以完全理解作品意义的，并达到阅读者之间的理解统一。这两种意见显然都是片面的：前者是理解的相对主义，后者是理解的绝对主义。

应该说，任何理解都是相对的，也都是绝对的。理解的相对性是理解的本性，是理解固有的性质。理解的主观性、局限性、不确定性、不完全性、历史性、变动性、开放性等因素，决定了特定时空的理解者的理解只能是相对的。同时，理解的绝对性也是理解的本性，是理解固有的性质。理解的客观性、非局限性、确定性、完全性、永恒性、固定性、封闭性等因素，又决定了特定时空的理解者的理解具有绝对性。

因此，在这个意义上，我们反对理解问题上的绝对主义和相对主义，认为理解是相对和绝对的统一：相对之中有绝对，确定之中有不确定性，差异之中有同一性。

因为"理解"本身就意味着对象是可以被理解的，正确的理解是可能的。所谓"正确的理解"就是把握文本的本意。当然，对某一个具体的理解者来说，其"正确理解"只是"相对正确"，只是绝对真理长河中的一瓢水，但无数理解者理解到的"相对正确"却构成了所有理解者对文本理解的"绝对正确"，当然，这是一个无穷无尽的过程。理解者之间的差异，也是正常的。不同的理解之间符合文本意义的重叠，便是"绝对正确"的理解。正如世界上没有完全相同的两片树叶，也没有完全不相同的两片树叶一样，对同一对象的理解没有完全一样的，也没有完全不一样的。

再以"一千个读者就有一千个哈姆雷特"为例，每一个读者理解的"哈姆雷特"都是原作的部分意义与读者"前理解"相结合的产物，属于相对理解；而一千个"哈姆雷特"中把握到的原作意义（亦即对原作理解一致的部分）的总和，便是绝对理解。

什么是"语文民主教育"？简言之，语文民主教育就是充满民主精神的语文教育，就是尊重学生各种精神权利的语文教育，就是给学生以心灵自由的语文教育，就是师生平等和谐共同发展的语文教育。

从根本上说，语文民主教育与语文素质教育是相通的。要在教学中真正提高学生的素质，就必须站在民主教育的高度走进学生的心灵，面对每一个富有个性的学生。因为"真教育是心心相印的活动。唯独从心里发出来的，才能打到心的深处"（陶行知语）。缺少对学生的民主态度，具体说，离开了对学生人格的尊重和潜能的信任，离开了教育过程中精神与精神的交融、心灵与心灵的呼应，任何教育都不是陶行知所说的"真教育"，而只能是"伪教育"。

对语文教育而言，"民主"并不仅仅是教育手段，也是教育内容，更是教育目的——自主、探究、合作式的学习方式和课堂氛围必然有利于学生思维的健康发展乃至创造力的激活，而语文教育本身（包括教材）所蕴含的丰富民主养料将有助于学生健康人格的铸造。从长远来说，民主教育是不可抗拒的历史潮流赋予语文教育的面向未来的使命——通过民主的语文教育，培养学生的平等、自由、宽容等民主素养，使学生成为个性鲜明并具有独立人格和创造精神的现代公民。

2005 年 8 月 7 日

《山中访友》：和学生一起平等地研读

2005年秋天，我应宜昌市宜都教研室之邀去讲学并给学生上一堂语文课。临出发前对方问我给学生上什么课文，我报了课文题目"提醒幸福"。

可等我一周以后站在宜都剧院舞台上，笑盈盈地请学生们打开课文《提醒幸福》时，每个学生都一脸茫然，说："老师，没有这篇课文啊！"我一惊：怎么会这样呢？旁边的教研员忍不住说："糟了！我记成《紫藤萝瀑布》了，我叫学生预习的是《紫藤萝瀑布》！"啊？是这样！我问学生课本上有没有《提醒幸福》，学生都说没有！原来他们的教材上根本就没有这篇课文。怎么办？教研员老师说马上去复印，我说来不及了。的确，上课铃声已经响过，下面黑压压地坐着听课老师，怎么来得及呢？

我想，干脆就根据学生的学习进度临时从他们的课本上选一篇课文来上。我问了问学生的学习进度："你们上到第几课了？"学生给我做了回答，他们刚上完一个单元，下一个单元是这样几篇课文：《春》《济南的冬天》《山中访友》，等等。我心里有底了：这个单元，除了《山中访友》我没有读过，其他两篇我以前多次教过。于是，我对学生说："你们想学哪一篇啊？"我想学生多半会选《春》或《济南的冬天》，谁知道大多数学生都说："《山中访友》！"

实话实说，几秒钟内，我有那么一点点不知所措：这可怎么办？

教育所思（第二版）

根本没有读过的课文我怎么讲？但我马上告诉自己：不要紧，索性就和学生一起平等地研读。我和学生都没有读过这篇文章，正好处在同一阅读起点，一起研讨，不也很好吗？于是，我说："好吧！我们今天就来学这篇课文！"

我对学生说："这篇文章，你们没有学过，李老师也没有读过，不过不要紧，我们现在就一起来读。花十分钟的时间，我们都很快读一遍，然后找出不懂的问题，或者最欣赏的语句，一会儿我们来交流，好吗？"课堂上一下安静了，同学们都进入了默读状态，并开始思考……

这显然是一次猝不及防的挑战。我上过许多次公开课，都是有备而去，可是在这次的课堂上，一切都是空白：课文是陌生的，来不及备课，更来不及写什么教案，也没有任何教参……就在众目睽睽之下，要把这课上好，这的确是一个挑战。我曾经说过，对于课堂教学，我追求一种自然、潇洒与"随意"。如果把语文课比作画国画，那么有人喜欢画工笔画——追求课堂的精巧，甚至对每一个细小的环节课前都精心设计因而胸有成竹。对这样的老师我充满敬意。但我不愿意画工笔画，而更愿意"大写意"，愿意课堂上有一些"突发情况"，这最能激发我即兴发挥的教学灵感；不要把课堂填得太满，留一些空间给学生，留一些空白给自己；教学的流程随课堂现场的情况而自然推进，教师"教"的思路和学生"学"的思路融为一体，教师和学生不知不觉地走进对方的心灵，同时也走进课文的深处。

现在，出现了这样的"突发情况"。我以平常心很快和学生同时打开课文，也快速默读起来——真正把自己当作学生走进课文。我圈点勾画，捕捉疑问，尽可能从学生的角度揣摩他们可能不懂并会提出的问题……我是在阅读，同时也是在备课。那几分钟，我真正体验到了什么叫作"把自己当作学生来备课"。

大家都阅读完了，接下来是平等和谐的质疑、碰撞、赏析、交流……学生积极参与，发言踊跃；我呢，也以学习共同体的一员参与其中，并和他们一起探究问题，分享收获。课后，教研员李祖贵老师评论道——

> 李老师的这堂课，学生不是在被动地接受知识，而是积极地参与学习。在学习过程中，学生与文本的交流、与老师的交流，以及学生之间的交流，都体现了学生积极探究的意识。在整个教学过程中，无论是对文本主旨的把握还是对语言的品味，都注意到对学生注意力的驱动和自主合作的鼓励，充分调动了学生学习的积极性，张扬了学生的个性，激活了学生的思维，师生在民主平等的氛围中共同完成对文本的解读。并且教会了学生一种阅读态度和方法——"读出自己，读出问题"，学会多角度思维。良好的课堂氛围促进学生个性化阅读，学生倍感阅读的快乐。教师指导朗读、引导对问题的探究，都考虑到了对学生能力的培养和学法的指导。书，应该怎么读，对不理解的问题应该如何探究，教师都及时进行了适当的点拨。教师不再单纯是知识的传授者，而是学生学习活动的组织者和引导者。"授之以鱼，不如授之以渔"，过程和方法的重要性由此可见一斑。

这里，我展示一个现场片段。我引导学生自由发言，谈他们的发现——

师：谁来谈谈你的发现？
生：我喜欢瀑布大哥。"你好，瀑布大哥！……从古唱到今""不拉赞助，不收门票"，好像在讽刺人们为了利益而做的一些可笑的事。
师：嗯，他产生了联想，由瀑布想到了人们的一些唯利是图的做法。只有大自然是最慷慨的。

生：（饱含感情读）"波光明灭，泡沫聚散，岁月是一去不返的逝川。"

师：读得多有感情啊！请再读一遍。

生：（富有深情地朗读）"波光明灭，泡沫聚散，岁月是一去不返的逝川。"

师：他读出了自我，他好像就是一座饱经沧桑的老桥。

（全班同学大笑）

生：（继续说）我们从出生到老去，仿佛就是瞬间。

师：此刻很快就会成为过去，时间的紧迫感就是这样的。

生："忽然下起雷阵雨……又感动人又有些吓人。"我喜欢这一句是因为它写出了雷阵雨的气势，仿佛是一千个侠客在吼叫。

师：天上有侠客吗？

生：没有，它采用了比喻的手法。"一千个诗人"也是比喻的手法。

师：同学们的发现真多。

生：我喜欢第五段，里面的称呼有"山泉姐姐""溪流妹妹""白云大嫂""瀑布大哥"，等等，把山泉比作姐姐，把溪流比作妹妹，把白云比作大嫂，把瀑布比作大哥，给人以非常自然、非常亲切的感觉。

在学生发言谈自己的体会的时候，我也说了自己的一些发现。但我一直在寻找机会，自然而然地提出我的疑问。这个疑问，是我在阅读过程中感到应该让学生把握的写作特点，就是对"拟人"修辞手法的理解。这里，这个学生发言说"把山泉比作姐姐，把溪流比作妹妹，把白云比作大嫂，把瀑布比作大哥，给人以非常自然、非常亲切的感觉"，我顺势说——

师：噢，这位同学提醒了我，全文用得最多的修辞手法是什么呀？

生：（齐声说）拟人。

师：文章在哪个地方开始采用拟人的呀？

生：第一段。

生：第四段。

生：第二段。

（学生众说纷纭，我笑着不断摇头）

师：有的说第一段，有的说第二段，我觉得不是，比这还早。

生：（恍然大悟，大声喊）题目。

师：对了哦，是题目。"山中访友"中的"友"，指的就是大自然。想想：作者为什么采用拟人的手法？注意，这个问题是有难度的。

生：因为那些事物都是抽象的，为了把它们写得形象些。

师：NO！

（学生哄堂大笑）

生：用拟人的手法，把抽象的精神表现出来。

生：用拟人的手法赋予大自然以生命，好像和大自然很亲密。

师：大自然本身就有生命啊。

（学生又笑）

师：其实大家说的都有道理，大家各抒己见，道理就会越说越明。

生：用拟人让读者和作者产生共鸣，有亲切感；用拟人把自然的活力表现出来，好像有生命的张力。

师：噢，"生命的张力"。她用了"张力"这样一个词，不错。

生：作者采用拟人，把自然写得更活泼了、更亲切了。

生：我也认为采用拟人是为了展示各种抽象的精神，如写"老桥"就是为了赞美它无私奉献的精神。

生：我认为大自然本来就是我们的朋友，作者采用拟人的手法就是为了把他们写得更生动、更亲切。

师：（大声）真好，他把我要说的话都说出来了，我真不该点他发言。

（全班同学开心大笑）

我记得当这个同学说出"我认为大自然本来就是我们的朋友，作者采用拟人的手法就是为了把他们写得更生动、更亲切"的时候，我开心地笑了！对于文章为什么要用拟人的研讨，是由学生的发言开始的，我没有简单地直接说出我的看法，而是自然而然地引导学生去琢磨，最后得出结论。而这个结论，又不仅仅是写作技巧，更关系到人与自然的感情。于是我水到渠成地小结："大自然本身就是我们的朋友，写作就是为了表达自己的感情，所以，真情实感永远是第一位的，写作技巧是第二位的。"

几年过去了，我对这堂即兴公开课依然有着深深的印象。我认为我这堂课是成功的。成功的标志不是我带着事先设计好的圈套，让学生去钻，让学生去表演，而是真正把自己当作学生，和他们一起平等地研讨。当然，这样上在当时是迫不得已的，是逼出来的，但恰恰是这样一"逼"，把我逼成了"学生"，想不平等也不可能。说实话，这堂事先没有备课的公开课，比我好多准备充分的公开课上得都自然，而且更成功。成功的秘密，就在于"平等"二字。

其实，也不是绝对的"平等"。且不说我在课堂上无论如何也摆脱不了（也不应该摆脱）教师的职责，就是我的"前理解"（就是"理解前的理解"，即主体理解文本前已有的价值观念、经验、知识、思维方式，等等）就远比学生丰富，我的生活阅历、专业素养、阅读视野、对学生阅读心理的把握,等等,都是我现场"发挥"不可缺少的潜在资源(也可以叫隐性的"教参"),正是因为有了这些资源储备,我才能够从容面对突发情况,并有一些机智的闪现。当然,我无论如何都谈不上什么"博学",但从这堂课中,我再次体会到,真正的"备课",绝不仅仅是课前的翻教参与写教案,还是日常生活中知识的日渐积累、经验的不断提升、视野的无限拓展、观念的及时更新、自我的勇敢超越……

这使我再次想到一个朴素的真理——"功夫在诗外"。

2008 年 7 月 8 日

第五辑
我当校长

学校管理的民主追求
——我是这样学做校长的

一

做校长两年多了,至今我依然觉得我还在老师们的帮助下学做校长。这样说并不是谦虚。我当然看过一些管理的书,也曾经向国内教育管理的专家们请教过。但是,我觉得最好的学习,还是实践,在游泳中学会游泳。作为校长,每天向老师们学习,我觉得是最好的"校长培训"。

当然,如同我把做班主任和教语文视为我实现社会理想的方式一样,我把做校长也作为实现自己社会理想的途径。那么,我的社会理想是什么?简单地说,就是通过教育实践,尝试民主生活,体验民主精神,实施民主启蒙,为共和国培养公民。

九年前,我攻读博士学位时,曾写下题为"民主与教育"的论文,我这样表达我对"民主"的理解——

> 民主,首先是一种政治制度,通俗地说,是一种管理国家的方式。作为一种政治制度(或者说政府形式),民主的核心程序是通过人民的选举(直接选举或间接选举)产生领导人;同时,人民能够通过一定的法律程序参与国家的决策。而这正是

民主制度与专制制度的根本对立之处。需要特别指出的是，作为政治制度的民主，其蕴含的最根本的精神实质是对人的尊重——对人的权利（各方面参与的社会权利）和精神世界（思想、感情、个性等等）的尊重。

然而，民主不仅仅是一种政治制度，也是一种生活方式。当然，后者是前者意义上的扩展与引申。这是对民主更为深刻的理解，将民主看作一种个人的生活方式，即认为民主不只是一种形式或者说外在的东西，更是一种内在的修养。这种内在的修养体现于日常生活和与人交往的过程中：相信人性的潜能；相信每个人不分种族、肤色、性别、家庭背景、经济水平，其天性中都蕴含着发展的无限可能性；相信日常生活与工作中，人与人之间是能够和睦相处、能够真诚合作的。民主的生活方式，意味着自由、平等、尊重、多元、宽容、妥协、协商、和平等观念浸透于社会的每一个角落，体现于生活的每一个细节。

需要指出的是，作为一种生活方式的民主和作为政治制度的民主不是割裂的，更不是对立的，而是互为因果、相辅相成的。民主的政治制度需要社会土壤，这"土壤"便是民主的生活方式；同样，民主的生活方式需要制度保障，这个保障制度便是民主的政治制度。

但在今天，我们尤其应该强调民主的生活方式之于民主制度的重要性，因为民主的政治制度与民主的生活方式之间的关系，实质上是政治体制与国民素质的关系，所谓"有几流的人民就有几流的政府"。没有民主的道德基础，所谓民主制度不过是空中楼阁而已。因此，如何在民主生活中提高国民的民主素质，进而为民主制度的建立奠定坚实的社会道德基础？这正是民主教育应该解决的问题。

我正是怀着对民主这样的理解和民主理想，来到学校做校长的。

甚至可以说，这也是我愿意当校长的唯一原因——我愿意通过力所能及的尝试，看一看今天的中国教育，究竟有多少实施民主管理和民主教育的空间？

二

"立大志，做小事。"这是我经常教育学生的话，我也以此告诫自己。民主，是一个宏伟的理想；但对我来说，它意味着从学校做起，从班级做起，从课堂做起，从身边的点点滴滴做起。

民主精神之于学校，主要体现在三个层面：课堂的民主教学、班级的民主教育和学校的民主管理。我和我校的老师们也正是在这三个方面进行探索的。课堂的民主教学，主要表现为对学生学习能力的尊重与引领，通过"导学稿"和"小组合作学习"的有机结合，把教师教的过程变成学生学的过程，把学习的权利还给学生，让学生成为课堂的主人。班级的民主教育，主要表现为对学生精神世界的尊重与引领，把成长的主动权还给学生，指导学生在自我教育和自我管理中走向成熟，让他们成长为人格高尚、个性鲜明、精神自由、行为规范的现代公民。学校的民主管理，主要表现为对教师发展动力和能力的尊重与引领，通过文化建设和制度设计，尽可能给教师自我培养的空间，让教师成为发展的主人。

本来这三个层面都可以展开论述，但今天的重点是谈学校管理，因此，对于课堂的民主教学和班级的民主教育，我暂且略去，而只谈学校的民主管理。

民主治校，是我追求的一种理念和实践。作为理念，其核心是尊重每一个人（教师、职工和学生），让每一个人都有一种主人翁责任感；作为实践，其核心是通过一定的程序让每一个人（毫无例外是"每一个人"）参与学校的建设，推动学校的发展。民主治校的目的，是充分激发每一个人的责任感和创造力，并培养或增强每一个人（包括校长本人）的公民意识，以实现个人成长与学校发展、个人幸福与学校繁荣的和谐统一。当然,这是一种理想境界,甚至悲观点说,这种理想境界永远不可能抵达,但我们可以朝着这个方向努力,在点点滴滴努力的过程中,我们可以一步步逼近我们的理想。

换一个角度说,民主意味着"尊重"与"遵守":对每一个人的尊重,并彼此尊重;对经由大多数人认同的制度、规则、纪律的遵守,对公共秩序和公共规则的遵守。尊重,是相对精神而言,尊重每一个人的人格尊严、思想自由、精神个性、参与欲望、创造能力,等等。遵守,是相对行为而言,大到一个社会,小到一个团队,规则是和谐有序的保证,某些时候克服个人的欲望而服从大家都必须遵守的规则,正是民主社会的重要特征之一。随心所欲、为所欲为、自我中心,不但不是民主,反而会妨碍民主。其实,"遵守"也是一种"尊重",因为遵守大多数人认同的制度,正是对民意的尊重。只是,这里为了突出制度的重要性,因而特别提出"遵守"。

一切由校长说了算的专制主义,当然不是民主。而一切由教师说了算的民粹主义,也未必是民主。民主,是各种思想的理解或包容,是不同利益的妥协或让步,是众人智慧的集中或整合。从这个意义上说,民主是一种和谐。

学校管理的民主追求,在我的实践中体现于四句话——"以人为本""以人为善""以身作则""以规治校"。

三

"以人为本",就是把人(在校长眼里,这里的"人"首先是教师)放在首位,尊重人性,满足人的合理需要(包括精神诉求和物质欲望),维护人的尊严,尽可能让每一个人看到自己的精神发展的空间与前途。"以人为本"当然不应该是口号,而应该成为行动。理念必须化为细节才有真正的生命。

在拙著《民主与教育》中,我曾说过,教育更多的是人文而不是科学。在教育实践中,教育者和被教育者的关系不是人与物的关系，而是人与人的关系。准确地说，教育者和被教育者已经融为一个整体。因此，陶行知说："真教育是心心相印的活动。"苏霍姆林斯基说："教育，这首先是人学！"教育是如此，教育管理也是如此。如果说在教育中，教师和学生的关系应该是人与人的关系，那么，在教育管理中，校长和教师的关系同样不应该是人与物的关系。所谓"目中有人"，在教师眼里，这里的"人"应该是学生；在校长眼里，这里的"人"首先应该是教师。我想再次重复一遍：民主的核心是尊重。爱因斯坦说："我的政治理想是民主，让每一个人都作为个人而受到尊敬。"阿克顿说：民主的实质，就是"像尊重自己的权利一样尊重他人的权利"。因此，体现民主理念的"以人为本"也是一种尊重。

作为校长，面对的是知识分子，因此应该尽可能按知识分子的特点管理知识分子。什么是"按知识分子的特点管理知识分子"呢？对此，我说不出太多理论，但我有一个朴素的想法，就是"己所不欲，勿施于人"。我以前没有当过校长，但我长期当老师，于是尽量站在教师的角度思考问题。比如，作为老师，我不喜欢校长伤害我的自尊心，哪怕我做错了，也希望校长能够和颜悦色地和我谈心，那么，我现在做了校长，就尽量不伤老师的自尊心。又如，作为老师，我不仅仅满足于物质利益的增长，我还要看自己在工作上、在学术上、在事业上是否有发展空间，那么，我现在做了校长，就尽量为老师们提供或创造发展的机会与空间。由此得出结论，相比其他劳动阶层，知识分子更讲面子（也就是"尊严"），而且在关注物质利益的同时还看重精神关怀。作为校长，维护老师的尊严，满足老师合理的物质、精神需要，就是按知识分子的特点管理知识分子。

在维护老师的尊严方面，我有做得不够好的时候。我曾经对照山东杜郎口中学崔其升校长检查自己的差距，感到自己魄力不够，对老师要求不严，于是，我在大会上对迟到的老师点名批评，还有一次我让犯了错误的老师在全校做检讨。从道理上讲，我这些做法

教育所思（第二版）

不能说错了。然而，作为成年人，老师都很看重自己的面子，能不能在严格要求、严肃教育的同时，充分尊重老师的面子呢？因此，我渐渐放弃了这种伤害老师自尊心的教育方式。现在，对于犯了错误的老师，我再也没有当众点名批评过，往往是请到办公室狠狠批评，有时候还让被批评者流泪。相反，有时候当有的老师犯了比较严重的错误而我不得不在大会上批评的时候，我都让当事人回避，尽可能照顾这位老师的自尊心。我知道"铁面无私"的合理性甚至必要性，但我总觉得，如果能够用更人文的方式教育犯了错误的老师，是不是更好一些呢？也许我这样想、这样做有点理想化了，但我们对学生都要强调尊重，何况是对老师呢！

我总是提醒自己，一个优秀的校长一刻也不应该忘记自己也曾是个教师。

让每一个人都觉得自己很重要，也是"以人为本"理念的体现。所谓"让每一个人都觉得自己很重要"，首要的含义是，面对学校的发展，每一个人都有同等关注和参与的权利，也就是说，哪怕是具体到一个小小的建议，无论是校长还是老师，无论是职员还是学生，甚至学生家长，权利是平等的，用通俗的话来说，就是说话都是同样有分量的。所以，我在网上论坛里长期设立"征集金点子"的主题帖，让老师们提建议；平时在和老师们谈心的时候，尽可能捕捉老师们的"金点子"。说实话，现在我也无法保证每一个老师的建议都能够被采纳，但只要我觉得合理而且可以操作的，我都采纳了。比如，某语文老师在网上建议，在会议室、办公室摆放一些绿色植物，既净化空气，又愉悦心情，于是现在我们的办公室和会议室都摆上了花草。又如，和一位数学老师谈心时，她谈到学校的会太多，能否减少一些，以减轻老师们的负担。于是，我们将教研组长会和班主任会错开，由过去的每周都开改成现在的间周一次。再如，某政治老师给我建议，可以让年级组的管理相对独立，每个年级都由一位副校长直接管理，强化年级组功能。听了这个建议，校长会经过论证,改革了学校管理体制。这些老师在我们学校都是普通老师,但他们的建议却不同程度地改进了学校的管理。对学校来说,他们很重要。

我要强调的是,当我说出"让每一个人都觉得自己很重要"这句话的时候,是有重点指向的,因为我们每说一句话都是有针对性的。所以这句话的实际意思是,作为校长,要尽可能关注那些平时容易被我们忽视的人,让他们感到自己的重要性。于是,有一年教师节前,我们通过暗中录像,拍摄了许多普通老师和工人坚守岗位、敬业奉献的普通场面,然后在教师节庆祝大会上播放。于是,在本学期开学典礼上,我发表的新学期致辞是《向普通而光荣的劳动者致敬》,表扬了十五名默默无闻的班主任、科任老师(包括代课老师)、图书管理员、清洁工人、食堂师傅、门卫保安……我这样做,决非故作姿态,而是在真诚尊重每一个普通劳动者的同时引领全体学生的价值观,让他们通过身边的人感受到什么叫作"平凡中的伟大"。

帮助教师成长,满足他们成功的愿望,这是最大的人文关怀。作为公办学校,所有经费都源自教育局拨款,因此作为校长,我手里没有可供支配的一分钱。当然我也想方设法为改善老师的待遇而奔走呼告,但毕竟这不是我能够决定的。而为老师们提供成长的机会,并提供展示他们成果的平台,我却可以做主,因为在这个方面我拥有独特的资源。我先后请来国内一流的教育专家(如朱永新、魏书生、程红兵、卢志文等老师)来我校做报告,和老师们面对面地交流。我通过私人关系,让我校班主任每个月都免费获赠《班主任》杂志、《班主任之友》杂志,而且十多位老师还在《班主任之友》上发表专栏文章。我还联系出版社,为我们的老师出版专著,以我校老师为主要作者队伍的《李镇西团队丛书》已经列入出版社出版计划。目前,由我校郭继红等几位老师合著的《给新教师的建议》已经出版,而《武侯实验中学老师教育随笔精选》和《武侯实验中学老师教育故事精选》已经联系好出版社,正在编撰过程中。

这些举措，既满足了老师们的成功感，又或多或少让老师们有些经济收益。作为校长，我很欣慰。

以人为本，通俗地说，就是要关心人。对校长来说，关心老师应该是他的常规工作。我这个人比较粗心，所以在这个方面做得并不好。但是我还是力所能及地向老师们表达我真诚的关心。我长期当班主任有一个好的传统，就是每到孩子们生日那天，我都要送上祝福。沿用这个做法，我当校长也尽量在老师们生日那天送上一份祝福。为了把老师们的生日记住，我想了很多办法：把老师们的生日放在电脑桌面上，打印出来揣在身上。后来我想，这份关心不应该仅仅是我个人的，还应该来自学生。所以上学期，我开始把老师们的生日告诉学生，让老师们能够获得来自孩子的祝福。再后来，我又想，这份祝福还应该来自整个学校的师生，我应该把我一个人的关心变成整个学校的温暖。所以，从本学期开始，学校在每个老师的生日那天，都在校门口写上几句祝福，并送上生日蛋糕。另外，对老师们请病假，以前我曾比较天真地说，不鼓励老师们带病上班，因病请假不扣钱，带病上班要扣钱，后来证明这样做不但不现实，也违背了有关规定。于是，从去年9月起，凡是老师请病假，只要我知道，我都要求学校其他校长亲自去家里或医院看望（有时候是我亲自去看望）。对于有特殊情况的一些老师，我都尽量利用晚上家访，把真诚的关心送到老师们心上。尽管目前我家访过的老师不过三十来位，但我认为，重要的不是走访了多少老师，而是是否真正把每一个老师放在心上。对此我做得还远远不够，我经常感到抱歉的是，至今还有一些老师的困难我并没有帮助解决，但我会继续尽力的。

四

"以人为善"（人们通常说的是"与人为善"，这个词是我杜撰的），从字面上讲，就是把每一个人都视为善良的人，并与之和谐相处。具体落实到我这个校长身上，就是要最大限度地相信老师，以宽广的胸襟对待每一个老师，包括对自己有意见的老师。我刚到这所学校时，曾写过一篇短文，题目是"别把教师当'刁民'"，我这样写道："一个优秀的校长，一刻也不要忘记自己同时依然是一个教师。这话的意义在于提醒我，不要如鲁迅所说的'一阔脸就变'，要多站在老师的角度思考问题，多想想自己当普通教师时对校长的期待——当初自己最反感校长做什么，现在就尽量避免；当初我最喜欢怎样的校长，现在就尽量去做那样的校长。比如，我做普通教师时，最反感校长不信任教师，总把教师当'刁民'；现在我就告诉自己，一定要无限地相信教师，不要把教师设为'假想敌'。"

将近三年过去了，我在这所学校也经历了一些小小的风浪，可我现在依然坚守这样的基本原则：不把老师当"刁民"，相信绝大多数老师都是善良的。

而事实也的确如此。我们的老师真的经常让我感动。做校长的，就是要去发现老师们的善良。我在网上写过一篇短文《把你的眼睛借给我》，写了我偶然发现的许多普通老师日常工作中点点滴滴让我感动的细节，结尾我写道："上面所谈到的我们老师的感人细节，只是我偶然看到和听到的，这些事只是实际发生的万分之一！还有更多的爱的细节我还不知道。所以，在这里，我诚恳地请求我们学校的老师们把你的眼睛借给我，帮我看看：在我们武侯实验中学，还有哪些人值得我们尊敬，还有哪些细节应该载入我们的心灵？"两年过去了，这样的细节在我心中积累得越来越多了，所以，我曾通过颁发"新教育之星特别奖"的方式，表扬过一些普通老师在细节上表现出来的善良。我曾对初三的老师说，每当我感到累的时候。我就想："我有初三的老师累吗？他们要上晚自习，我不用上；他们周末要辅导优生，我不用辅导；他们当中不少老师每天早晨要挤公共汽车上班，我不用……"现在我也是这样想的。有的老师或许还有这样或那样的不足，但总体上讲，他们都非常善良，非常尽责。实事求是地说，我对老师们的阅读习惯和思考精神还不太满意，或者说，老师们的专业提升还没有达到我的要求，但从总体上说，老师们的敬业精神、老师们对孩子的爱、老师们的善良，我从来都是深信不疑，并且发自内心地佩服和欣赏。这是我对老师们最基本的认识，也是我管理学校的出发点。

并不是说老师们和我的想法随时都能一致，更不是说我的每一个想法都能得到老师们的普遍赞同。真正的民主应该蕴含一种宽容精神。宽容，也就是允许别人跟自己不一样——思想不一样，个性不一样，生活方式不一样，等等。人们都知道民主的原则是"少数服从多数"，即"多数法则"，但现代自由民主同时强调"多数尊重少数"的原则。前者指的是在决策时应以多数人的意见为准；后者指的是即使少数人的意见没有被采纳，也应允许其存在。如果你自己怎么想别人就必须这样想，你自己怎么做别人就必须这样做，那么这样的"民主"离专制已经不远了。

宽容精神的核心是思想宽容。当校长一定要有一种雅量，要允许别人发牢骚，尽管我不提倡老师们发牢骚，但客观上这种现象是无法消除的。回想我当老师的时候，不也有发牢骚，甚至埋怨校长的时候吗？这样一想，心里就豁然了。以前我到这所学校来做过报告，那时候我的身份是客人，是专家，可以说没有任何人会对我有意见，因为除了做一场报告，我没有在这所学校做任何事情。而我当校长之后，就是具体地管理学校。只要是管理，就必然会涉及人的行为甚至触及人的利益，且不说我有时候也会犯错误，也有做得不好的时候，就算我没有做错，不同的人站在不同的角度，理解也不一样，因此产生意见、误解甚至怨恨，是很自然的。当校长的，一定要有宽广的胸襟，不但要善待理解自己的老师，更要善待不理解甚至和自己唱反调的老师。

对于正确的意见，我没有理由不接受，因为人家是在帮助我当校长。我不止一次因为不了解情况而错批评老师，让相关老师很受委屈，我一旦意识到自己错了，从来都是当面向这些老师道歉认错。

我不觉得这有什么丢面子的。对于一些因误解或不了解情况而产生的不满情绪,我的态度是,在可能的情况下把真相公开,因为我一贯认为,消除误解的最好办法,是把真相置于阳光之下。我总是相信大多数老师是通情达理的,何况我自己没有什么见不得人的勾当,没有理由不磊落。曾经有抱怨学校干部奖金太多的短信在老师们之间传播,我便让有关人员把相关数据公开,而且形成任何人都可以随时查看学校每人每月津贴收入情况的制度。至于个别人在网上发表一些不满的帖子,如果有必要我就公开解释;如果没有必要,我就不理睬,泰然处之。因为我相信,这个别老师也是一时激愤所为,未必有多大恶意。如果已经构成诽谤,甚至影响到学校和区的教育形象,自会有人去追究的,也不用我气急败坏,我没有必要把精力放在这些琐事上。作为校长,应该具备这种胸襟,应该拥有一种君子风范。

对于不同意见,我很关注言之有理的意见,哪怕只有部分道理。因为这些意见,正好体现了"老师教我当校长"的理念。做校长一定要善于妥协。民主精神就包含着妥协精神。当今世界,尽管还有局部战争,但主流是对话,是谈判,是沟通,一句话,是妥协。在全球化的时代,"共识"和"双赢"成了最流行的词儿。"妥协"对各方来说,都是各有所得,也各有所失,总体利益最大就行了。大家坐下来,各自阐述自己的意见,可以旗帜鲜明地亮出自己的观点,也可以争论,但同时还要倾听和吸纳别人的意见,最后在有所坚持的同时还要有所放弃,所谓"求同存异"。这里的"同"便是"共识"。妥协意味着在争取自己利益的同时,还必须正视他人的利益。同样有所坚持又有所让步,最终大家各占一块,即"双赢"。可以说,没有"妥协"就没有"民主"。我经常给老师们讲这个道理,同时我也尽量用这个道理来告诫自己。

温家宝总理的批示下来之后,区教育局领导希望我对老师们提出"跑步前进"的要求。刚开始,我在大会上给老师们提出"跑步前进"的要求，但不少老师对我抱怨说很难做到"跑步前进"，特别是每天的"五个一"很难做到。还有老师直率地对我说："你不能用你的标准来要求我们！"我冷静一想，觉得老师们的抱怨声中有合理的因素，正如我们不能对学生搞"一刀切"一样，对老师也不能搞"一刀切"，要承认差异，允许每个老师在自己的基础上有所提高，而没有必要都整整齐齐地"跑步前进"。所以，后来我对老师们的专业成长便没有再说"跑步前进"了，"五个一"也只是提倡。还有课堂改革，最初也是希望所有老师能够同时进行，但后来也有老师想不通，不愿做，我想，学校搞课堂改革并没有错，但有的老师由于种种原因不愿搞或搞不好，与其逼着老师们在强迫命令下弄虚作假，还不如让他们根据自己的情况选择符合实际的课堂改革。体现"学生主体"的课堂改革精神是一致的，但展现这种理念的课堂方式允许暂时不一样。这样一来，也许不那么轰轰烈烈，但课堂改革可能更加实在而有效。去年，初三老师对周末补课有意见，并采用了比较过激的方式来表达这种意见。我知道后，首先想到的是老师们的意见中有没有合理的因素，可不可以采纳，如何采纳。最后，我和学校行政部门没有批评更没有处罚任何一个老师，而是和老师们沟通商量，最后达成共识，并建立了新的补课模式，收到了很好的教学效果。我一直认为，这是一次体现学校管理的成功范例，它体现了彼此宽容、双方妥协的民主精神。而之所以能够宽容和妥协，是因为无论是学校管理者还是初三的老师们，都有一个基本共识和道德底线，那就是学校的发展高于一切；只有学校发展了，才可能满足和保证每一个人的切身利益。

作为一个校长，我坦然地承认自己并不是一个好校长，并愿意宽容，尽量妥协，永远不与任何老师为敌（包括以后可能会对我造成伤害的老师），就是基于对老师们的两个坚定不移的信念：第一，每一个老师都是善良的；第二，每一个善良的老师都是愿意学校发展越来越好的。

五

"以身作则",就是以自己的行动作出表率。这里的"则"就是准则、榜样。我经常想,其实许多是非标准人人都清楚,但人们往往用双重标准去评价自己和别人。比如,现在人人都痛恨腐败,但内心深处又何尝不在惋惜自己没有腐败的机会?比如,人人都在痛骂专制者,但如果自己有了一官半职,又何尝不是暴君?老师会不会在校长面前是敢怒不敢言的臣民,而在学生面前便是霸气十足的皇帝?面对暴君秦始皇,青年项羽豪气万丈地说出"彼可取而代之",这句话几乎可以代表无数农民起义领袖的梦想,所以中国几千年王朝更迭,就是一个皇帝取代另一个皇帝的历史。正因为如此,美国开国元勋华盛顿拒绝第二次连任,用自己的行为展示真正的民主精神,便令世界感动,更令无数真诚追求民主理想的后来者热泪盈眶。

由于几千年的封建专制文化影响,我们每一个人的内心深处都有着专制的倾向。我甚至可以偏激地说,每一个中国人都有着专制的"原罪",包括我在内。所以,我必须提醒自己:不要当了校长,便忘记了教师的本色。我也不止一次地提醒老师们:"如果你把对学生的要求拿来要求自己,你就非常高尚非常优秀了!"

到这所学校来之前,我一天校长都没有做过,也没有做过一天中层干部,因此,就管理学校的经验而言,几乎为零。但是,我不是一点没有信心,因为第一,我做过多年班主任,我会把班主任工作中的一些有效做法移用在学校管理中;第二,我做过多年老师,我会站在老师的角度思考怎样做比较受老师们欢迎;第三,我面对的每一个老师,都可以给我出主意,教我怎样当校长。做班主任时,要求学生做到的,我尽可能首先做到。当老师的时候,每当学校领导提出什么要求,我几乎是本能地在心里说,你先做给我看看!现在当我作为校长在老师和学生面前出现的时候,我总是很谨慎,甚至有些心虚地想：我的言行符合一个教育者的规范和良知吗？

很多年前，我还是一名普通老师的时候，曾写过一篇杂文批评有的校长："他们把学校当成自己的私人庄园或者是自己投资开办的企业。他们动辄以'下岗'来威胁老师，唯独没有想到他自己该不该下岗；他们煞有介事地以师德要求老师们，而自己却通过学校修建、统一定做校服等渠道大肆腐败；他们要求教师对学生循循善诱，可自己却常常对老师拍桌子摔板凳；他们要求教师严格遵守作息时间，可自己却三天两头不在学校而无人监督；他们要求教师下班后多花些时间在备课、进修或家访上，可自己的业余时间大多在麻将桌上度过……现在社会上对不正常的教师形象提出了许多批评，但不正常的教师形象往往是不正常的校长形象的放大，所谓'上梁不正下梁歪'，有没有良知的校长，就必然会有缺乏良知的教师！"现在我当校长了，多次重读这篇短文以提醒自己，千万不要做我曾经痛斥过的那种校长！

当校长两年多，我最深切的体会是："最好的教育莫过于感染，最好的管理莫过于示范。"这两句话其实说的都是一个意思：身教胜过言传。

我要求学校中层以上行政干部做班主任，正是基于这样的考虑。我对干部们说："当干部就意味着多干活。老师们都看着我们，我们不能懈怠。如果我们不能作出表率，怎么能够说服老师们敬业奉献呢？"尽管后来因为一些客观困难，部分中层干部没有做班主任，但他们都上了课。特别让我欣慰的是，我们学校除了分管后勤的书记，所有副校长都担任了班主任并上课。写到这里，我在被我的副手们感动的同时，也很内疚，因为他们跟着我付出的更多，而得到的更少。

我也担任了一个班的班主任。实事求是地说，现在我作为校长担任班主任，和过去作为一个普通老师当班主任，还是不太一样，毕竟还有繁重的校务管理工作，我不可能像过去那样把百分之百的精力投入班上去，所以不得不找一位老师做助手，但是我做这个班主任，自认为还是尽可能履行了职责的。只要我不外出，只要协调好了学校管理工作，我都尽可能多地到班上去。上课、开班会、找学生谈心、处理突发事件、家访……虽然很辛苦，但我心里很踏实，而且感到很快乐。有时候我在学校管理上遇到困难感到郁闷，往往就到教室里去，因为只要我来到孩子们中间，就感到特别开心，所有郁闷暂时都忘掉了。无论是上课，还是做班主任，都让我切身体会到老师日常工作的艰辛，和学校一些规定的不可操作性。比如，班主任的吃饭问题、午休问题，因为有班主任的职责，他们便比一般老师要困难得多。还有学校文体活动和一些教学常规的冲突——有时候我要在正课以外给所有学生讲点事情都很难找到统一的时间，以及政出多门造成班主任无所适从，这些都是我单纯做一个校长而无法体验的。这些问题，我做了班主任也不一定能够立马解决，但至少让我多了一份对老师的理解，并开始思考如何改善管理。

  要求老师做到的，干部首先要做到。我不敢说在这个方面我们已经做得非常好了，但是我们的确是尽量这样去做的。我希望老师们尽可能走进学生的心灵，和他们交朋友。我作为校长也经常把各个年级的同学请到我的办公室聊天。我经常在早晨上班的时候，推开办公室的门看到从门缝里塞进来的孩子们和我谈心的信件，每当这时候，我总觉得很幸福，因为我终于成了孩子们不怕的校长。我们要求老师上班不迟到，干部首先要做到。只要不出差或开会，我每天早晨总是在七点左右到学校，很多时候在六点过甚至更早就到学校了。同样，只要是在学校而没有工作上的特殊原因，我都是六点过或七点过离开学校。以身作则并不意味着干部在每一个方面都和老师们搞"平均主义"，实际上很多时候老师们比我做得更多更好。然而，在可能的情况下，我总是希望我和我的行政干部们能够给老师们作出表率。又比如，我要求老师们通过互联网平台交流教育教学情况，在网站上发随笔，在论坛里发帖子，那么干部也应该带头。可以说，目前在学校网站上，发帖最多的是学校的干部，比较突出的有王国繁副校长、易琼副校长，还有年级主任郑聪老师，他们都经常把自己的班级管理体会和教学得失写成帖子发到网上去。

有了率先垂范的行为，我们就更能够理直气壮地引导老师们了。在校园里面，无论老师还是同学向我问好，我总会同样热情地回问一声好，甚至主动向老师和同学问好。可是，我曾经在早晨的学校大门口发现，有少数老师面对学生的热情问好却没有热情地回礼。第二天，我在全校教职工大会上严肃地说："我请少数老师们想想：第一，礼尚往来，是不是人与人之间应有的处世准则？第二，如果你热情洋溢地向别人打招呼，别人却毫无表情，你作何感想？第三，我们这样做，会给学生留下什么印象？第四，最让我感到可怕的，还不是学生感到难受，其实学生一点都不难受，因为他们已经习惯了，因为他们觉得老师嘛，当然可以不理学生的。可怕的地方正在这里！尊卑观念、等级观念就这样不知不觉地播撒进了学生的心灵之中！我希望从明天起，我们能够也给学生一个微笑、一声真诚的'同学们好'。包括开车上班的老师，希望你们进校门时能够摇下车窗，向两边的同学挥挥手，说声'同学们好'！我也希望每次离开学校的时候，能够和门卫师傅说声'再见'。这既是我们的素养，也是我们的教育！每一个教师的一言一行都是教育资源，都是课程！因为最好的教育，莫过于示范。"令人欣慰的是，从那以后，我们学校的每一个老师都能够向同学们问好了。类似的例子还有我们的升旗仪式，我刚来这所学校的时候，升旗仪式上站得最端正的是学生，而不少老师则相当散漫随便。两年过去了，我可以非常自豪地说，在武侯实验中学的升旗仪式上，站得最端正的队列，是我们的老师！老师们用自己的行为给学生做了最好的示范。

尽管对于校长们做班主任这样的安排，目前在老师们当中还存在着一些不同的看法，比如有的老师就对我说："学校管理者还是应该把所有精力用于学校的管理。"我们也在反思总结这样做的得失，但是,"以身作则"已经成为也将继续成为学校管理的一个民主追求。

六

"以规治校",这又是我杜撰的一个短语,意思是"用制度和规章治理学校"。本来我是想用"依法治校"这样一个现成的表述,但我想,第一,依法治校的主体更多的是教育行政部门;第二,对于学校管理者来说,本身并没有立法权,更多的是制定规章制度。所以我用"以规治校"这样的表述可能更符合实际一些。当然,这并不意味着我在管理学校的时候可以不遵守国家的有关教育法律法规。

以规治校,是在学校的微观层面上体现出一种与民主精神息息相通的法治精神。因为讲民主必然讲法治,没有法治的民主必然是假民主。就国家而言,法治精神体现于宪法至上的观念、遵守法律的观念、权利与义务相统一的观念、依法监督行政权力机关的观念、依法维护自己权利的观念,等等。如果公民没有这些观念,民主的建立是不可能的,而这些观念恰恰正是民主的观念。正是在这个意义上,我认为,民主精神与法治精神息息相通。法治的基本原则是"法律至上"和"法律面前人人平等",这也应该是法治精神的核心所在。"法律至上"意味着不允许存在超越于法律之上的、专断的权力,意味着任何人不会因除违反法律外的行为受到法律的惩罚。是否遵循"法律至上"的原则,是受法律约束的政府与专横政府的界限所在。在实行法治的地方,政府必须依法行政,不能随心所欲,为所欲为。从这个意义上说,法治首先是对政府的约束,而公民自觉地依法监督行政者正是体现了真正的法治精神。

要将上面的理解移用于学校管理,就意味着学校要通过老师们的参与制定出一整套规范和制度,以形成大家都必须遵守的公共规则。校长管理学校必须依据这些规则,校长本人也受制于这些规则;同时,面对这些规则,每一个人都是平等的。二十多年前,邓小平同志指出:"制度好可以使坏人无法任意横行,制度不好可以使好人无法充分做好事,甚至走向反面。"国家的制度我们无法去参与建立,但在一所学校,校长完全可以带领学校的每一个人参与制度的安排和建设。我并不认为我是一个道德高尚的人,但好的制度可以抑制我灵魂深处的恶,让我随心所欲变成不可能。同时,好的制度也让我这个校长轻松了不少,因为制度和规则凝聚的是大多数老师的智慧。我始终相信,一百多位老师的大脑绝对胜过我一个人的大脑。通过一定的程序,制定出绝大多数人都认可的规则,然后人人遵守,这是现代管理的有效形式。这里的规则,实际上就是科学的规章制度。然而,第一,这里的规则,应该让被管理者参与制定,这体现了对人的权利的尊重;第二,好的制度应该让优秀的教师感觉不到制度的存在,而让不自觉的教师处处感受到规则的约束。

我来做校长之前,学校已经有了比较成熟的管理规章制度,我有一个基本想法,就是尽量不增加新的规定(注意,是"尽量不增加",而非"绝对不增加"),尽量让已有的规定落到实处。如果说我对这所学校的民主管理做了一些有意义的事,那就是我在制度的安排上有所创新,具体说,就是创建了校务委员会、教代会、学术委员会三个机构互相协调又互相制约的民主制度格局。

所谓"校务委员会",其成员包括学校所有的行政干部。在一些学校,这就是所有决策的最高也是唯一的机构。而在这个机构中,往往又是校长一言九鼎,最后是校长说了算。在我做校长后,我尽量避免独断专行,独自决策,而是充分尊重党支部书记,尊重其他行政干部,尊重老师们。当然,这三个尊重不能寄希望于我的品德或者说"自觉性",而是受制于另外两个机构——教代会和学术委员会。换句话说,我这三个尊重,是制度的规定,而非道德的驱使,是"必须"而非"自觉"。不光是我,整个校务委员会都只是我们学校权力格局中的一部分。

所谓"教代会",当然是指每所学校都成立了的教工代表大会。

我可以非常自豪而无愧地说,在我们学校,教代会绝不是一种摆设,而是能够发挥实质作用的权力机构。我刚来不久,便列席了一次教代会,发现不少代表没有来开会。会后我找到其中一位代表,问他为什么不来开会。他回答:"教代会纯粹是一种形式,走过场而已。"我当即严肃地对他说:"事实会告诉你,我当校长期间的教代会究竟是不是搞形式走过场!"当时,我心里真的很悲哀,同时也很悲壮,我想:如果我们学校的教代会果真成为一种摆设,这将是我这个校长的耻辱!两年多里,我们的教代会显示了自己的硬度,认真通过或否决了校务委员会提出的一些方案。说实话,我个人并不满意每一次教代会的结果,但我满意这种权力行使方式和制约机制。

所谓"学术委员会",就是指我们学校的"本土专家"所组成的学术评定机构。这个机构负责我们学校所有教职工有关评优选先、职称晋升等事宜,是我们学校学术评定的最高权力机构。对此,我想多说几句,谈谈我的想法和我们的具体做法。

就制度而言,民主决策需要投票,但民主远远不仅仅是投票那么简单。有时候,简单投票的结果往往不那么公正。在某些国家,总统由全民投票产生。在我们国家,国家主席由全体全国人民代表大会的代表投票选举产生。这是应该的。然而,诺贝尔奖从来都不会由"全民公决"产生。试想,如果由全世界人民投票决定诺贝尔奖的获得者,那将是多么滑稽可笑的事!因为决定诺贝尔奖获得者的人,必须具有相当高的专业素养。我想到每当学校要评选先进或晋升职称的时候,按传统的做法,要么是校长或学校领导班子说了算(在这之前还是要征求有关方面的意见),要么由全校教职工投票决定(投票之前由当事人述职)。前者当然是专制,后者则未必是民主——因为专业的隔阂,以及其他微妙的因素,选举往往并不是选学术水平和专业能力,而成了选人缘。因此我主张,学校的一切学术评定,既不能由校长们说了算,也不能由全体教师的选票说了算,而应该由学校学术委员会说了算。学术委员会具有学术评定的最高权威，学术委员会作出的学术评定，即使是校长也应该尊重。

因此在我的建议下，我校成立了学术委员会。具体做法是，由全体教师推荐（而不是选举）学术委员会成员。每个教研组每个部门只能推荐一名。学术委员会成员资格：人品端正，为人善良正直，教育艺术精湛，教学能力一流，学术水平上乘，并有突出的教育科研成果（教学质量、论文著作、赛课获奖等等），在一定范围内有学术影响。经过网上推荐和教研组开会讨论酝酿，最后确定了十五位同志组成学术委员会。委员会主任由一位德高望重的老师担任。我虽然也是学术委员会委员，但我只拥有和其他委员平等的一票。学术委员会产生后，着手制定相应的章程，以规范学术委员会的工作，并在制度上防止可能出现的学术腐败，接受全体教师的监督。比如，每次学术评定，都必须在老师中进行客观的调研，对被评定对象进行全面的了解和考察，然后以协商或无记名投票的方式产生学术评定结果。学术委员会成立后，已经进行过两次有关中级职称和高级职称的评定，还制定了有关考核方案。这些工作均受到绝大多数老师的认可。

三个机构互相协调，又互相制约。校务委员会凡是遇到重大决策，都提交教代会讨论并表决，其结果得到尊重。学校所有学术评定，均由学术委员会独立完成，但事后都要向全校教职工做工作汇报。就行政管理而言，校务委员会是学校决策的最高机构，但这些决策都要尊重教代会和学术委员会的研究表决结果。

在我们学校，还有一个制度安排，那就是凡是遇到和每一个教职工利益密切相关的决策，均要让所有老师参与讨论，并通过投票表达民意（俗称"全民公决"）。比如，几次津贴方案都是经过了"全民公决"的，有时通过，有时没有通过，不管通过与否，老师们都用投票参与了学校决策。不止一次，学校班子的提案被教代会或全民公决否定，而在我看来，被否定的决议中有的是符合老师们的利益的，但由于种种原因大多数老师还是否决了。虽然我感到很遗憾，但我认为，校长失败了，而民主却胜利了。尽管老师们可能没有意识到他们否定的是他们自己的利益，但我把这理解为老师们为民主付出的代价。

作为校长，从某种意义上说我基本上"放弃"了自己的权力。当然，准确地说，其实不是"放弃"，而是"分解"——通过制度把权力分解到了不同的部门和机构，并通过一定的程序分解到了每一个教职工的手里，让全校教职工和我一起管理学校，并作出决策。

七

两年多来，我在学校管理上进行了艰苦而富有意义的民主探索。不能说这些探索没有效果，应该说，两年多来，武侯实验中学的变化是显著的，已经初步形成品牌，包括社会关注的教学质量也在逐步提升，但坦率地说，效果远远没有达到我期望的程度。

这里有我自身的先天不足，这里的先天不足当然包括缺乏行政管理经验，但这不是主要的，主要的还是如何将理论与实践有机结合起来。我感到自己多少还有些书生气，以及由书生气带来的理想主义和浪漫色彩。当然，教育本身就是为明天而工作，甚至就是理想的同义语，没有丝毫的浪漫绝不是真正的教育。问题是：如何在保持理想的同时，又能深刻地认识现实，进而稳健地推进教育改革？这就不仅仅需要理想，同时还需要智慧。而我恰恰智慧不足。

自我反思，我感到自己对改造"土壤"的艰巨性估计不足，有急躁情绪。这里的"土壤"指的是民主得以存在并运行的群众基础和人际环境。离开了对民主有正确认识的民众，民主制度不可能生根开花。前面我说过，我们学校的老师无论是敬业精神还是专业素养都很让我敬佩，但他们和我一样，同样生活在千年封建专制文化的阴影当中，骨子里有着专制的基因，很难在行动中体现出尊重、平等、宽容、妥协等真正的民主精神。在学校管理中不止一次出现这样的情况，抽象地对制度投票，大家都赞成，当制度的具体条款落实到某一个具体的人身上的时候,他会埋怨不公平,而且埋怨的矛头不是指向制度本身,而是习惯性地指向校长。有一年学校根据教代会通过的期末质量奖发放方案分配奖金,结果对拿到的奖金不满意的老师,来找我这个校长申诉。还有教职工不善于妥协,凡事只考虑自己的利益,而不考虑对方的利益,宁愿鱼死网破也不愿双赢。还有人习惯于以自己为尺度衡量学校的一切,凡是不符合自己尺度的统统是"不民主"……我经常想,如果我们(当然首先包括我本人)不提升自己的民主素养,不养成民主的生活方式,再好的制度也没用。我曾经在学校大会上说过,如果按传统的观念,我们学校需要一位"强势校长"或者说"铁腕人物",但我不是这样的人物。我就希望通过良好机制的建立,让每一个人的智慧都发挥出来,通过一定的制度和程序让每一个人都参与学校管理。但这样做的条件,是学校存在相对成熟的民主土壤。对此,我略显急躁,甚至有些冒进。人的素质与体制的关系是鸡与蛋的关系,很难孤立地说谁先谁后。"好的制度能够使坏人无法作恶",这是真理,因为"总统是靠不住的";"有几流的人民就有几流的政府"也是真理,因为"人是万物之灵长"。作为一个基层校长,我需要的是更加沉着淡定,在继续依靠老师们推进学校民主管理进程的同时,点点滴滴地为改造人的素质,首先是自身的素质尽点力。

  我的理想化、书生气的另一个表现,就是有时候我在老师们面前模糊了自己的公共角色。我是一个学者,对教育、对社会、对国家的改革都有自己的思考,我有发表自己观点的权利。同时我又是一个校长,从某种意义上说,我是代表教育行政部门管理学校,因此我的话语一旦传播出去,就不仅仅是我的声音,更是行政的声音。但我常常以校长的身份发表个人看法,造成一些误会。比如,有时候我坦诚地向老师诉说我的一些不成熟的想法,在我看来,这是一种坦诚,可是因为我的身份是校长,所以我的一番肺腑之言就有可能给老师以误导:"李校长都怎么怎么说……"又如,有时我在评论某种消极教育现象的时候，情绪激昂，酣畅淋漓，但相关老师却感到有压力，因为此刻，我的身份并不是学者，而是校长。老师们不会认为我是在谈论可以争鸣的学术观点，而是在批评人。特定的场合、特定的时间、特定的氛围，客观上让我和老师们处于话语权不平等的地位。我应该随时意识到自己的角色，尽可能把握好自己不同的公共角色。单纯的学者，只考虑"怎样做最好"；而单纯的校长，只考虑"怎样做才可行"。作为学者，总是对民主管理充满激情，甚至寄予理想化的期待；而作为校长，应该对民主管理的现实条件和可行性保持清醒的认识，不能过于浪漫而放弃自己应有的行政责任。我有时候混淆二者的界限，对于学校管理来说，不是一件好事。

我这样说，当然不是说我将停止自己的民主追求。实际上，由我启动的学校民主管理进程已经很难逆转。然而，今后我将更加稳妥地实施民主管理。这里的"稳妥"，主要是指在推出新的改革举措之前，我将尽可能让自己和老师们达成共识，而不是我自己以"启蒙者"的姿态把改革强加给学校。目前，我思考得最多的问题，除了老师待遇的提高之外，就是教育改革的深入。我知道，目前我们学校的老师成长进入了一个"瓶颈"，由我任校长带来的兴奋和温总理批示所激发的欣喜渐渐趋于平静，老师们的精神面貌普遍进入了心理学上所说的"高原状态"，他们不同程度地存在着职业倦怠。与此相伴的，是学生的学习倦怠。这两个"倦怠"其实都是因为同一原因，那就是成功感的缺失。我们学校的区位环境，决定了我们的大多数服务对象是当地的老百姓，这些失地农民和外来务工人员的孩子，不可能有和城里孩子一样的文明程度和文化素质。可是，却要面对一样的课程、一样的教材、一样的考试、一样的评价……大多数学生很难有成功感，大多数老师也很难有成功感，每天所做的似乎都是无用功，而且日复一日，月复一月，年复一年，焉能不倦怠？因此，我在思考：我们既然是"实验"中学，既然是平民教育，为什么不可以在课程设置上进行一些改革？也就是说，我们能不能面对我们的学生实际开设一些对他们既有用又有趣的课程呢？由课程改革带动课堂教学改革，进而带动评价改革，让每一个孩子学有所用，学有所乐，老师们也从中感到自己存在的价值和工作的成就。当然，这只是我的想法。目前我正在找一些老师探讨可行性，下一步还要进行一些调研，我打算把这个问题交给老师们决定，让大家都来思考策划，把我个人的想法变成大家的愿望。另外，关于所有校长都当班主任，在老师中也存在不同的意见，究竟这样做对学校发展利大于弊，还是弊大于利？还有，学校安排工作如何既服从学校大局，又兼顾个人的愿望？对老师的考评，如何既科学量化，又切实可行？等等问题，我都打算交给老师们论证，让老师们的智慧决定学校的发展。

也许在一些人看来，"民主"不过是空中楼阁，可望而不可即。甚至还有人认为，民主不符合中国现有的国情，因为中国人现有的素质不配享受民主。但我信奉陶行知的话："民主的时代已经来到。民主是一种新的生活方式，我们对于民主的生活还不习惯。但春天已来，我们必须脱去棉衣，穿上春装。我们必须在民主的新生活中学习民主。"邓小平同志也曾说过："没有民主就没有社会主义，就没有社会主义现代化。"两年多来，我正是怀着民主理想，引领着老师们"在民主的新生活中学习民主"。尽管我们的民主管理探索还不成熟，但我和我的同事们已经用行动初步证明：中国人是完全可以学习民主、实践民主和享受民主的。本文结束之际，我愿意重复一遍前面说过的话，从某种意义上说，教育只是我实现社会理想的途径。我的理想就是，为未来更加民主的中国奉献更多的公民。

——我希望这也能成为我们学校老师的共同追求。

2009 年 4 月 16 日

教师要有书卷气

都说现在的教育问题太多太多，而在我看来，最大的问题是教师普遍不读书。按理说，教书人不读书这简直不可思议，但如此不可思议的现象却几乎成了许多学校的常态。我是带着新教育实验的理想走上校长岗位的，新教育实验的六大行动之一，便是"营造书香校园"。我正是想以此改变那种"不可思议"的"常态"。

说实话，我并不擅长做校长，或者说行政管理并不是我的专长，因此我放手把学校的行政事务都交给副校长们去做。我集中精力引领老师们的专业提升。其中，最重要的"引领"就是倡导读书的风气。我经常对老师们说："一个学校有没有文化气息，主要不是看墙上有没有标语口号，也不是看校园有没有小桥流水、台榭亭阁，或者题词绘画雕塑之类，而是看这个学校有没有可以流传下去的教育故事，以及学校是否有书香气。"

随着新教育实验的开展，我校在学生读书方面做了大量的工作，比如我们实施了新教育实验的"晨诵午读暮省"课程，每天都有专门的阅读时间；又比如我们在校园里设置了好几个开放式书吧，将上千册书放在教学楼过道旁和休息区，孩子们在课余只要想阅读，随手便可以拿到书而不需任何借阅手续。但老师的阅读，却不理想。找老师们谈心，问及为什么不愿读书，老师们说了许多理由。我归纳了一下，不读书的"理由"大致有以下几点：第一，"太忙，没时间"。第二,"感觉不到读书对教育教学的作用"。第三,"不知道读什么"。第四,"有的教育理论著作读不懂"。第五,"年龄大了,读了记不住"。

要倡导读书,必须先扫除思想障碍。针对老师们的"理由",我通过教工大会讲话,通过各类座谈会,通过个别谈心,通过书信,给老师们一一做了回答。

关于"太忙,没时间",我告诉老师们,无论多么忙,我们每天都不会不洗脸不刷牙不吃饭,因为第一,这些是我们的生活必需;第二,这些我们已经养成习惯。所以,只要把读书当成生活必需,同时养成习惯,无论多忙,我们都永远有时间读书。

关于"感觉不到读书对教育教学的作用",我说,一般来说,教师的阅读分为两类:一类是"学以致用"的阅读,比如阅读各类教参,这类阅读是应该的,甚至是必需的;还有一类是"无用"的阅读,或者叫作"非功利阅读",比如对哲学、历史、文学、人物传记等的阅读,这类阅读不是为了具体的备课,而是为了尽可能完整而完美地建构无愧于我们作为"人"所应有的精神世界。教师被称为"人类灵魂工程师",暂且不说这个称呼是否恰当,但至少我们应该想想,我们自己的"灵魂"是否饱满充盈?而灵魂的饱满充盈更多地取决于我们广博的阅读,包括"非功利阅读",特别是读教育以外的书。其实,所谓"功利"也是相对的,教育本身就和时代风云、社会发展息息相通,所谓"教育以外的书",实际上都直接间接和教育有着千丝万缕的联系。看似"无用"的阅读,关系着我们每一堂课的广度、深度和厚度,关系着在学生眼里我们是否拥有一种源于知识的人格魅力。

关于"不知道读什么",我给老师们推荐四类读物:第一,教育报刊,比如《中国教育报》《中国教师报》《人民教育》《教师博览》,等等,让老师们随时了解全国的教育同行在想什么做什么。第二,教育经典,我重点推荐《陶行知教育文集》《育人三部曲》《给教师的建议》《帕夫雷什中学》，等等，让老师们直接与真正的教育大师精神对话，感受最质朴最原本的教育真谛。第三，儿童读物或者说校园文学，包括写学生的书和学生写的书，比如杨红樱的书、秦文君的书、曹文轩的书，还有韩寒的书、郭敬明的书。读这些书的目的，是让老师们能够从文学的角度，获得一种儿童的思维，了解并走进教育对象的精神世界。第四，人文书籍，比如《历史深处的忧虑》《民主的细节》《书斋里的革命》《一句顶一万句》《野火集》等等，让老师们有一种开阔的人文视野。

关于"有的教育理论著作读不懂"，我从两个方面回答老师们：第一，比起当今一些喜欢玩弄时髦术语、晦涩理论的伪学术著作，那些真正的教育经典名著真是平易近人。比如，请打开苏霍姆林斯基的《育人三部曲》，听他一边讲述故事，一边抒发感情，一边阐述理念，真是一种享受。更不用说中国现代著名教育家陶行知了，他的教育著作也深入浅出，用老百姓的语言谈深刻的教育道理，他还用诗歌甚至儿歌来表达他对教育的理解。经典之所以是经典，不是因为深奥，而是因为深刻，而这"深刻"又往往是通过非常朴素的形式表达出来的。第二，现在的确有不少教育理论著作晦涩难懂，我也曾经为读不懂这些书而自卑。后来我读博士时，导师朱永新对我说，读不懂，不一定是你的理解力有问题，更多的时候是作者本身就没有把这个问题真正搞懂，那么他写出来的东西自然不好懂。朱老师对我说，读不懂就别读好了。我现在也这样对老师们说，读不懂就别读好了。有些翻译的著作我们读不懂，不一定是我们的理解力有问题，而很可能是作者没把理论表述清楚，还有一种情况就是翻译的问题，原著也许很晓畅，但翻译得很糟糕。比如，热炒过一阵的《教学勇气：漫步教师心灵》，语言真是别扭，甚至还有病句，我估计多半是翻译的问题。苏霍姆林斯基的书为什么好懂？除了苏霍姆林斯基本人的表达非常流畅之外，翻译者杜殿坤先生是一位杰出的翻译家。深刻和通俗并不矛盾。苏霍姆林斯基的书很通俗，但同样深刻。著者和译者硬着头皮做出来的书，读者只有硬着头皮去读。何苦呢？

关于"读了记不住"，我对老师们说，记不住有什么要紧的？谁叫你记了？除非你要考试，平时的阅读是完全不用记的。记不住书中的句子，不等于你没有收获。如果我问你这么多年来你每顿饭都吃了些什么，你能够回答吗？显然回答不出来，因为你没记住。然而，难道你吃的这么多东西就没有营养吗？记不住吃了什么食物有什么要紧？反正这些食物的营养你已经吸收了嘛！青年时，我背了许多唐诗宋词，可现在好多都忘记了，然而，这些诗词所蕴含的文学养料已经化作我的血肉了。如果因为记不住而不读书，完全没必要。

对老师阅读最有效的引导，是我本人的阅读示范。当然，所谓"示范"并不是我刻意为之的"举措"，而是一种客观效果。因为我当不当校长都很喜欢读书。只是我当了校长后，这一爱好对老师们来说就恰恰成了一种"示范"。其实，说"感染"更准确。通过教工大会、网络博客、座谈交流、个别谈心……我情不自禁地和老师们说我最近读的书，不少老师被感染了，随后便会去买这本书，比如《孩子们，你们好！》《南渡北归》《八十年代访谈录》《当代中国八种社会思潮》等书，都是这样进入老师们的视野并放在案头的。有一年国庆放假期间，我和几位老师一起自驾游，随身带了一本《中国天机》。一路堵车，我不急不恼，拿出书便看了起来。老师们大为感慨："这就是我们和李校长的差距！"我可以非常自豪地说，在我的感染下，已经有不少老师养成了手不释卷的好习惯。去年春天，我和几个老师去北京出差，在回成都的飞机上，三个小时里，刘朝升老师一直非常投入地捧读苏霍姆林斯基的《爱情的教育》，一边读还一边拿笔勾画。

对于教师阅读，我一直主张"倡导"，而坚决反对"强制"。我常常收到一些老师的来信，说他们校长定期给老师们每人发书，包括我的著作，发了之后要求写读后感，还要考试，如果没交读后感或考试不通过，将与期末考核甚至和年终绩效挂钩。我特别反感这种做法。

最初我到学校当校长的时候，也曾要求老师们读我推荐的书，读了之后写读后感发到网上，每月一篇，写了奖励五十元（好像是），没写就没有。于是，每个月绝大多数老师都能按时完成。但我很快发现有个别老师的读后感是从网上下载的，虽然是极个别现象，可我十分反感。于是我做了反思，渐渐认识到，这是我管理的问题，因为我的管理客观上是一种逼迫，在逼老师们阅读的同时，也在逼个别人作假。而且，我想到自己的阅读体验，读到好书，自然想写点东西，但更多的时候，是一边读一边在书上勾画批注——如此读读写写勾勾画画，不正是阅读的常态吗？为什么不把这种个人阅读的常态，变成学校阅读的常态呢？

于是，我改变策略，取消了原来的规定，不要求老师们必须写读后感了——即使写了也没有五十元——而是不定期检查老师们读过的书，看上面的批注，没有批注也不要紧，有勾画也行，只要有阅读的痕迹就可以了。甚至没有批注勾画也不要紧，因为我会时不时组织读书沙龙，让老师们互相推荐所读的书，或围绕同一本书谈各自的体会。慢慢地，老师们习惯于阅读了，而且是真阅读，不是假阅读——没有了强迫的写读后感，阅读便成了一种心灵的飞翔。当然，也有老师有感而发写下读后感发到网上，我们依然欢迎，而且互相跟帖交流。这也是一种自然而然的思想燃烧和情感流淌。

对于引导老师们读书，我还有一个做法上的变化：变"赠"书为"借"书。过去，我喜欢买书来赠给老师们，有时候甚至是自掏腰包给老师们买书。比如，我用我被评为劳动模范的四千元奖金买成书送给老师们。但后来我发现，有的老师得到书并不读，至少不急于读——反正是自己的书，什么时候都可以读，何必急呢？于是，现在更多时候，不是赠书，而是借书。老师们到我的办公室谈心结束的时候，我请他们在我的书橱里选一本他喜欢的书，写上借条，然后我提出阅读期限和阅读要求："一周之内读完，在书上批注勾画，在最后一页的空白处写上你的名字和阅读时间。"我这样解释说："这样提要求，你便能够紧迫而认真地读完。以后，我这本书将有不同读者不同笔迹的批注，后面还有阅读者的姓名和阅读时间。以后退休的时候，我把这些书赠给学校图书室，成为我们学校的藏书。设想一下，一百年以后，我们都不在人世了，可这些书还在学校图书室珍藏着，那时武侯实验中学的师生捧读这些留着先辈笔迹的书，将会有怎样的感慨？于是，我们留给后人的，不仅仅是图书，还是一种精神、一种文化！"现在，我的书橱里已经有不少这样的书了。

组织老师们读书，一定要避免"一刀切"。我们对学生都要讲究"因材施教"，对老师们为什么要求"齐步走"呢？我校的教师读书要求分为三个层次。第一个层次是全校性的要求，这个"要求"其实就是一种提倡而已，没有任何行政命令。每学期或每年给大家推荐一些读物，让大家自己去买，自己去读，不做任何要求。有人也许会说："如果有老师不读怎么办呢？"我说，不读就不读呗！全校两百多位老师，有那么几个或者十几个甚至再多一些老师不读书，有什么关系呢？真实的不阅读比虚假的阅读强一百倍。何况全校大多数老师是读书的。

第二个层次，对"读书会"老师的要求。我们学校的"读书会"，完全由老师们自愿加入，现在已经有一百多位成员了。我们定期（通常一学期一次）聚在一起交流读书心得，互相推荐最近读过的好书。有时候我还把老师们组织到野外读书。或是在某个古镇幽幽的茶楼，或是在某个垂柳依依的湖边，我们分成几个小组，每人带着一本书彼此介绍推荐。一般都是上午分组交流，下午由各组推选出的老师发言，然后我给大家做一个读书讲座。记得有一次，我的讲座题目是"读书使人幸福"，在做讲座的过程中，我给老师们朗读《教学机智——教育智慧的意蕴》片段，老师们听得非常专注，我不时提问让大家思考。那一刻，我仿佛回到了课堂，面对的是可爱的孩子们。那天，春风、阳光、柳絮、花朵、湖水，和书香一起包围着我们，融进了我们的胸怀，陶醉着我们的心灵。

第三个层次，对"青年教师沙龙"的要求。我将进入我校不到三年的年轻老师组织起来成立了一个"青年教师沙龙"，人数在五十左右。我以"读书活动"为载体引领他们的成长。通常是一个月搞一次聚会，或是中午，或是晚上，或是周末，有时候是我给大家讲我的成长经历，有时候是大家围绕共读的一本书进行研讨，有时候是请优秀的老教师给他们讲读书与成长的体会。那次郭继红老师在为大家讲读书体会的时候，年轻老师们都目不转睛地凝视着郭老师，神情特别专注，当时我非常感动——在这么一个喧嚣的时代、这么一个浮躁的社会，还有多少双年轻的眼睛能够因读书而如此神采奕奕？我在博客上，曾经以"与苏霍姆林斯基在春天重逢"为题目，记录过我和沙龙里的年轻人搞的一次读书活动。我曾用稿费给沙龙里的每位年轻老师买了一本《给教师的建议》，并在每一本书的扉页上赠言："永葆你的童心和热情。我会帮你的！"那次沙龙活动，年轻人们先是五人为一个小组展开讨论。我参加了其中一个小组的活动。看到大家手中的书都有许多勾画和批注，我很开心。王晓萍老师说，她第一次读苏霍姆林斯基的书，是三年前刚分到学校来的时候在开放书吧读的。她结合自己的教学实践谈到了第二次读《给教师的建议》的感受。雷敏、张蓉、雷莉、李娜等老师也纷纷发言，她们说得最多的，是书中这样一些观点："对一个学生来说，五分是成就的标志，而对另一个学生来说，三分就是了不起的成就。教师要善于确定：每一个学生在此刻能够做到什么程度，如何使他的智力才能得到进一步的发展。——这是教育技巧的非常重要的因素。"那一刻，看到大家因为谈读书而滔滔不绝眉飞色舞，我感到很幸福。

这是我校年轻教师范景文在一篇文章中谈到的那次春天郊外的

教育所思（第二版）

读书活动——

  我正好是工作的第六年，可能正好到了工作的倦怠期，看来一切似乎都按部就班，井井有条的，自己也感觉自己做得还不错，但就是对一切都提不起兴趣，也没有了刚出道时的那种激情，日子就这么一天一天地过着，也没有想要去突破的意思。可就在这个时候，李老师组织了一个读书会，第一次活动是在春光明媚的郊外。首先，这个活动我觉得很特别，其次在整个过程中有一个李老师给大家读书的环节，当他读到《教学机智——教育智慧的意蕴》中那个小男孩的案例的时候，不知道加的是什么"润滑油"，突然我开始重新思考，我的大脑开始运转，想了许多方法想要去帮助那位老师解决问题。在听李老师读书的过程中，我迫使自己主动去思考一些自己教育教学的方式方法："这样做是否是对的""这样做是否符合教育的规律""那样做有没有压抑学生的个性发展"等问题一一浮现在我的脑海中。本来第六个年头对我来说正是迷茫的时候、倦怠的时候，那天就好像是一次班会课，李老师说话有感染力，真诚，有激情，善于找到谈话的切入口，从读书讲故事开始深入心灵……我想这都是一个优秀班主任应该具备的技能，李老师用他的实际行动向我们讲述着。我真的有一种醍醐灌顶、重新找到方向的感觉，就好像迷雾被人撕开了一个口子，阳光照射了进来……

  读着范老师自发写成的这篇文字，我感到了做校长的成就感。

2013 年 1 月 3 日

做一个孩子不怕的校长

那天一个小姑娘给我提意见,说我不看完各班的体操比赛就中途离场。虽然这让我内疚,但同时也让我有一点点开心,因为孩子能够如此直截了当地给校长提意见,说明她没把我当校长,而当成她的一个同学甚至一个朋友——只有对同学和朋友才会如此直言;或者说,她依然还是把我当校长,但她不怕我,因为她觉得我这个校长不可怕,所以她能够坦率地批评我这个"不可怕"的校长。

做一个孩子不怕的校长,这是我给自己提的要求。这也是我读苏霍姆林斯基著作所得到的最重要的教诲之一。

早年读苏霍姆林斯基,更多的还不是受到什么"启迪",而是被感动——感动于他和学生那心心相印的交往和水乳交融的情感。在《帕夫雷什中学》一书中,苏霍姆林斯基记叙了他想和学生一起进行"水上旅行"的事:"可是我们没有船,于是我从新学年一开始就攒钱,到了春天,我就从渔民那里买来了两条船,家长们又买了一条船,于是我们的小船队出航了。可能有人会想,作者想借这些事例来炫耀自己特别关心孩子。不对,买船是出于我想给孩子们带来快乐,而孩子们的快乐,对于我就是最大的幸福。"

我曾读过一本评介苏霍姆林斯基教育思想的著作,其中谈到一个外国记者参观帕夫雷什中学时发现:"在帕夫雷什中学,学生不惧怕校长。苏霍姆林斯基在哪儿出现,哪儿就有一群孩子围上来同他说东道西。学校里无论开展什么活动,大家都能看到他兴致勃勃的脸庞,他那种专心致志的神情让你觉得好像学校里只有这一项工作。"(毕淑芝等编著《苏霍姆林斯基的全面发展理论》)这个细节让我感动,并自然产生联想:在那一刻,苏霍姆林斯基的脸上一定会呈现出只有孩子才会有的那种纯真的笑容!

当时,我根本不可能想到若干年后自己也会成为一名校长,但读到这里我却在想,假如我是校长,我也要让孩子们不怕我。

其实,我读小学中学时,校长是没什么可怕的,因为我刚进小学,便遇上"文革",校长是"走资派",我经常参加学校组织的对校长的批斗,曾亲眼看到校长弯腰低头站在台上,远处一块石头飞过去砸中校长的头,鲜血立刻涌了出来,顺着脸往下淌。后来学校没校长了,取而代之的是"革委会主任"和"工宣队队长",前者往往是后者兼任。因此,说实话,在我的印象中,我是没怕过校长的。但我知道,不少学生是怕校长的。有一次,一位电视台记者扛着摄像机来办公室采访我,课间几个学生走了进来,和我很随意地打了招呼后,便在我办公室的书橱里面选了几本书,看我正忙着,便笑嘻嘻地走了。记者大为惊讶:"我记得我读中学的时候,看见校长都要躲的。你的学生怎么对你这么亲热这么随便!"我当时没说什么,因为我不知道怎么给他解释,只是很得意地笑笑。

可以说,当校长四年多来,这已经是我生活的常态了——早晨来到办公室,常常会在地上发现从门缝中塞进来的一些信,这是孩子们向我倾诉烦恼或提出各种疑问希望我解答;中午,我在办公室,有时候会有几个同学来找我"玩儿",其实就是随便聊聊天;平时,还有同学来到我的办公室向我借书看;平时我在校园里,总会有我叫不出名字的孩子笑眯眯地向我问好;有一次,我从初一年级教学楼层走过,刚好是下课,于是无数笑脸迎着我喊道:"李老师好!""李校长好!"那是我最幸福的时候。

通过直接和孩子们交往,我了解到许多孩子在家里和爸爸妈妈发生冲突，其原因往往是家长的教育方法不当，引起孩子的逆反心理。刚当校长第一个月的时候，一天中午，三个女孩子来我办公室找我，向我诉说爸爸妈妈对她们简单粗暴的教育，其中一个女孩子说着说着便泪流满面。后来我根据这几个女孩子所反映的父母教育问题，写了一封给全校学生家长的公开信，给家长们讲科学有效的家庭教育。后来这个女孩告诉我，她的爸爸妈妈转变了很多。还有一次，我在校园里碰到一个男孩子，他突然上来和我拥抱，说："李老师，您是我崇拜的偶像！"我问为什么，他说："因为我读过您的书——《做最好的家长》。"我忙接着问："你爸爸妈妈读了吗？"他说："没有。"我又问为什么，他回答："爸爸妈妈说他们很忙，没时间读。"我马上严肃地说："请转告你的爸爸妈妈，就说李校长建议他们认真读这本书，好吗？"过了大概一个月，我又在校园里碰见了这个男孩，他特别对我说："李老师，我爸爸妈妈读过《做最好的家长》了！"我很高兴，问："爸爸妈妈读了以后对你的教育有什么变化吗？"他说："有的。以前我考不好，他们要骂我，甚至有时候还打我，现在不骂我更不打我啦，而是帮我分析原因。"那一刻，我真是特别特别开心！

　　有时候，有的孩子因为遇到困难而找我。不止一次有学生向我借钱。曾有一个男生找到我，直接说："李校长，你能借二十元钱给我吗？"看着他信任而迫切的眼光，我问都没问原因便立刻给了他二十元钱。我是这样想的，如果他不是遇到特别大的困难，是不会找校长借钱的。还有一次，我的办公桌上放了一封信，是一个女生写的，她说最近生活困难，无法交伙食费，想向我借二百元钱。这可不是个小数，我打算先找这个学生聊聊，了解一下情况。没想到我还没来得及找她，第二天她又在我办公桌上放了一张纸条："李校长，我中午来拿钱，好吗？"呵呵，我乐了！这孩子这么不客气，还真把我当朋友了！后来我当然还是借给她了。也有个别学生借了钱而不还我，但我不后悔借钱给学生，因为我不能因为个别学生没还

教育所思（第二版）

钱给我（何况可能还有特殊原因呢）而辜负大多数孩子对我的信任。而这份朋友般的信任，是再多的钱也买不来的。

上面说的这些孩子，都不是我直接教的学生。在我当班主任和任课的班上，学生对我更加亲热，我和学生的交往更加亲密。给他们上课，我感到非常开心，这也是他们最快乐的时光。有一次我出差几天没上课，回到学校走进教室，全班同学以热烈的掌声欢迎我！这场面让临时来听课的一位河南校长大为感动。其实，这样的场面对我来说已经不稀奇了，不止一次，因为临时换课上语文，孩子们总是惊喜地鼓掌。我当校长很忙，但我一有时间便往教室去和孩子们聊天。有一年放寒假，我带着一群孩子来到公园，和他们一起做游戏，打扑克。后来他们滑旱冰，我不会，但站在一旁看孩子们轻盈地飞来飞去，也是一种享受。有一年冬天，我和孩子们在学校后面的小树林里玩捉迷藏、丢手绢……回去的时候，全班同学一起喊："李老师，我们爱您！"上学期，因为搞绩效工资要均衡老师们的工作量，当然也因为我太忙，我终于没有再当班主任，但是，我依然常常找学生谈心，或去班上和他们聊天。有时候课间路过教室，我也走进去绕一圈，心里很舒服。上次，一个记者来采访我班的学生，一个女生说："我没有把李老师当成老师，更没当成校长，他就是我的朋友！"

有的校长认为，校长应该直接面对教师，然后通过教师去影响学生。这个观点是正确的，但不全面。我认为，校长既要关注教师，也应该深入学生当中。这样做，至少有四个方面的意义：第一，给老师们作出教育示范。陶行知说："真教育是心心相印的活动。"既然是"心心相印"，教育者就必须随时和学生保持情感的交流和心灵的沟通。校长，不仅应该是一个杰出的学校管理者，也应该是一个出色的学生教育者。我常常请青年老师们听我的课，或观摩我的班会课，就是想以此提升教师的成长。最好的管理莫过于示范。校长本人身体力行胜过居高临下的苍白的"号召"。

第二，直接了解孩子们的心声。让一代又一代孩子全面发展，健康成长，这是办学校的根本目的。因此，真切地了解孩子们的喜怒哀乐，包括他们存在的问题，以及学校工作各环节是否真正有利于学生的成长，这是校长必须做到的。直接和孩子交往，和他们交谈或通信，深入班级、深入课堂，能够让校长尽可能全面而真实地掌握学生们的脉搏，了解学校教育教学的真实情况，进而为自己制定学校的大政方针提供科学的依据。我们学校正在轰轰烈烈开展的课堂改革，起因就是我通过对许多学生的调查，深感大多数学生对课堂不满意，于是学校才作出了课堂改革的重大决策。

第三，真实地理解教师的工作和他们的精神世界。学校搞课堂改革之初，有老师不理解，也提出了一些困难。我给老师们上研究课，也就是采用新的课堂模式上课。通过这些研究课，发现老师们说的一些困难还真不是"借口"，而是的确存在的，比如进度啊，管理难度啊，如何体现出语文课的特点啊，等等。于是我们针对这些问题想解决的办法，调整我们的改革方案。初三老师们都很辛苦，我一方面在大会上鼓励老师们，也表扬老师们顽强拼搏的精神，但同时，我深入初三每一个班去上班会课，对学生们进行励志教育。我以此表明我和初三老师是在一起拼搏的。正是通过和学生接触，了解到了老师们的可敬与不容易。

第四，让自己保持一颗纯真的童心。由教师而当校长，很容易疏远教学而"行政化"起来，过去善于感动的心，可能慢慢变得不那么敏感。我们更多的时候往往是和局长以及其他上级领导打交道，想得比较多的是宏观的"教育理念""发展模式""社会品牌""国际影响""打造名校"……却往往忽略或视而不见每天在校园里所见到的一个一个具体的孩子。在这里，"理念"提升了，"人"却失落了！校长直接和孩子接触，努力做一个孩子不怕的校长，能够让我们纯真的教育心不至于被"行政职务"甚至被"官场"锈蚀。而一颗纯真的童心，对于一个校长来说，是至关重要的！

教育所思（第二版）

  写到这里，我不禁想到了苏霍姆林斯基曾在《和青年校长的谈话》中把校长称作"主要教育者"，他说："如果主要教育者只是教别人怎样教育而不直接接触孩子，他就不再是一个教育者了。"

2010 年 10 月 28 日

幸福比"优秀"更重要

在一次和我校一位年轻老师谈心时，我说："作为普通教师，通过自己卓有成效的工作赢得世俗的名利——'优秀'呀，'先进'呀，'学科带头人'呀，'特级教师'呀，一点都不可耻，相反，这让我们都感到自豪，因为这本身也是我们的价值的标志之一。然而，由于种种原因，哪怕这些'优秀'你都没有，也不要紧。我不'优秀'，但我很幸福啊！这也就够了。"

我现在越来越坚定地认为，一个教师，是否"优秀"不是最重要的，是否"卓越"更无关紧要，最最关键的是，是否"幸福"！

所谓"优秀"，至少有两个含义：一是指我们做出了比别人相对出色一些的工作及其成果，二是指我们获得了各种荣誉称号。不管是在哪个意义上使用"优秀"这个概念，我都认为幸福比"优秀"更重要！

如果是在第一个层面上说"优秀"，那么我们总要和别人比较，因为"优秀"总是相对而言的；因为比较（攀比），我们求胜心切，我们精益求精，我们永不满足，我们"欲壑难填"……当然，从积极意义上看，这正是我们上进心的表现，"永争第一"嘛！但同时，在这比较的过程中，我们渐渐失去了从容自如的心态，失去了"慢教育"的智慧，也失去了教育的优雅与情趣，甚至我们潜在的或者说沉睡的功利心渐渐苏醒，让我们备受折磨，于是，教育的幸福也

教育所思（第二版）

不知不觉远离我们而去。

如果是在第二个层面上说"优秀"，那么我们免不了要关注教育以外的人和事，因为"优秀"不能自己说了算，总得要人家来评比和选举。也许你的工作的确比别人做得好，去年高考你也"培养"了一个县状元，于是你自认为优秀，可这次学校却只有一个"优秀"的名额，而还有比你更优秀的——和你同一教研组的一个同事今年还"培养"了一个市状元呢！于是，这"优秀"的桂冠便落到了他的头上。你想"优秀"也不能。何况，如果你所在的学校风气不那么正，即使你的工作和成果的确出类拔萃，如果你不善于搞庸俗的人际关系，更不善于和领导拉关系，那么无论是群众投票，还是领导推荐，人家就是不让你"优秀"！

想"优秀"而不得，怎么办？我的回答是，那就别管什么"优秀"不"优秀"啦，还是追求纯粹的教育幸福吧！因为——

"优秀"与否是别人的评价，"幸福"与否是自己的感觉。

2010 年 12 月 2 日

别把教师当"刁民"

苏霍姆林斯基在谈到"一个好教师意味着什么"的时候，说道："首先意味着他热爱孩子，感到跟孩子交往是一种乐趣，相信每个孩子都能够成为一个好人，善于跟他们交朋友，关心孩子的欢乐和悲伤，了解孩子的心灵，时刻都不忘记自己也曾经是个孩子。"

这段话虽然朴素，但很深刻。从教二十五年来，我一直以此告诫自己：一个优秀的教师，一刻也不要忘记自己曾经是个孩子。所谓"一刻也不要忘记自己曾经是个孩子"，就是要多站在孩子的角度思考问题。或者用陶行知的话说："我们要变做小孩子。"于是，我成了一个比较受学生欢迎的老师。

现在我当校长了（同时还担任着三个班的副班主任），我同样告诫自己，一个优秀的校长，一刻也不要忘记自己同时依然是一个教师。这话的意义在于提醒我，不要如鲁迅所说的"一阔脸就变"，要多站在老师的角度思考问题，多想想自己当普通教师时对校长的期待——当初自己最反感校长做什么，现在就尽量避免；当初我最喜欢怎样的校长，现在就尽量去做那样的校长。

比如，我做普通教师时，最反感校长不信任教师，总把教师当"刁民"；现在我就告诉自己，一定要无限地相信教师，不要把教师设为"假想敌"。

把教师当作"刁民"的校长当然不是大多数，但这样的校长的确是有的。这样的校长在潜意识里面把管理当作"管制"甚至"统治",对教师处处时时事事都有一种防范心理,每出台一项规定都着眼于"制约",总觉得教师"欲壑难填""得寸进尺",于是在管理中更多的是"铁腕",是"防患于未然",是"不轻易让步"……既然把教师当"刁民",这样做就是理所当然的了。

如果校长把教师当"刁民",那么教师必然会把校长当"老板"甚至"暴君"。无形的心灵鸿沟,使教师也不信任校长,言谈之中,不是"我们校长"怎样怎样,而是"他们"怎样怎样。即使校长是真心为教师好为学校好,教师也不轻易相信,总怀疑校长有什么"猫腻",甚至"有罪推理"地揣摩校长"肯定得了什么好处"或"吃了多少黑钱"。如果真是这样,校长先别叫屈,而要反省教师为什么会把自己想得这么坏。要知道,教师对校长的这种不信任首先是因为校长对教师不信任。

不可否认,任何一所学校都难免有个别不通情理或素质不高的教师,然而,校长怎么能够因为个别人有这样或那样的问题,便对所有老师都不信任呢?校长对教师说得最多的话之一,就是"要信任学生",可是校长信任老师吗?管理在某种意义上说就是一种感染。校长的感染也是一种有效的管理,因此没有对教师信任的校长,就很难有对学生信任的教师。这话也可以正面说——

只有校长无限地相信教师,教师才可能无限地相信学生!

是的,校长的确担负着义不容辞的管理责任。但这里的"管理"需要被管理者——广大教师的配合和参与。只有把教师当伙伴当朋友,和教师建立一种真诚信任互相理解的平等和民主的关系,校长才能真正实现有效的管理。多和老师商量,多听取老师的建议,善于向老师妥协,勇于承认自己的失误并及时修正错误,让每一位老师都有一种被信任的尊严感,同时对校长也充满信任和理解——如果干群之间形成了这样的关系,如果一所学校形成了这样的风气,即使有个别不太讲理的人,也不会有市场。这样,校长快乐,教师温馨,学校必然和谐而充满勃勃生机。

2007 年 5 月 25 日凌晨

教师节

今天早晨刚醒来，就听见窗外淅淅沥沥的雨声。我心里一沉：今天早晨的教师节活动要受影响了。我想到上周三个班的孩子们辛辛苦苦地为老师们准备的吟诵节目，心里就很惆怅。

于是，我打电话和分管德育的唐剑鸿副校长商量，看能否把升旗仪式以及吟诵活动放在体育馆进行。他说可以的。

上午八点整，学生和教师认认真真地站在了体育馆，就像平时周一升旗仪式时站在操场上一样。

先是初一三个班的孩子用还没变声的童声给老师们朗诵了一首长诗，真诚地歌颂老师的奉献，表达孩子们的祝福。初一的孩子们刚刚参加完军训不久，穿着迷彩服，脸上黑黑的，精神饱满。他们的吟诵，激起全场的掌声。

接下来，由我为全校老师送上一份特殊的礼物。这份礼物，其实就是我的一本新书《每个老师都是故事》。这是我把从去年年初开始到现在发表于《中国教师报》专栏上我的文章汇集而成的一部新著。每篇文章都写的是我校老师的故事，共六十位老师。这只是第一辑。我打算继续写老师们的故事，出版第二辑和第三辑。

刚放暑假的7月8日，我就有这样一个想法，把已经写了的六十位老师的故事汇集成书，作为献给老师们的教师节礼物。我马上联系出版社，并说明时间要求。虽然时间非常紧迫，但编辑老师还

教育沉思（第二版）

是答应全力以赴，赶在教师节前出书。结果，9月7日晚上，书真的到了学校门卫室。

十一位教师代表上台，由我亲自赠书，与此同时，几个孩子分别捧着书走到下面的老师队列中，代我向老师们一一赠书。

能够给老师们这份特殊的礼物，我心里特别舒服。

最后，我给全场老师和学生来了个我"蓄谋已久"的"突然袭击"——

我对师生们说："最后，我还要请上两位特别的老师，他们是谢国强老师和孙明槐老师！"

在大家莫名其妙的表情和依然热烈的掌声中，一头雾水的两位老师走上了舞台。

我很得意地问谢国强老师："谢老师，我考考你，你知道今天我为什么要请你上来吗？你应该知道的。"

他却一脸迷茫地说："我还真不知道。"

我笑了："我还以为你知道呢！看来我高估了你的智商！呵呵！"

大家都笑了。

我煞有介事地说："同学们，老师们，1985年在确定教师节的时候，选哪一天一直拿不定主意，后来我建议，将谢国强老师的生日作为教师节，于是，谢国强老师的生日便成了教师节！"

全场大笑，同时掌声响起来。

我送给谢老师一束鲜花、一张贺卡和一本魏书生老师的《班主任工作漫谈》。我说："学生因你而快乐，学校因你而光荣，我们大家都因你的存在而感到幸福！"

大家的掌声再次响起。

我在贺卡上给谢国强老师写的全文是——

国强兄：

今天是你的生日，我真诚地祝福你！

你的真诚、善良、朴实、敬业，让我对你敬佩不已，崇敬万分！
学生因你而快乐，
同事因你而开心，
学校因你而光荣，
西哥因你而幸福，
国家因你而强盛！

你的朋友　李镇西
2012 年 9 月 10 日

掌声停歇了。我又对孙老师说："你可能就不知道为什么要请你上来了吧？"

孙老师说："我真的不知道。"

我更得意了："我也断定你不会知道的，呵呵！"

我对孙老师也对全场师生说："昨晚 11 点过，我都准备关电脑睡觉了，突然发现我的微博上更新了一条信息，一看内容，我无比感动。这条微博的作者是'帅爷的萌'……"

下面大笑。

我说："我特意把这条微博打印出来了，这里给大家读一读……"

我开始读——

李校长你好，我是贵校孙明槐老师在宜昌市九中 1996 年教过的学生，我叫赵帅，刚刚看了央视的最美乡村老师节目，就忍不住来找我的孙老师了，上网搜索才知道她已经不在宜昌工作，我想请你告知孙老师的联系方式，想明天教师节给她打个电话。如有怀疑，我愿答疑解惑。祝教师节快乐！

全场都被感动了。

我问孙老师:"你是有个叫赵帅的学生吧?"

孙老师的眼睛湿润了,点点头。

我说:"这位学生看了中央电视台《寻找最美教师》的节目,就想到'我的孙老师'了,在他心目中,孙老师最美!真让我感动!让我们再次把掌声献给最美的孙老师!掌声持续一分钟!"

长时间的掌声响起来了。我觉得孙老师无愧于这掌声。她是五年前从湖北宜昌调到我校的,当时在宜昌就已经是副校长,并且职称是教授级中学高级教师,也就是说,是"正高"。到我校后,就做一名普通老师,因为教化学,所以年年带毕业班。她的课上得不是一般的好,而是相当的好!教学质量更是没的说!本学期,又承担了初三年级一个基础很差的班的教学。这也是我多年的愿望,就是要让最优秀的教师去教最差的班,这样的优秀,才叫真优秀!孙老师因此可以说赢得了每一位学生和我校每一位老师由衷的敬佩。

我同样送给孙老师一束鲜花和一本《班主任工作漫谈》。

虽然外面依然下着大雨,虽然我们的教师节活动很简朴,但很真实,很热烈,很温暖。

2012 年 9 月 10 日

一个温馨的电话

昨天,我在路上,手机响起来了:"李校长,我是心芳。"

噢,是我校音乐老师李心芳打来的。

"噢,心芳你好!"

她说:"我想给你说一件事,刚才通话时我就想说的……"

是的,几分钟前我给她打过一个电话,表扬她寒假期间到学校辅导学生的舞蹈。

上学期,我校的舞蹈节目《家乡的味道》出征比赛,小姑娘们一路过关斩将,从区一等奖一直夺到省一等奖,最后还代表四川省去厦门参加全国比赛,冲刺全国一等奖。这是成都市唯一的参赛舞蹈节目,也是四川省第一次派出中学生舞蹈队参加全国比赛。2月19日(也就是今天)下午就要奔赴厦门。所以,刚过完春节,张潇、李心芳等几位辅导老师就把孩子们集中到学校,每天下午都排练。这让我相当感动。还有这个舞蹈的编导和总教练赵春丽老师,更是让我感动。她已有身孕,学校上学期就同意她在家休息,因此她上学期一直没来学校上班。但她一直惦记着舞蹈,所以这几天居然也挺着大肚子来学校指导孩子们排练。

要知道,我并没有要求她们在假期排练,这完全是出自她们对学校的爱。因此,昨天我本来是决定下午去学校看她们排练的,但突然遇到一件急事,无法去学校了,我便一一给张潇老师、李心芳老师打电话，对她们表示敬意。她们都说："这是我们应该做的。"

给李心芳打完电话，正准备拨赵春丽的电话，心芳又给我打过来了，我听她说"我想给你说一件事"，就以为她可能有什么私事需要我帮忙，我便说："好的，说吧！"

她说："我想告诉李校长，希望李校长在开学的教工大会上，好好表扬一下赵春丽老师！刚才你给我打电话表扬我，其实赵春丽更应该受表扬，你也应该给赵春丽打个电话。这段时间，她虽然身子很不方便，但每天都吃力地来到学校，帮着孩子们排练，我太感动了。而且就在昨天，她从学校回去后不久便直接去了医院，晚上便生了。"

我说："是吗？哎呀，我一定要去看看她。是男孩还是女孩呀？"

心芳说："是个女孩。"

我笑了："好，以后又是一个赵春丽，又是一个大美女！"

然后我说："我是要给赵春丽打电话的。她的确让我感动，而且远不只是这次。她的优秀、她的敬业是一贯的，而且绝不是做给谁看的。她就是那么一个人。以前也不止一次，我寒假来到学校，在我的办公室总能听到学校舞蹈练功房嘭嘭嘭地响，那是赵春丽带着舞蹈队的孩子在排练。我实在是感动啊！"

心芳说："是的。张潇也非常优秀，这小姑娘来我们学校不久，但无论是她的专业水平，还是敬业态度，都让人敬佩。李校长，你一定要想办法把张潇留在我们学校啊！"

张潇是招聘进来的老师，才来我们学校一学期。我说："那当然，我知道的。上学期放假前的联欢会上，张潇的独舞跳得真好！这几天她也和你一样天天都到学校和孩子们一起排练。"

心芳说："和她们比，我真的不算什么，我也没做什么。"

我说："错了，你不但和她们一样牺牲了假期到学校帮着孩子们排练，而且你今天这个电话，就让我感动。你给我打电话，要我表扬赵春丽表扬张潇，这种对同事的欣赏，就让我感动。我希望我能接到越来越多这样的'举报'电话。我经常说，一个单位，最可贵的就是同事之间互相欣赏，而不是互相看不起，更不是互相诋毁。谁没缺点呢？但如果我们都能以欣赏的眼光看周围的同事，我们的身边便明亮起来，心情也舒畅起来。大家都互相欣赏，搬弄是非的人便没有了市场，学校的风气就会越来越好！所以，你今天给我的这个电话，本身就让我感动，值得表扬！"

结束了和心芳的通话，我给赵春丽打去了电话，祝贺她当妈妈，并向她的敬业精神表示敬意，我说："有你这样的同事我很自豪！"她说："我们在李校长手下也很愉快！"我说我明天去看你。

今天上午，我和徐展副校长一起来到成都市妇女儿童中心医院看望赵春丽。在病房里，我对她说："昨天李心芳专门给我打电话说你让她感动呢！"我说："你让我们都很感动啊！"她说："哎呀，像我这样的老师学校太多了！"

是的。像赵春丽这样的老师，在我们武侯实验中学的确很多很多。

我要她好好养身体，徐书记特别嘱咐她这段时间什么都不要做，别累着。我说："你目前要过的生活，就四个字——醉生梦死！"

她笑了："好，我一定听李校长的话！"

2013 年 2 月 19 日

我还能够走多远

最近接待了几批前来我校指导工作的领导和前来参观的客人。座谈中,他们总要问我为什么要来这所学校当校长,并希望我谈谈自己当校长以来的感受。有人还问我"能够走多远"。对此,我总给他们以下回答。

最近我在课堂上看到孩子们被我逗得哈哈大笑,脸上绽放出天真烂漫的笑容,我总是很开心,那一刻我甚至觉得我很高尚,有一种发自内心的自豪感,因为我做了一件非常有意义的事,这就是让处于弱势的孩子能够在精神上自豪而幸福起来!要知道,这些孩子大多是附近失地农民的孩子,还有许多是进城务工人员的孩子。他们的爸爸妈妈文化程度都比较低,家庭文化教养也不高。他们的许多同龄人,因为父母有能耐,都择校去市区"名校"就读。他们可能曾经眼馋那些去读名校的同龄人,因此也自卑。但是,在我的课堂上,以及我校许多老师的课堂上,他们至少感到了骄傲,感到在武侯实验中学也能够获得同样的快乐。于是,我就有了一种成就感和刚才所说的"自豪感"。

我曾经不止一次对我校老师说,我们是初中,我校所处的区域决定了我们的生源不可能如市区学校那样整齐优秀。尽管我们学校也有不少有天赋的孩子,但总体上说,我们所面对的孩子相当多的是学习基础较弱、行为习惯欠佳、家庭教育也不是太好的孩子。教这样的孩子，可能有的老师会感到自卑，觉得自己不如城里的老师那么有成就感。可我要说，正因为我们教这群孩子，所以我们是非常光荣的！我们让这个社会的边缘弱势孩子感到了快乐，我们帮助他们和他们的爸爸妈妈在从农民到市民的文明进程中获得了更多的教养！这就是"平民教育"，这就是"民主教育"！在面对绝大多数普通劳动者的孩子进行民主素养提升的意义上，"平民教育"和"民主教育"是相通的。小时候，我听广播里经常播放一首歌《我们走在大路上》，里面有这样两句歌词："我们献身这壮丽的事业，无限幸福无限荣光！"每当我看到我的学生脸上绽放出天真无邪的笑容时，我就会想到这两句歌词。我感到四十多年前的这两句歌词，就是为我现在的心情写的。

  本来我是可以不来这里带这群孩子的。2006年夏天，北京、上海、苏州、珠海等地都向我发出邀请，希望我去做校长，或新建一所学校办学，但我执意要留在成都。我留在成都，当时的市教育局杨伟局长希望把我安排在重点名校任职，但我主动要求去农村中学任教。我之所以拒绝发达地区的邀请而留在成都，不是因为所谓"高尚"，而是因为第一，我母亲年迈多病，我不可能带着她到处奔波；第二，成都的火锅实在太诱人，我无法舍弃四川的麻辣烫。所以，我留在了成都。我之所以主动要求去城郊学校，是因为我不想重复自己走过的路。从1982年2月参加工作开始，我就一直在重点中学和全国名校工作，我想换一种口味做教育。其实，2003年我还在市教科所工作的时候，我就给杨伟局长写信要求去成都远郊的邛崃、大邑等地教书，甚至到成都以外的甘孜、阿坝等少数民族地区工作，我都愿意——当然前提是退休之前必须调回成都。我就是想找一个山清水秀而又远离闹市更远离应试教育的地方安安静静地教书。

  这个想法，是我在读博期间形成的。当时，我读陶行知、晏阳初等人的著作，就想，上个世纪前半叶，真正有理想有作为的教育

教育所思（第二版）

家，几乎都是在中国的乡村作出一番事业的，如陶行知、晏阳初、梁漱溟等人。北京产生了政治家、文学家、科学家，上海产生了实业家、金融家、艺术家，但这些大都市却没有诞生真正的教育家。教育的胸襟要接纳所有的边缘人群，教育的目光要投向所有应该得到关注的孩子，这与其说是一种使命，不如说是一种良知。

是的，的确是"良知"。最近，我越来越认为，对于教育，最最重要的，不是"前沿理论"，不是"科学理念"，也不是什么"国际视野"或这样那样的"先进模式"，而是良知，是人性，是博爱，是教育者应有的人道主义情怀！当年陶行知无情抨击中国旧教育是"走错了路"，因为这种教育教学生看不起工人农民，甚至欺压工人农民，去发工人农民的财，喝工人农民的血，陶行知把这种教育称为"吃人的教育"。他明确地说："有人误以为我们要在这里造就一些人出来升官发财，跨在他人之上。这是不对的。我们的孩子都从老百姓中来，他们还是要回到老百姓中去，以他们所学的东西贡献给老百姓。"陶行知先生这样想这样做，我看首先不是源于他的什么"理论"，而是源于他那颗真心诚意为老百姓服务的赤诚之心！可将近一个世纪过去了，我们现在的教育却还在教我们的孩子"出人头地"做"人上人"，一些学校不择手段去挖别人的"优生"，热衷于只培养少数"精英"，为"培养"了一个"北大生""清华生"而奔走相告，大肆炒作，却忽略了学校绝大多数普通学生的尊严与发展……学校越来越功利，校长越来越势利，这是中国教育的倒退，是中国教育人的堕落！

我要特别声明的是，我决不反对学校培养未来的科学家、企业家、文学家、艺术家甚至政治家，一个国家如果没有相当数量的各行业各领域的天才人物，其前途令人担忧，学校培养"精英人才"一点错都没有。担负培养这样的人才工作的学校和老师也非常光荣，能够为国家民族培养大科学家、大学问家、大政治家，也是为中华民族做贡献。像我所熟悉的北京十一学校、人大附中、上海建平中学,以及我曾经任教过的成都石室中学,他们的地位,决定了他们的培养目标必然是高层次的杰出人才,否则就是失职。如果本来可以成为民族精英国家栋梁,最后经过教育者的"教育"却成为平庸之才,这也是我们的教育良知所不能接受的。问题是,所谓"相当数量"和全体学生相比,依然是少数,一个国家的发展同样需要数以亿万计的普通劳动者,培养这样的劳动者依然是学校的使命和光荣。"总得有人去擦星星",总得有人去培养普通劳动者,总得有人去关注农民子弟、农民工子弟的成长,去教育这样的孩子,去陪伴他们成长。能够想到这一点,就是良知。能够做到这一点,就是光荣。而我和我的同事们,现在每天都在做这件光荣的事。所以,我再次说,我很自豪。

说实话,一个人能够成为科学家,学校教育当然很重要,但并不全是学校老师的功劳,更多地还取决于学生的家庭教育背景,更有孩子从父母那里继承的遗传基因,也就是他的天赋。从这个意义上说,能够把天才儿童送进清华北大,并没有传说或炒作的那么了不起。相反,像我们这样的学校,我们这样的学生,我们这样的老师,也能够提升教育质量,也能够将孩子的潜能唤醒,让尽可能多的孩子成为优秀的学生,这就是我们的本事,也就是我一再所说的"光荣"和"自豪"!

我所追求的"民主教育"既是理想,也是行动。在这里,"民主"首先是一种生活方式,其核心是对每一个人的尊重。这个理想体现在课堂上,就是我们经常所说的让每一个孩子参与进来,让他们动起来,当每个孩子都动起来时,他们就会感到一种精神的自信与尊严,自然就会感到学习的快乐。从某种意义上说,所谓"民主教育"必须体现为教育公正,而"教育公正"更多的是课堂上对每个孩子的关注、信任、唤醒、引领与提升!如果我们的课堂上只有少数几个"优生"发言,那么无论多么热闹,都谈不上民主与公正。只有让每一个孩子的脸上都绽放出笑容,让每一双眼睛都闪烁着求知的光芒，我们的"平民教育"才算是真正落到了实处。这也就是我们目前为什么要搞课堂改革的原因，也是我们把"以学生为主人"的课堂称作"民主课堂"的原因，也是为了让尽可能多的孩子学有所得并学有所乐。我们正在思考课程改革，初步考虑将课程分为四大类：文化基础类（现有国家规定课程不动）、生活技能类（结合学生生活需要的各类技能型课程）、公民教育类（包括礼仪教育、责任教育、权利与义务的教育等）、艺体特长类（包括各种艺体兴趣的社团活动）。通过课程改革，让孩子们享受真正的素质教育。当然，这只是我的理想，也许最后只有百分之一的理想能够成为现实，我也愿意付出百分之百的努力。

何况我并不是一个人在战斗。虽然我在几年前曾经说过我在思想上很孤独，但这主要是指教育理想的孤独，而现在认同我的教育理想并愿意和我一起行走的志同道合者越来越多了。在我们学校，我不敢说一百七十多位老师每一个人都和我在精神上相契合，但有一大批老师愿意和我一起追梦，这是事实。我校有许多经常让我感动的老师，这更是事实。我特别想说的是，和我搭档的书记，越来越理解并认同我的教育理念，并在行动上给我以实实在在的支持，让我不再孤独。在有些学校，书记不过是个"退居二线"的象征性"正校级"干部，是比较轻松的。但我们的何书记，现在几乎承担了学校所有具体的管理事务，以自己的勤勉敬业和我一起带领老师们推动学校发展。现在别人一提起"成都武侯实验中学"，往往会想到"李镇西"，而事实上，在我的背后，何书记做得比我多。光环和荣耀我一个人得了，而何书记除了辛苦什么也没有。这是何书记经常让我感动的地方。

我是作为武侯区教育局引进的"专家"来做校长的，区委区政府和教育行政部门也常常把我作为"教育家办学"的案例来关注和研究。我真不认为我是什么"教育家"，但我承认我有教育理想和一些教育想法——只能说是"想法"，不敢说是什么"思想"。如果要说几年来区教育局对我的支持,我想说这么几点:第一,宽容个性。从教二十九年来,围绕我的争议从没中断过。这是因为我本身就有不少毛病,再加上表达思想观点从来直截了当,容易得罪人;我的许多想法和做法比较超前,容易引起不同的看法。但武侯区教育局能够宽容我的个性,容忍我的缺点,接受我的表达方式。我是这样想的,一个有想法的人必然有些个性,如果扼杀了个性,也就扼杀了"想法"。所以,对所有教育行政管理部门,我希望他们,甚至呼吁他们,一定要像武侯区教育局宽容我一样,宽容所有富有个性的教育者!第二,配好搭档。当初雷局长邀请我到武侯区做校长时,我坦率地对他说,我只有教育想法,却没有管理学校的经验,因为在那之前我一天校长都没当过,也没做过中层干部。我希望区教育局能够给我配备一个具有丰富管理经验的搭档管理学校具体事务。雷局长正是这么做的。因为我不是党员,学校自然需要一个专职书记,于是他先后给我配备了张书记和何书记。无论是原来的张书记还是现在的何书记,他们对我都非常尊重,把他们所有的智慧都贡献给了我,协助我管理学校。这样,我便不至于陷于烦琐的学校具体事务。他们不但贡献智慧,还贡献时间和精力:我不想吃的饭局,他们帮我去吃;我不想开的会,他们帮我去开。我感谢两位书记,更感谢教育局知人善任、用人长处。第三,减负松绑。现在校长各方面压力都很大,这些压力既有来自校内的,也有来自社会的,还有来自教育局的。我不能说自己一点压力都没有,但相比起其他校长,压力相对要轻一些。当然,一所学校要办好,必要的压力应该有,但那应是主动的压力,而我这里说的是被动的压力。学校当然要讲教学质量和升学率,但雷局长却多次给我"松绑",他理解我校的区域位置和生源特点,要我看到孩子综合素质的提升。对于学校发展需要的经费,包括校园文化建设需要的经费,教育局总是尽可能满足。比如那年我对教育局提出,我想在校园里建立陶行知的雕像和苏霍姆林斯基的雕像,教育局爽快地答应了,马上拨款。上个月教育局开校长会，却通知何书记去参加，因为会议的内容是食堂管理和安全工作。我一下很感动——教育局领导太理解我体谅我了！对于一个有想法的教育者，如果手脚被束缚了，那什么事都做不成！

第四，支持改革。教育局领导非常理解我，我不是要"当校长"，而是要做事。对我来说，当校长是手段，做事才是目的。所以我是带着想法来做校长的，这个"想法"，就是改革，就是突破，就是创新。如果只图平平安安舒舒服服，那谁来做校长都可以，我没必要凑这个热闹。既然我要做校长，必然有一些"动作"：新教育实验、平民教育、民主教育、提升教师、课堂改革……迄今为止，我所提的改革想法，教育局领导不但没有否定过，而且都给以强力支持，包括政策上的有力支撑。所谓"支持"还包括当我的一些做法引起争议甚至非议的时候，教育局领导旗帜鲜明地力挺我，帮我承担压力，或者向上一级领导做一些必要的解释说明。

当然，我也知道，别人会说我"运气好"，遇到武侯区的开明领导了。是的，的确如此。如果换一个地方，我不一定能够得到这样的支持。所以我要说，政府、教育局对校长的支持，不应该是个人的"恩典"，而应该有制度的保证。这样，我所得到的支持不会因具体领导的离任而失去，更重要的是，只有制度才能够保证一切有想法的校长，都能得到和我一样的支持！

做了校长，说话做事自然得考虑"影响"，毕竟我现在是"代表学校形象"，有时候我说的话并不是代表我自己，所以作为校长有时候免不了会说一些不想说的话，甚至做一些不想做的事，但我会把这种情况减少到最低限度。相反，我总是尽量提醒自己不要做了校长就被"行政化"或者说"官员化"了，不要忘记自己作为教师的本色，不要失去书生本色，更不要放弃民间立场和作为知识分子的风骨。当初来做校长时，我写过一篇短文，高调宣扬自己的教育梦想，结尾说，我想通过自己的探索，给人们一个展示——一个教育理想主义者在现行体制下究竟能够走多远？现在五年过去了，宏观上我依然悲观，可我依然理想不灭，我依然还在路上追逐。我的信心显然比当初更足了，尽管我不会对未来抱什么不切实际的奢望，但我肯定能够走得比我当初想象的要远。

2011 年 4 月 5 日清明节

第六辑
凝望窗外

我的一次反腐败经历

那是1994年的一天，我一位非常好的哥们儿（也是我大学同班同学）和他同办公室的一位女同事来到我家里，求我帮忙办一件事情：帮他们写一封举报信。

我这位朋友在成都某局工作，因为非常有才华，所以长期与局长零距离接触。在接触中，他发现了局长搞腐败的大量事实——挪用公款、侵吞国家财产、多占住房、不断更换豪华轿车，等等。做人起码的良知使我的这位朋友很痛苦，他决定举报局长，但他又怕万一举报信转到局长手中，局长从文字风格上就可能会察觉是他举报的（因为他长期为局长写文章起草文件），于是便找到我。为了让我确信他说的是真话，他特意叫上了同事作证。

听完他说的情况，我也很气愤，当即答应："没问题！我一定写这封举报信！"但我担心最后局长怀疑他，他说："不会的，因为局长非常信任我！"

那几天晚上，等妻子女儿睡了，我就开始写这封信——我不能让妻子知道，因为她总是很胆小。当时，我刚刚开始学习电脑写作，汉字输入根本不熟悉，因此，按今天的速度我最多一晚上就可以写好的，当时却写了好几天，一个字一个字地写了几千字。然后打印成数份。

我将举报信一一装进几个信封，信封上分别写明"中共四川省纪委""中共四川省委组织部""北京中共中央纪律检查委员会",还有各级"检察院""监察部"等等。为了让信能够寄到该去的地方,我每封信都用挂号邮寄,但挂号信必须署名,踌躇很久,我在每个信封下面落款——"四川成都人民路1号郑直人"。说实话,在一一往信封上贴邮票和写落款时,我的心情是神圣而亢奋的,我觉得我在为国效力,同时在心里笑道:哼,看你腐败分子还能腐败几天!

信寄出去后,我开始等待,当然不是等待回信——怎么可能呢?因为我的落款是假的。我是在等待我的朋友那边有什么反应。我想,可能过一段时间就会有上面的人到他的单位调查,再过几天,就会在报上看到成都××局挖出腐败分子的消息……

然而,一个月过去了,没有消息;两个月过去了,没有消息;半年过去了,还是没有消息……

我忍不住给我的朋友打电话问"反应",他说有"反应":"有一次,在全局的大会上,局长说了一句:哼,现在有人居然想告倒我!痴心妄想!"

那一刻,我感到一盆冷水从我头上浇了下来!

这件事过去九年了,我再也没有写过一封举报信。那位局长至今还是局长,而我的朋友也不再愤世嫉俗,原来他爱和我谈社会谈改革谈反腐败,现在,他一下班便打麻将……

我们已经很久很久没有联系过了。

2003 年 1 月 29 日

一篇意外发表的旧作

背景说明：

不久前，湖南一编辑朋友给我寄来一复印件。打开一看，是我2000年9月去苏州读书前夕写的一篇评论电影《生死抉择》的文章，当时我正活跃于《中国青年报》网站的"中青论坛"，网名是"金戈铁马"。此文贴上去后，毫不夸张地说，引起了强烈轰动。

我仔细看这篇复印件，居然是发表在《文学自由谈》杂志上！我可从来没有将这篇文章投寄过任何报刊啊！仔细看，更让我惊讶——我这篇小文居然是著名老诗人、杂文作家邵燕祥先生为我推荐给《文学自由谈》杂志的，他是以"迟到的推荐"为题发表的。

我感到奇怪，因为2000年时，我与邵燕祥先生还没有任何交往，那时他还不认识我。怎么回事儿呢？读了邵燕祥的文章，我多少有些明白了：估计是邵燕祥的某位朋友从网上下载寄给他的吧！

时隔近四年，我的文章居然以这种方式发表，感慨万千！

但是愚以为，现在把反腐当童话的现象远远没有消失！

2003年11月8日

附录一　迟到的推荐

我向读者推荐一篇署名金戈铁马的文章，出处不明，我手头一份打印稿是从我书房的故纸堆里捡出的,因我友人中无人笔名为金戈铁马,故此稿可能是友人从互联网下载寄我共赏的,当时因为什么缘故没得及时欣赏,今日一读,不禁击节,急忙转向大家推荐。

文末注明作于 2000 年 9 月 13 日,大约正是影片《生死抉择》红遍全国之时。当日从上到下一片叫好。时过境迁,就影片《生死抉择》围绕"情与法"的矛盾大肆渲染,在反腐败声中形成的舆论后果,有所讨论,似亦无伤大雅了。

影片的观后感适合《文学自由谈》的话题么?就反腐败题材来说,文学作品和影视作品有相通之处,况且《生死抉择》系据小说《抉择》改编,由此也可探讨改编中的得失。

张平的小说《抉择》我读过,影片《生死抉择》我未看过,从《一曲催人泪下的母爱颂歌——看童话故事片〈生死抉择〉有感》来看,影片与原著似有不少出入,或曰剪裁、丰富、发展,可能因此使之从"成人"读物变成了"童话"吧。

评论者金戈铁马先生显然对该片的处理持有异议,但笔调蕴藉,正是有些人所呼吁的"温柔敦厚",距所谓"酷评"甚远,与人为善,令我感动。

然否?请读者公鉴。

邵燕祥
2002 年 3 月 9 日

附录二:一曲催人泪下的母爱颂歌
——看童话故事片《生死抉择》有感

未看《生死抉择》以前,受媒体宣传的影响,我以为真是一部反腐大片。记得前不久,中青论坛由杰人兄掀起评论《生死抉择》的热潮,我还颇为认真地谈什么"人治""法治"。今天,我有幸被邀请同我校党员一起观看该片。真是"百闻不如一见",我才发现其实很多人都"误读"了该片,至少,按"一千个读者就有一千个哈姆雷特"的原理,我个人从这个片子中"读"到的不是什么令人发指的腐败而是催人泪下的母爱。

本来,影视作品中表现母爱算不上有多少新颖,但是,《生死抉择》在"怎样表现"上匠心独运。母爱无疑是世界上最伟大的情感之一,这种伟大往往又是通过微不足道的平凡小事体现出来的。然而,《生死抉择》却把母爱放在反腐败的背景中来展现,这样,母爱便不仅伟大而且悲壮。想想看,李高成的妻子吴蔼珍受贿是为什么?她爱自己的丈夫,爱自己的弱智孩子(我没看出这孩子是男是女,所以我只能含糊地说是"孩子"),为了这爱,她付出了许多许多。是的,我非常理解她冲着她的"高成"发火:"我是图个啥?我难道不是为了你,为了孩子吗?"我真的被她崇高的母爱打动了。我原谅了她的受贿。在影片中,她是那么美丽、善良、贤惠,如果是为了她自己,她本来完全是可以不走"那条路"的,但是,她爱丈夫,爱孩子,为了这爱,她付出的不仅是青春、精力,甚至是自己的名誉、尊严和前途。这母爱(妻爱)是何等的催人泪下!当我看到她决定去自首而和丈夫挥泪分别时,我的眼泪也快流下来了。我甚至对那所谓"无情的法律"产生了前所未有的憎恨:法律就是这样残酷地撕碎温馨而美好的情感!在那一刻,我原谅,不,理解了所有腐败者的妻子甚至腐败者本人,因为哪一个腐败者是为了自己啊!不都是为了妻子、丈夫、儿子、女儿吗?他们并不是铁石心肠的罪犯,而是有情有义有血有肉的性情中人,正是由于他们感情丰富且富于奉献精神,他们最终迫不得已、无可奈何、身不由己在伟大的爱和无情的法之间作出了"生死抉择"。就所谓"法律"来说,他们是可耻的;但就情义来说,他们却是多么伟大啊!"理解万岁!"诚哉斯言!

附带再说一点,严格说起来,《生死抉择》中的李高成是"高于生活"的,而结尾的大光明更是浪漫主义的,所以,在我的眼中,

教育所思（第二版）

讴歌伟大母爱的《生死抉择》是一部想象丰富、构思巧妙的童话故事片。这样的影片现在是太少了，我建议我们从事精神文明建设的同志应该多拍这样的感人肺腑的好片子，特别是在现在有的母亲竟然虐待自己亲生的孩子、有的妻子竟然不忠诚于自己的丈夫的传统道德逐步沦丧的时代，在一般的人简单化地看待腐败分子甚至妖魔化腐败分子妻子的今天，这样的电影，不仅有助于家庭精神文明建设，而且有利于人们对腐败分子的妻子有一个全面的辩证的实事求是的正确认识。因此，从这个意义上说，《生死抉择》的问世，用毛主席当年评价无产阶级文化大革命的话来说，"是很有意义的，是非常及时的"！

金戈铁马

2000 年 9 月 13 日

面对张志新同志的遗像

这是我从今天——2000年6月16日《南方周末》第一版上剪下来的一张张志新同志的照片——

一头黑色瀑布般秀美的头发，一双清澈明亮的大眼睛，一个丰润而紧抿的嘴唇，一张充满青春气息的脸庞……无论是谁，都可以从这张"老照片"上读出"美丽"二字——不，不仅仅是美丽，还有50年代少女所特有的纯真朴实。如果联想到这位美丽的女性后来的命运，眼前的"美"就显出了悲剧一般的沉重与崇高。

在我的印象中，我们国家的报纸除了在某些特殊的时候刊载领袖人物的大幅肖像照，好像从来没有为哪个非领袖的公民登载过这样的照片。而现在，《南方周末》把这份殊荣献给了张志新同志。我因此要向《南方周末》的全体同志表达深深的敬意！

"张志新是谁？"面对这幅照片，恐怕现在三十岁以下的中国人都会提出这个疑问。这不能怪他们无知，因为二十一年前的1979年宣传张志新同志事迹的时候，他们还是不懂事的娃娃，而仅仅宣传了很短的一段时间后，不知什么原因，张志新的名字从媒体上消失了。

然而，在1979年，当张志新的名字出现在包括《人民日报》在内的各种媒体上时，整个中国震惊了！无数双善良的眼睛面对张志新美丽的眸子流下了泪水，一切有良知的中国人不能相信：仅仅是因为"思想",思想者不但被残暴地结束生命,而且在结束生命前竟然被割断喉管!而这惨绝人寰的一幕,竟然发生在号称人民当家做主的社会主义中国!

一时间,人们用泪水写下的诗歌传诵在中国大地上:"她把带血的头颅,放在生命的天平上,让所有苟活者,都失去了——重量。"(韩瀚《重量》)"一枝'无产阶级专政'牌号的枪,对准了一个女共产党员的胸口!……中国的良心啊,岂能忍受这种奇耻大辱,清明雨,洗不净不清明的时候——野心取代了良心,兽性代替了人性,权力枪毙了法律,暴政绞杀了自由……"(熊光炯《枪口,对准了中国的良心》)"我们有八亿人民,我们有三千万党员,七尺汉子,伟岸得像松林一样,可是,当风暴袭来的时候,却是她,冲在前面,挺起柔嫩的肩膀,肩起民族大厦的栋梁!"(雷抒雁《小草在歌唱》)……

中共辽宁省委作出决定:追授张志新同志为"革命烈士"。

1979年新版的《辞海》多了一个词条——"张志新"。

中国的1979年被称为"思想解放年"。

那一年,我正在大学读二年级。当我第一次读到张志新的事迹时,思想上所受的震动是前所未有的。大地在我脚下旋转,世界在我的眼中失去了色彩。许多从少年时期便铭刻在脑子里的某些"神圣"的形象和"庄严"的字词开始变得虚伪而荒诞起来。经过了几天彻夜未眠的心灵痛苦之后,我写了一首题为"我和亚瑟"的短诗,表达了我对现代迷信的永远的决裂。

张志新,是引领我走出现代迷信的思想启蒙者。

独立思考,是我从张志新那儿继承的精神遗产。

从那以后,我就抱定一个信念:在这个世界上,除了真理,我决不能再迷信任何东西,不管它披上多么神圣的外衣!

说实话,尽管当时能看透"文革"的人并不多,但在我们国家和在我们党内,显然还应该有比张志新更清醒的人,而且这些清醒者的地位远在张志新之上,如果他们具有张志新一般的勇气而奋力抗争,其作用也远胜过张志新的孤军奋战。但是,面对民族的疯狂,过于"成熟"的他们选择了沉默,选择了明哲保身,选择了随波逐流,选择了风暴过后的血泪控诉与自我安慰,而把整个民族的灾难让张志新、遇罗克、顾准等人来承担!

从1979年开始,张志新成为我心中的精神偶像。我一直试图搜集更多有关她的资料,但遗憾的是,二十多年来,她从我们的视野中消失了。

1998年8月7日,我意外地从当天的《南方周末》上读到了《张志新冤案还有秘密》,进一步了解了这位英雄在狱中的惨景——临刑前被割喉管时她的脑袋被几条大汉强按在砖头上……

两年以后的今天,我又读到了《南方周末》上发表的《张志新冤案还有新的秘密》一文。文章披露,张志新之所以被杀,并不仅仅是因为"反对林彪、四人帮",还因为对毛泽东同志的功过提出了自己的看法。文章摘引了一段张志新的原话:"中国共产党从诞生以来,以及在新中国建立初期前的各个历史阶段中,毛主席坚持了正确路线。尤其是1935年遵义会议以后,树立了毛主席在党内的领导地位,结束了第三次'左倾'路线在党中央的统治,在最危急的关头挽救了党。毛主席在党的历史发展中的丰功伟绩是不容否定的。但我认为,在社会主义革命和社会主义建设阶段中,毛主席也有错误。集中表现于大跃进以来,不能遵照客观规律,在一些问题上超越了客观条件和可能,只强调了不断革命论,而忽视了革命发展阶段论,使得革命和建设出现了问题、缺点和错误。集中反映在三年困难时期的一些问题上,也就是三面红旗的问题上。"张志新还对"文革"提出了自己的看法:"这次文化大革命的路线斗争是建国后,1958年以来,党内'左'倾路线错误的继续和发展。并由党内扩大到党外,波及社会主义的经济基础和上层建筑的各个方面、各个环节。……它造成的恶果是严重的。它破坏了党的团结、国家的统一,混淆了两类不同性质的矛盾,削弱了党的领导,影响了社会主义革命、建设事业的正常进行……"她对当时普遍存在的个人崇拜提出了批评:"无论谁都不能例外,不能把个人凌驾于党之上。""对谁也不能搞个人崇拜。"

可以毫不夸张地说,张志新于1969年8月写下的这些文字,等于是提前十年就用自己的生命起草了《关于建国以来党的若干历史问题的决议》中有关对毛泽东同志评价的部分!说她是"思想解放的先驱",她当之无愧。

然而,她的悲剧——其实,这哪里是她一个人的悲剧——在于她觉醒得太早了,而且把这些十年、二十年之后人们眼中的常识勇敢地说了出来,于是,她便成了"罪人"!

在《南方周末》的这篇文章中,作者还全文公布了张志新在狱中用小木棒代笔写下的痛斥监狱长的控诉书:"……告诉你们:如果谁以为只有革命一帆风顺,事先得到不会遭受失败和牺牲的保票才去革命,那他根本就不是革命者。共产党人,一个被错误路线迫害者,脱党状态的女共产党员,孤家寡人一个,在这尖锐复杂的阶级斗争中,缺点错误失策在所难免,是前进中的问题,自身有克服的基础和可能,在斗争中只会提高觉悟,越战越强!因为她日益掌握真理!如果上述办法能征服,那就不是真正的共产党员!你们还有什么办法都使出来吧!她只能做七十年代的哥白尼!……"

面对这血写的文字,我已经不知道用什么语言来表达我的心情了。但我还是想说,这位中国"七十年代的哥白尼"同样应该是我们共和国的英雄,当然,这样的英雄还应包括遇罗克、李九莲、顾准、王申酉……因为这些先驱者不但用他们的生命唤醒了我们民族被极"左"路线麻醉的良知,而且他们留下的思想遗产成了推进我们改革开放事业的精神财富。当我们"忠诚"地把自己思想的贞操奉献给现代迷信的魔鬼时,张志新们思想的鸟儿却正在精神专制的无边暗夜孤独而执着地飞翔,呼唤着思想自由的黎明。我们今天所享受的一切,从某种意义上说,都是思想解放的成果,而张志新们正是思想解放的先驱。但遗憾的是,在去年中央电视台《新闻联播》为五十周年国庆开设的"共和国英雄"栏目中,却没有他们的名字!不只是中央电视台,所有媒体在回顾雷锋、焦裕禄等"共和国英雄"时,都无一例外地将张志新们"遗忘"了!

张志新是以思想获罪的,也是因思想而被杀害的。今天的人们面对张志新美丽的容颜,是无法想象那"十年浩劫"是一个多么恐怖的时代的。许多人曾经庆幸,那个令人诅咒的岁月将一去不复返了,但此刻,张志新同志那双明亮而严峻的眼睛凝视着我们:警惕啊,人们!如果没有真正的民主与法治,我的悲剧同样可能在你们每一个人身上发生!

邓小平同志有两句话说得好极了:"没有民主就没有社会主义,就没有社会主义现代化。""发展民主必须同健全法制紧密结合,实行依法治国。"是的,发展社会主义民主,真正依法治国,保证任何一个公民思想的权利不被侵犯,让当年张志新呼唤思想自由的声音成为共和国历史上的绝唱!

——这才是今天我们纪念张志新同志的意义之所在。

2000 年 6 月 16 日

晨　练

我一直为自己是成都市民而自豪,因为成都的确太美丽了。很多年前,我谢绝了苏州、珠海、上海、北京等地的邀请,而执意留在成都,很多人不理解,为此我特意写下了《成都的美丽与魅力》作答。

这几天,某国际论坛在成都举行,这当然是一件大事。作为成都市民,我很愿意和有关方面配合,尽量把积极、健康、阳光、向上的成都活力展示给来自世界各地的嘉宾们。对于一些必要的交通管制,我也理解。所以这几天出行,该绕行的绕行,该等待的等待,我毫无怨言。我想,办这么大一个论坛,暂时有些小小的不方便,而赢得一个更好的投资环境,换来成都更加美好的未来,是值得的,也是我作为一个普通的成都市民应该也愿意作出的牺牲。

但对于今天早晨的"牺牲"我很不愿意,而且感到很恶心。

离我家阳台几百米以外,同样在锦江岸边,是著名的香格里拉大酒店。这次参加某国际论坛的许多嘉宾就下榻于该酒店——其实这只是我根据最近几天该酒店周围军警林立而猜测的。我有一个习惯,每天早晨都要沿着锦江边晨跑,可以说风雨无阻,哪怕国际论坛也无法阻挡我晨跑的脚步。今天早晨不到六点我就出门了,跑到香格里拉大酒店前,一位警察把我拦住,指了指旁边,我意识到,这里被交通管制了,我二话没说,马上非常"识大体顾大局"地绕道而跑。当时，我看到酒店下面的河边有一大群老人在打太极拳，特别美。其实平时也有老人在晨练，但今天特别美，因为今天老太太老爷爷们都统一穿着白色的太极服，这为早晨的锦江之滨添了一道美丽的人文风景。

绕道继续跑，一直沿江跑。回来时，我想到香格里拉大酒店限行，于是便通过兴安桥沿锦江对岸跑。跑到香格里拉大酒店对岸时，我偏头看，香格里拉大酒店正在河对岸，岸边的老人们正在优雅地打着太极拳，而我所在的此岸，也有一群老人在打着太极拳，服装同样整齐。我继续往前跑，自然就会从他们身旁经过。这时，一位警察把我拦住："对不起，不能过去。"我一惊，这里离香格里拉大酒店那么远，隔着一条江啊！我问："为什么？"他严肃地说："他们在晨练。"他说的"他们"指的就是那群打太极拳的老人。我不懂这位警察的逻辑：他们晨练和我不能过去有什么必然的联系？我说："我也是晨练啊！"他又来了一句让我莫名其妙的话："你和他们不一样。""我……"我想追问："我怎么和他们不一样了？"但我无语了。

其实，我很快就反应过来了，"他们"是"有关部门"精心组织的演员，节目就是"江边晨练"，观众就是香格里拉大酒店每一个窗户里面的外国朋友。"有关部门"就是想营造这么一种"非常自然"的晨练景观，让那些来自世界各地的富豪大亨们，早晨起来拉开窗帘伸着懒腰无意中看到下面的老人们打太极拳，让他们从成都普通市民的生活常态中感到成都的和谐与活力。

但他们哪里知道，他们所见的所谓"成都普通市民的生活常态"并非常态，而是刻意安排的。晨练者经过挑选——比如我就没经过挑选，自然不能加入其中；怎么晨练经过排演——他们认为打太极拳"最中国"；服装如何统一——白色为主，间或夹杂几件红色衣服，搭配得很美丽，而且更显"自然"；老人们如何站位——锦江两岸都要有"景观"……

教育所思（第二版）

本来的确是非常和谐美丽的一景：朝霞满天，旭日初升，老人起舞……可这一切居然是导演好了给外宾看的。我一下就觉得自己吃了一只苍蝇。

其实，当时我是很想硬冲过去的，我想对警察说："我也是晨练的，你凭什么不让我过去？你依据哪一条法规限制我晨练的自由？请拿出依据来！"但我既没冲，也没说，因为我知道我所面对的，不只是一个警察。

为了弄虚作假而限制我的行动自由，哪怕这限制只有几十秒，也损害了我的尊严。这就是问题的实质。

不是我小题大做，不是我上纲上线，和"交通管制"相比，这个"晨练管制"几乎微不足道，对我造成的"麻烦"几乎可以忽略不计。但是，这损害了我的尊严——同为成都市民，同为晨练者，为什么他们可以在香格里拉大酒店下面的岸边打太极拳，而我连跑步经过都不行？是怕我怀揣凶器突然行刺制造爆炸性新闻吗？我显然不具备相应的动机、能力和勇气。"你们"把我高估了。剩下的答案就只有一种，我跑步经过岸边，会破坏"你们"刻意营造的画面的"和谐感"。为了"和谐"，你们真是"独具匠心"。

成都，请不要伤害我的情感，更不要损害我的尊严。

突然想到去年新一届党中央关于改进作风的八条规定。我想，怎么把"严禁任何形式的弄虚作假"忘记了呢？

岂止在晨练这件小事上，又岂止成都，纵观当今中国，为了应付领导，为了糊弄外宾，在各种"神圣"的名义下，我们作的假还少吗？作为教师，作为校长，迫于上级压力，迫于学校利益，面对各种迎检，以及各级领导的视察，我以"为了学校发展"的"大局观"给学生给老师布置的作假还少吗？互相欺骗，大家都知道在欺骗，但彼此心照不宣，同时都冠冕堂皇，一本正经，这就是可怕的虚假中国！

然而，良知告诉我——

一个真实的中国，更自信；一个真实的成都，更美丽。

回到家里，成都电视台正在播放《早间新闻》，屏幕上参加某国际论坛的嘉宾们正对着采访话筒发表对成都的感言：

"成都很美丽，是一座充满活力的城市！"

"从我这几天的观察看，成都的老百姓很平和，很幸福，脸上洋溢着满足的喜悦。"

……

我笑了。

2013年6月7日上午

倪萍、李承鹏和"共和国脊梁"及其他

最近,我关注着李承鹏对倪萍"脊梁门"的评论,以及由此引发的各种不同的看法。有的为李承鹏喝彩,有的说他"刻薄";有的鄙视倪萍,也有的说倪萍"大姐好人"……

对李承鹏,我过去不太了解,只知道他是著名的足球评论员,而我对足球兴趣不大,因此对他也了解不多。后来偶然得知他还是我的系友,而且户口所在地正是我所工作的武侯区,便多了一份亲切。最近读他的一系列言论,肃然起敬。对倪萍,则早在二十多年前就通过银幕知道这位著名的电影演员了,后来她成了中央电视台著名主持人,家喻户晓。应该说,我过去对倪萍的印象不错,觉得她和蔼可亲。后来她关于"因为爱国所以不投反对票"的言论,让我不敢相信这是她说的话。

昨天我转发了李承鹏的《墙里扔出的一根骨头》,朋友们的评论也有分歧。对此,我想坦率地说说我的一些想法。

第一,现在各种评奖活动泛滥成灾,除了满足一些人的虚荣心之外,就是充盈了另一些人的腰包。最近十年,形形色色的评奖满天飞,我几乎每天或者说每周都会收到一些"获奖通知",而且"来头"都不小,要么是党报党刊,要么是冠冕堂皇的什么"评奖委员会",顾问曾经都是一些德高望重的领导人。这些奖项的名目也很吓人:"十大最具影响力人物""当代优秀共产党人""改革开放突出贡献人物""中华杰出楷模"……就以教育界为例，近年来随便什么培训机构都可以或者说都敢"评选"诸如"全国优秀教师""全国优秀班主任""全国优秀校长""全国十大杰出教育工作者""全国十大创新校长""全国最具影响力的教师""全国十大新生代班主任"……最近我还给一位朋友说这事，我说随便一个什么研讨会评出的"全国优秀班主任"，哪好意思拿出手？所以，现在有人递给我的名片上写有"全国十大"什么什么的头衔，我心里总是发笑：想蒙我啊？我还曾被评为"当代优秀共产党人"呢！虽然我至今还没入党。本来，一般的小民为了满足小小的虚荣心而热衷于这些垃圾奖，可以理解，可现在我特别尊敬的倪萍大姐也这样——虽然她说她很惭愧，甚至想退奖，但毕竟最后还是站在了领奖台上，我真为她感到脸红。

第二，有人说李承鹏太"刻薄"，太"不厚道"，是"自我炒作"，等等。还说他"对善良厚道是一种伤害"。我一点都不否认倪萍的善良，包括她捐款多少多少万元，对此我同样表示敬意。然而，倪萍作为一个公众人物，应该有着起码的公民意识。我这里说的"公民意识"首先是对百姓与政府的关系有着清醒的认识。她最大的问题恰恰在于完全不清楚自己和政府应该是什么关系，缺乏最起码的常识。她说她因为爱国，就不投反对票。真是幽默到家了！难道投反对票的人都不爱国吗？温总理多次说，我们的政府是人民的政府，需要人民监督和批评。而反对票正是批评与监督的一种体现。我要说，在公民意识普遍淡薄的今天，需要有人以各种方式唤醒国民的公民意识。李承鹏做的就是这样一件事。很多人为倪萍大姐鸣不平，是因为她的善良、她的和蔼可亲。但是我要说，对于一个国家的进步，从某种意义上说，最大的阻力有时候还不是少数作恶多端的坏人，而是大多数善良（是真善良）而愚昧的好人！如此善良的愚昧者，居然成了"共和国脊梁"，真是一种讽刺！

第三，问题的关键是什么叫作"中国的脊梁"。对此，大家肯定会想到鲁迅的一句著名的话:"我们自古以来,就有埋头苦干的人,有拼命硬干的人,有为民请命的人,有舍身求法的人,……这就是中国的脊梁。"我更会想到中国近代和当代的许多掷地有声的名字:愿为共和第一个流血的谭嗣同、为改造中国英勇献身的瞿秋白、为自由民主的新中国而含笑饮弹的江竹筠、为了劳苦大众而不惜犯上的彭德怀、为了共和国大厦不被"四人帮"倾覆而被割断喉管的张志新、为探索中国发展道路思考而冤死狱中的顾准、为呼唤铲除党内不正之风而跳海的范熊熊……说实话,无论倪萍还是李承鹏,都还谈不上"中国的脊梁",如果硬要将两人做个比较,那么,谁更接近"中国的脊梁"呢?

李承鹏写道:"倪姐夸我散文写得好张国荣写得好,这只是中文系的基本功,不值一提,且这国家已让我没心情写散文,我写的《李可乐抗拆记》比所有的抒情散文都好。因此交换彼此的书就不必,我俩不是同一路人,你我的区别,就是《李可乐抗拆记》和《姥姥语录》的区别,这不是两本书,是两个中国。"

读到这里,我的眼睛已经湿润:李承鹏是不是"脊梁"不重要,何况他也不认为自己是脊梁,但至少在我心目中,他是中国的良心!

2011 年 7 月 20 日

我看《雪花那个飘》

尽管从艺术上说《雪花那个飘》算不上一部精品，但毕竟是第一部反映77级大学生生活的电视剧，因此，我还是断断续续坚持看完了全剧。

纵观全局，其实不乏可圈可点之处——

李阔老师是"文革"的受害者，红卫兵的毒打让他失去了健康。"文革"中正是陶自然在批斗会上将李阔推下，造成他下身瘫痪。陶自然一直内疚，但李阔故意说不是陶自然推的。他对陶自然的宽容让人动容。陶自然的忏悔和愧疚也非常真诚。后来陶自然爱上了李阔，尽管李阔没有接受，但陶自然的爱纯洁、高尚。两人的故事，是该剧最动人的内容之一。

关于靡靡之音和革命歌曲的辩论太有意思了！三十年前，在大学校园，听惯了"革命红歌"（用今天的话来说，就是"红歌"）的我们，的确被邓丽君倾倒了，俘虏了！情感获得解放，思想赢得自由！从某种意义上说，中国的改革开放是从"靡靡之音"开始的。现在还有人想用"红歌"统一中国，有点可笑。

剧中关于爱情"阶级性"的争论也很真实，符合当时的时代特点。我们刚进大学，"四人帮"虽然已经垮台，但"文革"还没被否定，十一届三中全会还没召开，整个中国还笼罩在极"左"的阴影中。"文革"中成长起来的我们，满脑子的确还顽固地保持着阶级斗争的思想，随时警惕被"和平演变"，警惕被资产阶级当作接班人"争夺"过去。

徐文丽朗诵《周总理，你在哪里》勾起我久远的回忆。这首诗当时的确传诵一时，轰动全国。这与当时老百姓对"人民的好总理"的感情是分不开的。那个年代，包括我，对周恩来的确怀有深厚的感情。所以徐文丽的朗诵把我带回了当年，鼻子都有些发酸。虽然今天我对周恩来有了更全面更真实的了解。

学校图书室丢了一本《说文解字》，种种迹象都表明，窃书者就是77级中文系的某个学生。当这个学生骑虎难下不敢承认的时候，赵长天让全班每个同学第二天都带一本用报纸包上的书到教室。果然，当老师一一打开讲桌上的报纸包时，那本《说文解字》正在其中！老师和同学们都感动了！对人的尊重与信任，是教育的真谛。

吕卫兵因为打"小报告"被大家知道了，他无地自容决定退学，但全班同学都真诚地挽留他。后来他因为倒腾牛仔裤被工商所抓获，全班同学再次挺身而出，把他救了出来。同学之间的友爱、宽容与团结，温暖着我的心。因为这份宽容与真诚，说实话，现在不多了。

翠翠是个不幸的女人。善良无私，忍辱负重，坚忍不拔，理想不灭，历尽艰辛，最后第二次考上大学，让我的眼泪忍不住夺眶而出。

还有徐文丽和冷雪松之间的爱情也让人唏嘘不已。冷雪松扑火救人，最后被烧伤毁容，徐文丽来到了他的身边，为他朗诵《你有一双眼睛》："你有一双眼睛/左眼是长庚/右眼是启明/我的世界里没有黑暗/黑暗中你就是我的眼睛/越过迢迢银汉/我听得见/你飘飘渺渺的召唤　站在天涯的尽头/你的凝望让我怦然心动/牵着你的手/跟着你走……"那一刻，满脸泪花的徐文丽特别美丽。

四年过去了，拍毕业照时，赵长天提议给不能到场的冷雪松留一个位置，在那个位置，同学们扶着一个大大的牌子，上面写着四个大字——"我们想你"。随着快门的按下，大家一起呼喊："77级万岁!""77级万岁!"……翻动的情感再次撞击着我的胸膛,眼泪再次涌出。

……

我看电视剧,同时也是在回顾我的大学时代和青春岁月。对我们国家来说,那是一个噩梦初醒的时刻;对我和我的同龄人来说,那是一个洒满阳光的清晨。历经了"大跃进""文革"和上山下乡,十九岁的我迎来了自己生命的春天——1977年10月21日的早晨,我在农场从收音机里听到恢复高考的消息。11月7日我回家开始复习。妈妈给我弄了许多复习资料。12月9日我踏进了考场。那个冬天,我感到了初春的温暖。次年3月,我踏进了大学校门。

看这部电视剧,我的思绪总是在"宁州师院"和"四川师院"(现四川师范大学)之间穿越。剧中的场景让我感到特别亲切:连宁州师院的校门,也几乎和当年四川师院的校门一模一样,还有校园的林荫道、教学楼的木制楼梯,甚至韩老六养鸭子的树林也让我想到了四川师院后校门外面的山坡……看到剧中的一个个人物,我总是想到我当年大学的同学们。

三十年前的大学生显然有着那个时代的气息,赵长天、冷雪松、徐文丽、石捧玉、韩老六、陶自然、初萌、丁学武……他们的单纯、朴实、善良、勤奋,的确是我们这一代人的青春写照。徐文丽的诗《致远方》从艺术上说显然还比较稚嫩,今天读来甚至有点中学生习作的味儿,但表达了一代人纯真的理想和憧憬。诗表现的情感和理想,的确是真实的,那时的我们真的就是这种阳光情怀。我当年也写过类似的文字,一样的激情,一样的纯真,只是没勇气像她那样公开声称,公开朗诵。我们那时候发自内心的愿望,就是能够为祖国的四个现代化奉献自己的青春和全部力量。甚至可以说,现在我心中依然燃烧的理想之火,就是那时候点燃的。

三十年过去了,历史已经证明了77级大学生对我们国家特别是改革开放事业所作出的贡献,我们用自己三十年的人生兑现了当年

教育所思（第二版）

在大学时对祖国的承诺。终于有人将我们的大学生活拍成电视剧了。我真诚地向该剧的主创人员表示谢意和敬意！

也许是我比较苛求，我以77级大学生的眼光审视，该剧在情节和细节上有不少漏洞和破绽，甚至还有许多遗憾。《雪花那个飘》当然是77级大学生活的艺术再现，但还是应该具备一些历史的真实，尤其是细节上。但恰恰在这一点上，该剧有不少"硬伤"。我一边看，一边在微博上指瑕，这里引述几则我的微博文字——

恢复高考的消息传来，作为农村小学教师的刘翠翠带着学生唱国歌。这在当时是不可能的。须知那时候国歌只能演奏，不能唱。因为当时"文革"刚刚结束，词作者田汉是"四条汉子"之一，还没平反呢！

知青马宏亮（老四）得知恢复高考的消息后，激动地说："感谢邓小平！"不对。那时候绝大多数青年被告知这是英明领袖华主席的功劳。所以我们一进大学发自内心想的是"好好学习，不辜负华主席的期望"。一直到华国锋下台，我们才知道，原来是1977年8月邓小平决定恢复高考。所以，那时候马宏亮不可能说"感谢邓小平"。

两句台词有点问题。赵长天考上大学告别凤凰屯前，刘翠翠要他读书期间把胃病治好，"不然以后找工作也成问题"。那个年代，不存在"找工作"的问题，都是国家分配，只要考上大学，就是国家干部了。在中文系开学典礼上，徐文丽说："570万考生同时捧起一张试卷……"不对，1977年高考，是分省考的，时间不同，考题各异。

表现李阔"文革"中被红卫兵残酷批斗的口号不妥："打倒臭老九李阔！""打倒走资派李阔！""打倒资本主义李阔！"第一个口号是对的，因为李阔是讲师，自然是臭老九；但第二个口号不靠谱，"走资派"特指当时单位里的领导，不包括一般教师。至于"打倒资本主义李阔"，简直搞笑，当时根本就没有这样的口号！

李阔讲课时说:"下面我们讲王蒙先生的……"那个年代,"先生"一般特指民主人士,还不用于一般的作家。尤其是对王蒙这样的党内作家,那时绝对是称呼"王蒙同志"。另外,运动会前,学生们说"我们是77届大学生"云云,应该为"77级"。因为这批学生是1977年进校的,而非1977年毕业。

文艺理论课上,教师大讲"四人帮"的"三突出"原则,这很不真实。尽管当时极"左"路线还有影响,甚至在我刚进大学时,文艺理论课昨天还大批"四条汉子"今天周扬便平反了,党史课昨天还大批刘少奇今天便为他平反,但"三突出"原则是粉碎"四人帮"之后着力批判的谬论,不可能在大学课堂上公开讲授。

在议论小说《伤痕》时,吕卫兵说:"现在上面提出'两个凡是'……"又错位了!第一,"两个凡是"是1977年2月《人民日报》社论《学好文件抓住纲》提出的,不是"现在"的1978年春天,而"现在","真理标准"讨论都开始了;第二,"两个凡是"是后来人们批判它的时候的说法,如果真要用这个观点,是不会用"两个凡是"这个表述的。

短片小说《伤痕》当年在中国青年尤其是中文系大学生中引起的思想地震是空前的。展示大学生对它的讨论是对的。但是,学习委员徐文丽四处找这篇小说,说:"同学们都没看过!"这不太可能,当时《伤痕》在《文汇报》上首发后,全国许多报纸都转载了。要读到是十分容易的。

徐文丽参加歌咏朗诵比赛前,练习朗诵《周总理,你在哪里》:"革命征途千万里,他大步前进不停息。"这是后来的版本。1977年该诗发表时,这后一句是这样的:"他步步紧跟毛主席。"几年后,因为毛被拉下神坛,为维护周的形象,这一句改成"他大步前进不停息"(其实,如果要表现真实的周恩来,原句倒是很准确的)。那时77级大学生已经毕业。

刘翠翠本来和赵长天相爱,但是她考上大学后居然莫名其妙地回避赵长天,这里我感到非常突兀,不可理解。至少在情节的设计上这里是有明显漏洞的。另外,她带着孩子上大学,对赵长天谎称她男人"在南方打工"。其实,那年代还没有打工的情况。刘翠翠说她男人"打工",是不可能的。

吕卫兵说"97年收回香港",他是怎么知道的?须知1984年中英才签订协议决定1997年香港回归中国。吕卫兵倒腾牛仔裤也不真实,编剧把牛仔裤出现在中国内地的时间大大提前了。

另外,电视剧里许多台词都是用现在的语言说过去的话——

冷雪松带了一个三洋收录机到学校,同学惊呼:"这就是传说中的收录机吧?"如此"传说"那时没这个说法。徐文丽收到《伤痕》作者卢新华的来信,引起轰动。"文丽,你真牛!"同学们这样惊呼。其实,所谓"真牛"的说法是近几年才流行起来的。在三十多年前是不可能有这种说法的。还有,班长说同学的男朋友"真帅",辩论陶自然和李阔的爱情时,"主辩""副辩""请问对方辩友""利益链条""女孩"等说法,以及"请徐文丽同学闪亮登场"的"闪亮登场","有个当司令员的老爸"之"老爸"等等,当时都没有这些说法。这些都是语言"穿越"。

该剧诙谐的风格增强了观赏性,但有些过火,损害了该剧应有的历史严肃性,一些情节编造痕迹太浓,很容易误导今天的年轻人。比如,该剧以两派知青为《基督山伯爵》一书打架开头。我经历了那个年代,文化荒芜是事实,但这个情节编得不自然,特别做作。从发现书被偷到械斗,太夸张,缺乏铺垫。又如,围绕韩老六的鸭蛋送礼,该剧用了大量篇幅喜剧般地展示韩老六的丑态,以及以赵长天为首的"捣蛋者联盟"对他的攻击。看到这里,我感到完全就是一个拉长的喜剧小品。如果是小品,如此做作夸张别扭情有可原,但作为正面反映77级大学生生活的电视剧,我觉得莫名其妙,荒唐之极。不知编导要表现什么。再如,因为接触了一个外国人,赵长天等人被诬为里通外国,被软禁,于是他们绝食抗争。这个情节编得太做作。另外，韩老六因为冷雪松用日本货而提着笤帚要打他，甚至要砸收录机……这几个情节太夸张，也离谱。那时候思想观念是有冲突，但不至于动手。这些情节，都有点像春晚小品。

该剧最大的问题之一，就是好多情节别扭不自然。不是我吹毛求疵，既然号称是真实反映那个年代的生活，情节和细节就应该真实。

不过，《雪花那个飘》最大的遗憾，是时代感还不够，也就是说，该剧还没有充分展示77级大学生所处的时代特征，以及这个特征对他们的影响。因此，该剧没有体现出应有的深度和厚度。剧中所表现的赵长天和他的同学们朝气蓬勃，奋发向上，团结友爱，助人为乐……这些都是77级大学生所具有的品格，却并不只是77级大学生所独有的，50年代60年代乃至现在的大学生都同样有这些品质。77级大学生是人格觉醒的思考一代。他们在极"左"年代出生成长，但在大学时代告别了现代迷信，赢得了思想自由，完成了精神涅槃。

在我看来，反映77级大学生活，一定要表现1979年的思想解放运动。我曾经说过："我没有遇上1919，但我赶上了1979!"那是一个风云激荡的年代，有多少激动人心的事件可以表现啊——民主墙冲击波，真理标准大讨论，对毛泽东评价的激烈争论，"天安门事件"平反，张志新事迹的披露，校园民主选举，《苦恋》批判前后，陈景润与哥德巴赫猜想、科学的春天、中越自卫反击战、中国女排扬威世界、中美建交、人民公社的破产……这些在《雪花那个飘》中统统看不到——我不是说都要正面表现，但有些可以直接展示，有的作为背景则是必须有的。连具有划时代意义的十一届三中全会，该剧也只是用一句旁白轻轻带过。真是不应该，真是不应该啊！

我曾经估计编剧年轻，不是77级大学生，不然怎么会犯这些错误呢？但我到网上查了查，编剧高满堂出生于1955年，和我是一个时代长大的，怎么会犯这些在我看来不该犯的错误呢？当然，也许

"民主墙""张志新"等事件比较敏感,如果涉及这些内容估计审查通不过,对此我能够理解并宽容,那么真理标准讨论、农村改革、中国女排夺冠之类的有什么不可以表现的呢?要知道,这些都是那个时代的标志性事件,影响了整个中国的进程,也影响了一代年轻人的思想成长啊!不可想象,重现77级大学生的历史,怎么可能绕开这些伟大的事件呢?

然而,编导们居然就"绕开"了,《雪花那个飘》因此便失去了思想的深刻和历史的厚重,"光荣与梦想"的年代便成了"雪花那个飘"!

2011年8月23日于青城山脚下

安田让谁羞愧

以前我听说过江苏卫视的"相亲节目"《非诚勿扰》，但我很清高地嗤之以鼻。后来女儿向我强力推荐，并拉着我一起看，结果从那以后的每个周六周日晚上，我都雷打不动锁定《非诚勿扰》从头看到尾。也许是出于职业本能，我从每一期上都看到了教育。我欣赏机智而尊重人的孟非和优雅而同样尊重人的黄菡，不那么喜欢居高临下不那么尊重人的乐嘉。我认为，这个节目的魅力不在于主持人和点评者的诙谐机智，而在于每期当中一个又一个迭起的"悬念"。只是我没有想到的是，上期（2011年3月26日晚）出现的安田，才是真正的悬念。

坦率地说，安田一出场就让我特别反感——侧卧扭头、吐着舌头、坐着出场，出了电梯又慢跑几步，蹦跳，抖肩……"简直就是哗众取宠！没有本事的人一般都用这种自贱的方式引人注意。"这是我当时的感觉，我甚至有点可怜他了。

我敢说，电视机前看到这一幕的观众，和我一样感觉的绝对不是少数。

但接着看下去，我就被他吸引了，因为我渐渐发现他的手舞足蹈、上扭下摆，他的开怀大笑和尴尬可怜，包括时不时神经质一般的怪笑和尖叫等所谓"哗众取宠"的夸张表情，都源于他没有被束缚的个性和没有被扭曲的天性。至少大多数美国青年就是这样不加掩饰地自然奔放。越看我越觉得他甚至像婴儿一般纯真可爱!

不过,即使如此,电视机前的观众(包括现场观众)谁都没有料到他有一个令人震撼的结局等待着我们。这个结局的确让我震撼,同时也让我和许多教育者羞愧——

安田进入了男生权利,面对两位美女——其中一个正是他选的心动女生,他提了一个很有意思的问题:"如果明天你中了一千万美元,你会怎么去花它呢?"安田的心动女生回答:"我会跟现在一样,没有改变。"安田似乎有些失望,但依然怀着希望地追问:"能不能说具体些呢?"心动女生依然说:"和现在一样,不会有什么改变。我不会想到有什么地方特别需要去花,然后我就是该怎么样还是怎么样吧。"而那位来自台湾的女嘉宾的回答是:"我会带妈妈出去玩,让她不要工作了。"

安田显得有些迷茫。孟非问他会如何处置这笔飞来之财时,他很认真地回答说:"这不是笔小数目,必须要好好考虑它的用处,我可以用它建一个基金来照顾孤儿或救助社会贫困的人,或者捐献给学校用做奖学金。你必须有那种'为人民服务'的精神,你有这个机会上那么好的大学了,你必须要好好用这个机会回报社会,帮社会。在哈佛,我们都是这样的,就是说……"说到这里,他改用英语说:"入学是为了知识的增长,毕业是为了更好地服务国家和人民!"

在说这段话的时候,安田态度认真,神情庄重,完全没有一丝幽默的味道。每一句话都是从他心底流淌出来的。相反,孟非不时对他的调侃,倒让我有了些反感。

安田说完,全场鼓掌!我相信,此刻,在这之前嘲笑他的人,包括说他"像耍猴的"、说他看起来"猥琐"是"疯子"的人,心灵多少会有些触动。反正我是被震撼了。那位心动女生更是一脸的迷茫。

最后孟非要他在两位美女之间作出选择,安田再一次让我们震惊——这次轮到他沉默了,片刻思考之后,他很为难地说:"我不能做选择,现在,就是说,我觉得为人民服务,还是最重要的一件事情吧,就是你有钱的话,你应该怎样去花它,这个问题,必须要必须要好好地考虑,好好地思考嘛,所以我就出台(出局)了……"他很抱歉地说。

看着他退场的身影,我想,这是高贵而庄严的"失败"。

在后台,安田发表最后感言:"是这样的,就是说,我在哈佛大学毕业的时候,我就有两个选择嘛,一个就是成为一个投资银行的工作人员嘛,赚的钱特别特别地多,然后另外一个选择就是说学习嘛,成为一个,就是教授嘛,我已经放弃了就是赚钱的这个意识嘛,虽然钱不多,可是做好事情是最重要的嘛,那个3号她说的,我要带我妈妈出去玩,那个(选择)挺好的,可是她思想的范围太小了,对吗?然后11号的,她说就像今天一样,可能就是说,我的消费观就是这样了,所以就不会变了。可是拿到那么多钱的时候,你必须要考虑一下,应该怎样好好地用它嘛!真爱是一种无条件的爱,你爱上了一个人,你不应该去要改变她,要她就是成为你理想的女生,对,我真的就是很对不起你,你以后肯定会找到一个比较适合你的男生,我不太配你了,虽然我就是好像看起来是一个完全不负责任的那个男生了,我还是有这个社会责任感嘛,这个对我来说是非常非常重要的,所以我就(只能)这样了!妈,妈,我对不起啊,我又失败了!再见!"

这位可爱而高尚的美国小伙子不只是感动了我,他很快成了"红人"。第二天就有朋友向我感慨:"美国小伙子太让人感动了!"几天来,在网络上,无数的人向安田表达着敬意。但是,我也注意到了一些"另类声音"——

"安田这样做有点残忍,他让两位女嘉宾的脸面怎么放?太不厚道了!""以突然袭击的方式,以伪命题的方式伤害他人,抬高自己,实在不值得提倡。""他那么有钱,当然可以献爱心了!我们没那么多钱,还是先给自己献爱心吧!""这个美国人用那么高的道德水准去要求别人,实在是无聊透顶!"……

面对同一个人出现不同的声音是好事,每个人都有发表自己观点的权利。然而,正如这些人有对安田表示不屑的自由一样,我也有对这种"另类声音"表达我迷惑的自由,更有表达不同意的权利。

我不懂,一个人表达爱心还得看别人的脸色吗?因为别人爱心不够,他就不应该表达自己的爱心吗?为什么真诚地表达爱心就"不厚道了",而且还"太"?

我不懂,安田表达爱心凭什么就是"伪命题"了?他说的不过是内心深处的真实想法,怎么就成了"占据道德高地"了?所谓"突然袭击""伤害他人""抬高自己"云云,观点倒是新颖,也貌似深刻,可惜和安田无关!我只惊叹这样说的人想象力之丰富!所谓"他什么都没做就被戴上高尚的桂冠",此言差矣!高尚与否总是相对的,他本人并不认为自己高尚,他只是说出了质朴的话,但这些话在当今中国太稀罕了,于是我们当然认为他高尚。所谓"这个问题和人生观价值观无关",如果这都与人生观价值观无关,那么什么才和这些有关呢?

我不懂,难道爱心是有钱人的专利吗?我看不是。已经有许多事实证明,有人腰缠万贯却一毛不拔,有人只有一块饼子却愿意分一半给别人。面对需要捐助的人,亿万富翁捐一百万,工薪人士捐一百元,二者的爱心是等值的!所谓"我们没那么多钱,还是先给自己献爱心吧",不过是自私者的托词。自私当然不高尚,但似乎也谈不上有多么可耻,然而,如果用自私去嘲笑传递爱心的人——"他那么有钱,当然可以献爱心了",如此雄辩,这般理直气壮,正所谓"卑鄙是卑鄙者的通行证"!

我不懂,从哪里可以看出他"用那么高的道德水准去要求别人"。先不讨论得了一笔意外之财后捐助社会是否就是"那么高的道德水准",我只想说,安田的表达真诚、自然、坦荡、阳光,而且没有一丝要把自己的想法强加给任何人的意思。他不过是没有选择他曾经的心动女生而已,没有选择她就是以自己的道德水准强加于人吗?请注意安田的后台感言:"真爱是一种无条件的爱,你爱上了一个人,你不应该去要改变她,要她就是成为你理想的女生,对,我真的就是很对不起你,你以后肯定会找到一个比较适合你的男生,我不太配你了,虽然我就是好像看起来是一个完全不负责任的那个男生了,我还是有这个社会责任感嘛,这个对我来说是非常非常重要的,所以我就(只能)这样了!妈,妈,我对不起啊,我又失败了!再见!"在这里,安田明确表示:"你爱上了一个人,你不应该去要改变她,要她就是成为你理想的女生。"这里有一丝强加于人的意思吗?没有。相反,他对那位女生说:"我真的就是很对不起你,你以后肯定会找到一个比较适合你的男生,我不太配你了……"安田之所以放弃了她,是因为他认为既然两个人要一起生活一辈子,那么精神世界应该尽可能契合,特别是在价值观方面应该尽可能合拍,小爱和大爱应该统一。这是他选择爱人的标准,他的标准同样无可指责。尽管他因用这个标准去衡量心动女生有些失望,但他自始至终没有一句责备她的话,相反,他认为是自己"不配",他感到"很对不起你",这就是民主社会所拥有的宽容。自己坚守内心的道德准则,但决不强加于别人。这就是对人的尊重,这就是在民主社会成长起来的公民安田!

说真话,我不认为那位"心动女生"应该受到谴责。第一,她说的是真话;第二,她的话没有伤害任何人;第三,她的选择也应该受到尊重;第四,她的境界并不算低,至少她没有因意外巨富而失去理智,相反她能够平静地生活,这无论如何不能算境界低。不过,我同样坦率地说,和安田相比,"心动女生"的境界又差了一截,这是不争的事实。和安田一样,我不愿意居高临下地去指责"心动女生"——我真不敢说我的境界就会比她高,所以我也没那个资格。但是,有一个问题一直在我心中挥之不去——

教育所思（第二版）

为什么"腐朽而垂死"的资本主义美国能够培养出安田这样的"共产主义英雄"？至少，他的思想境界超过了我身边的许多共产党员。（当然，那位"心动女生"也是美国籍，但我查了一下她的相关资料，得知她是后来去美国的，估计她从小还是在中国受的教育。）

当然不是说美国人人都无私，而中国个个都冷漠。实际上，任何一个社会都既有天使也有魔鬼，我还不至于因个别案例而以偏概全，我还不至于这么肤浅。尽管我无法用统计学的数据得出精确结论，可我还是能够以我所占有的资料和拥有的视野作出判断：从总体上说，发达国家的文明程度——具体表现为国民的教养与精神境界——显然高于中国。

我想到了前不久日本大地震后核危机中自愿留在死亡区域的五十死士：他们这种把生的希望让给别人，把死的危险留给自己的"共产主义品格"是怎样培养起来的？

我实在不愿意贬低我亲爱的祖国，我更不愿意灭我之威风以长敌人之志气，但是，每天亲眼所见或通过媒体所闻的种种令人发指让我窒息的社会现象——世故讥讽着淳朴，庸俗践踏着高尚，虚伪欺凌着真诚，假冒驱逐着信义，利己嘲笑着奉献……让我不得不痛苦地承认：邪恶在高歌猛进，而正义则在节节败退，我正生活在一个道德沦丧的时代！

那年大地震，某教师抛下学生先跑并且事后理直气壮地为自己辩护，居然被相当多的人肯定："不能用一个英雄的标准来要求普通人，人应该拥有不高尚、不勇敢的权利；如果认为他可以这样做而不能这样说，这样的道德只是虚伪！"不少饱学之士还引经据典地剖析"国民的劣根性"，抨击"道德绑架"。而那位临阵失职的教师俨然成了"英雄"。

十年前，湖南某教师在课堂上公开对学生说："读书就是为了挣大钱娶美女！"也赢得了不少喝彩："说真话有什么错！"

是啊，以"真话"为由而宣扬渺小甚至赞美卑鄙，是我们这个时代独特的景观。

我还想举几件我身边的小事——

一对七十岁的老夫妻搀扶着在街头卖唱乞讨,一瞎一瘸。有孩子向可怜的老爷爷老奶奶脚边小盒投硬币,马上被英明的妈妈制止:"傻孩子,那是骗子!"

去某大学讲学,课间休息和教授们谈起论文抄袭,有个教授对我说:"李老师,现在写论文哪有不抄的?"

某小学老师告诉我,在办公室,有老师发牢骚:"凭什么要为学校干?学校给我什么好处了?还不如和家长搞好关系,随便收个红包,都比学校发的钱多!"

也是某小学,孩子犯错误被罚站,老师要求家长来学校"配合教育",家长来了暗中塞给老师一个信封,于是一切搞定,"谈笑间,樯橹灰飞烟灭"!

这几天,看见电视里报纸上不断有领导人告诫"领导干部要正确对待进退留转",我就意识到,在这全国上下"集中换届"的关键时候,有多少当官的正为"争取更大的为人民服务的平台"而暗中算计较劲或公开跑官要官甚至买官卖官啊!在这草长莺飞的季节,诞生了多少"春天的故事"啊!

……

我们不是从小就受到最科学最先进的世界观教育吗?从少先队员"时刻准备着"嘹亮的呼号,到共产党员"吃苦在前享受在后"庄严的右手,我们不是经历了那么多丰富多彩生动活泼的德育吗?一个又一个英雄模范,一场又一场英模报告,还有班会比赛、征文比赛、演讲比赛、板报比赛、歌咏比赛,更别说千人宣誓、万人签名等轰轰烈烈的德育活动了!我不知道安田是否也经历了这些,我只知道虚假的教育必然会培养出虚假的人。

安田没有提到他的国家是如何教育他的,但他说到哈佛大学的名言:"入学是为了知识的增长,毕业是为了更好地服务国家和人民!"这就是哈佛精神。其实,类似名言在中国的学校多得很,关键是我们是把这些名言仅仅当作口号呢,还是化作学生日常生活的自然行为。

几十年来,我们"辈出"了那么多的"英雄",这些英雄曾经让我热泪盈眶心潮起伏,但现在仔细一想,他们所做的都没有超出他们本职的规范,比如:解放军难道不应该冲锋陷阵抢险救灾吗?工人难道不应该勤劳工作创造业绩吗?营业员难道不应该热情服务真诚待客吗?共产党员难道不应该吃苦在前享受在后吗?领导干部难道不应该鞠躬尽瘁死而后已吗?怎么做到了应该做到的,就成了"英雄模范"了呢?当然,也有例外,比如赖宁扑山火,草原英雄小姐妹救羊群,但他们的"壮举"本身就意味着有关部门有关人员的失职——大人到哪儿去了?正是这些失职,才让孩子承担了不该承担的"壮举",对类似"事迹"的宣传难道不正是另一种意义上的讽刺吗?

还有"评三好"之类,让学生德智体全面发展,本身就是我们的教育应该达到的,某些学生达到了"三好",与其说是这些学生的光荣,不如说是我们教育的理所当然。可现在,明明没有让大多数学生"三好",这难道不是教育的失败吗?却把百分之几的三好生当作先进模范来大肆宣扬,宣扬者没有意识到,对三好生的宣扬,同时也是在宣扬我们教育的失败——我们没有能让绝大多数学生德智体全面发展!

做到了应该做到的,就成了英雄。于是教育的尴尬就出现了。
教育的虚假也出现了!

美国没有"评三好"一说,也没有全国人民学一个英雄的事,更没有什么什么"影响了几代人"的说法——在他们看来,这些是不可思议的事。可是,他们培养了许多有高尚人性的公民——谁说只有自私利己才是"人性"?我注意到,安田在最后说到"为人民服务"说到对一千万美元的使用时,完全没有了幽默与调侃,而是非常严肃非常郑重。看着他那孩子般纯真的表情，我突然想，如果是一个中国人在办公室说出同样的话，周围的人对他多半只有两种判断："假正经"或"病得不轻"！

去年比尔·盖茨和巴菲特来中国，邀请中国的富豪们共进午餐，尽管他们一再声明不会强迫捐赠，但依然有相当多的中国"先富起来的一部分人"不敢前去吃那顿饭。谁都知道这些中国富豪们怕什么。当众多中国富豪缺席的时候，整个中国在丢脸！幸好有陈光标等少数富豪毅然前往，算是为中华民族多少挽回了点尊严。然而，高调行善的陈光标至今却被不少人以貌似正义实则冠冕堂皇的理由骂着——因为他立志做"世界首善"，便成了某些人眼中的"人民公敌"。中国曾引以为豪的传统道德再次陷入尴尬。

当资本主义的哈佛大学等美国名校把培养有社会责任感的公民作为教育目标的时候，社会主义中国的许多中小学实际上正"以分数论一切"。虽然没有一所学校不把"德智体美劳全面发展"的党的教育方针写在学校公文中甚至挂在教学大楼墙上，但是，我们培养的一些学生（当然不是全部）却越来越自私，甚至邪恶——在药家鑫向被撞伤的妇女连捅八刀之前，所有认识他的人都认为他是一个"乖孩子"，即"优生"！

安田的出现，的确是《非诚勿扰》节目中出现的最大悬念。悬念之后是我心灵的震撼，心灵震撼之后是教育的沉思，教育沉思之后，我得出一个也许肤浅偏激的结论——

培养真实高尚的人，取决于真实高尚的教育；真实高尚的教育，出自真实高尚的社会；而真实高尚的社会，源于真实高尚的国家！

2011 年 3 月 30 日零点整

这些年被败坏的词语

近几十年，改革改变了许多东西。一些美好词语的败坏是其中最触目惊心的"改变"。

请允许我信手说几例——

"小姐"：这原本是过去有钱人家仆人对主人女儿的称呼，或者是对年轻女子的称呼。这个称呼意味着一种举止优雅的教养、一种知书达理的修养、一种由内而外的美丽（注意，是"美丽"，而不只是"漂亮"）。当然，1949年后因为"阶级论"的原因，"小姐"一词曾经长期在生活中消失，而只存在于旧小说或电影戏剧中。"文革"中，"小姐"一词往往和"养尊处优""娇滴滴""寄生虫"相联系。但随着新时期的"拨乱反正"，"小姐"这个词又回到了我们的生活中，只是它再也不是有钱人家仆人对主人女儿的称呼了，而只是人们对年轻女子的称呼，其本来的含义——"教养"和"修养"得以恢复。然而好景不长，仅仅过了几年，从20世纪90年代初开始（在沿海一带可能还更早），这个优雅的词竟成了"风尘女子"的代称。在比较开放的东部和南方，你如果不小心随便叫哪位年轻女子为"小姐"，保不准该小姐会以为你在侮辱她，因而招来一顿臭骂。

"理想"：这个词的高贵与神圣不言而喻。尽管"文革"中，这个词被赋予云端空想的内涵，它的前缀词往往是"共产主义"，但我认为"理想"本身是人之为"人"的精神特质之一,正是理想把我们与猪区别开来了。也许是因为"理想"这个词曾经被"伪圣化",作为对它的反动,便是"理想"一词一落千丈的贬值,乃至被奚落。现在,如果我们周围有人说他"有理想",人们多半会一愣:"这人有病,而且病得不轻!"因此,如今这个词几乎只存在于中小学生的作文中。而在生活中,"理想"一词差不多和"矫情""假大空"同义,人们唯恐避之不及。如果非要表达"理想"的意思,那宁肯说"梦想",比如"中国梦"。

"家教":这个词的原意是家长对孩子进行关于道德、礼仪的教育,是"家庭教育"的简称。而这里的"家庭教育"当然特指做人的教育,让孩子有教养讲文明懂礼仪,并不必然包括智力开发和知识传授。以前,一个农家的孩子可能会很有家教,因为其父母虽然并不识字,却很会教孩子做人,比如善良,比如勤劳。写到这里,我想到的是曾先后担任北京大学副校长和中国农业大学校长的著名科学家陈章良,他自述父母都是文盲,却教会了他善良与勤劳。我小时候,"没家教"或"少家教"是很厉害的骂人话。如果谁被骂"缺家教",被骂者多半会跳起来反骂:"你才缺家教!"因为这样骂人,已经不仅仅是骂对方,而且还在骂对方的父母。可是如果现在问问年轻人"什么叫家教",对方多半会说:"就是家庭教师啊!"的确,现在满大街所贴的小广告中的"家教",都指的是请去给家里孩子补习数学英语之类功课的"家庭教师",这样的"教师"显然多半不是去给人家的孩子讲道德和礼仪的。我刚刚翻阅、比较了1979年版的《现代汉语词典》和2005年版的《现代汉语词典》。前者对"家教"的词义解释只有一种,就是"家长对子女的教育",而后者除了保持第一个含义之外,还增加了第二个含义——"家庭教师的简称"。但这两种含义的并存也只是在词典中,生活中的"家教"显然只有"家庭教师"的含义了。当然,严格意义上说,"家教"一词还不能说是"被败坏",但从"家教"含义的演变——实际上是窄化，我们看到了人们对教育的理解日益偏狭和功利。从这个意义上说，被败坏的显然不是词语，而是教育。

"大师"：又是一个曾经多么神圣的称呼！在我小时候，这个词是和"鲁迅""贝多芬""毕加索""梅兰芳"等人联系在一起的。但现在，"大师"因满天飞舞而大大贬值，因自吹自擂而成了讽刺，甚至也成了骂人的话。曾经有人开玩笑叫我"大师"，我却一本正经地厉声说："请别和我开这种玩笑！你才是大师！"当然，也有人乐于接受这个称呼，据说余秋雨在接受"大师"这个称呼时说："我想，比'大'字等级更高的是'老'字，一个人先成'大人'才能成为'老人'，那么，既然我已经做了大半辈子的'老师'，那就后退一步叫叫'大师'也可以吧。"他还说："这个年头连街头算命的都呼为大师，因此没必要对'大师'这个有泛滥倾向的头衔如此敏感。"然而，现在"大师"一词已经被败坏，而不再有原来沉甸甸的文化分量和厚重人品，这已经是不争的事实。

"诗人"：曾经是激情、幻想、浪漫、唯美、才情……的代称。实话实说，少年的我最崇拜的就是诗人——古代的李白、杜甫，还有当代的贺敬之、李瑛、徐刚（对不起，那时是"文革"后期的70年代，当时的文坛上正活跃着这几位诗人）。读大学时，我所崇拜的北岛、舒婷、顾城等诗人，可以说也是一代年轻人的偶像。他们是那个时代精神的象征。但现在，我们这个时代早已没有了诗意，我们个人也早已没有了诗情，一切都物质化，诗人自然成了"无病呻吟"的代名词，成了"精神病"的另一个说法。"你才是诗人！你全家都是诗人！你祖祖辈辈都是诗人！"也就成了最恶毒的骂人的话。

"专家"：学识渊博，具有权威性和公信力，这本来是"专家"的意义。可是，现在它已经被写作"砖家"。"砖头"显然是没有什么含金量的。这个词被败坏更多的是由于专家本身貌似客观权威实则胡说八道的表演。我现在只要一听收音机里的"专家评论"，就忍不住发笑——什么都是"要理性对待",什么都是"不要盲目跟风",这还要你说啊!更可怕的还不是这些废话和套话,还有些所谓"专家"信口开河的评论与预测,最后都成为笑话,比如央视几位"著名的军事评论员"。所以,前不久网上流传一个段子,说地震的前兆有仨:一是水位上涨,二是动物异常,三是专家辟谣。

"教授":该称呼被败坏的原因和专家类似。以前一提起"教授",我就会无条件地想到"学问""教养""彬彬有礼""德高望重"等词。三十多年前,我读大学时所接触的教授们正是如此。但现在,如果有陌生人给我递上印有"教授"的名片,我心里真不敢轻易尊敬他,因为我不知道他这教授是怎么得来的。我知道现在高校的论文抄袭、职称造假、学术腐败已经令人目瞪口呆。当然,"不能以偏概全"的道理我也懂,也有很多博学而正直的教授,可我现在对不认识的"教授"的确很难轻易尊重。何况,现在一些"教授"少有书卷气,而多有烟酒气和铜臭气。顺便说一下,在外讲学,常常有人介绍我为"教授",甚至也有人称我为"教授",我总是说:"我不是教授,我是中学教师。"我明白对方的好意,他们认为叫我"教授"比称我为"老师"更显得尊敬我。但在我看来,一个洁净的"中学教师"远比一个肮脏的"大学教授"更高贵。

"公知":即"公共知识分子",这也曾经是一个在我看来可以用"伟大"作定语的称呼。因为"公共知识分子",用康德的话来说,是在一切公共领域运用理性的人(不是原话,但大意如此)。被称作俄国第一个知识分子的拉吉舍夫有一句名言:"我的心中充满人类的苦难。"因此,公共知识分子超越个人利益而心怀天下,他们是为世界意义而战斗的真正的理想主义者,而不是特定现实政治经济利益的代表。公共知识分子最杰出的代表就是爱因斯坦——这就是我说"公共知识分子"可以用"伟大"作定语的原因。爱因斯坦赢得了人类广泛的尊敬并不是因为他的物理学,更不是因为他的"相对论"——其实懂"相对论"的人很少很少,而是因为他热爱和平的反战立场——第一次世界大战时,他和其他知名度较高的科学家起草了反战宣言;第二次世界大战时,他致信罗斯福,要求禁用原子武器。所以,公共知识分子应该是一个社会的良心。但现在,"公知"一词也成了一个充满讽刺的称谓。这固然有个别知识分子的言行玷污了这个称号的原因,然而,这个短语被败坏,我认为主要还是因为某些极"左"分子刻意丑化抹黑的结果。

"老军医":过去一说"老军医",我们都会想到医术高明、一些绝招和真正的祖传秘方之类。但可能是因为号称"老军医"的冒牌者太多了,现在,一提起"老军医",人们就会想到"江湖骗子",久而久之,这两个词已经合而为一。

"干爹":这本来是一个散发着浓浓人情味的词,体现着一种慈爱的温度,可现在,由于很多腐败很多绯闻都和"干爹"相联系,"干爹"的含义已经很暧昧很暧昧,甚至很龌龊!

"菊花":本来就指一种花,而在中国传统文化中,菊花被赋予特定的精神品格——高洁、长寿、隐逸、君子之风,等等。关于菊花的古典诗句传流千年,不胜枚举,我这里就不赘述了。我想说的是,这个词现在也被严重地败坏了。尤其是在网络上,其实不仅仅是在网络上,它成了人身体上某个隐秘部位的代称。由此还衍生出一个很恶心的词——"舔菊"。不多说了。

不,还不得不说一个词——"校长"。就在我写这篇随笔的时候,"校长"一词也因"开房"而开始沉沦了。身为一名中学校长,我真是无语。我为校长队伍中的某些败类而羞愧。

如果仔细罗列,这些年来被败坏的词语还可以写出很多很多。好了,暂且打住吧。

不过有一个词"同志",我犹豫再三,还是列出来说说。这曾经是一个非常庄严的称谓,其含义就是"志同道合"。在很长一段时间里,"同志"是我们社会最广泛的称呼。直到现在,因为从小养成的语言习惯,每逢我在大街上问路,都还忍不住问:"同志,请问……"而且"文革"中,普通老百姓常常通过报上某人是否还被称为"同志"来判断这人是不是"死定了"。比如当"刘少奇"后面不再有"同志"后缀而是直呼其名时,我们都认为刘少奇算是完蛋了。当然,"同志"称谓的泛化的确也有问题——那么多的人,我凭什么知道对方是不是我的"志同道合"者?因此,改革开放后,这一称呼的指向逐步缩小范围,我觉得是应该的。但是现在,这一称呼至少在民间几乎已经只剩下"同性恋"的含义了。唯有在中共中央的文件,比如十八大报告里还保留了其本来的庄严含义。当然,在同性恋群体中,"同志"是一个最尊敬的称呼,同性恋者理应受到社会的理解与尊重,也有权利继续用这个词。这也许是"同志"一词含义的增加,或者属于"一词多义",谈不上是"败坏"。只是我有时候在表达"志同道合"意思的时候用"同志",已不像过去那么理直气壮了,生怕引起别人误解,所以总有些心虚。

  词义的演变,其实是社会的演变,更是人心的演变。与一些词语被败坏相反,近年来也有一些词语在"升值",有的"由贬为褒",比如"老板"一词,在1949年后的相当一段时期里是贬义,意味着"剥削""精明""奸诈""心狠手辣""不劳而获",等等。这当然是极"左"时代的一种不全面而且过于丑化的理解。但改革开放以来,这个词突然吃香了,成了一种尊称,甚至突破商界而蔓延到其他领域,比如,有的单位的领导就被称为"老板",被称者大多乐于接受。还有的博导,也被其学生称作"老板"。这也是商业气息肆意弥漫的结果吧!

  还有的词"由暗而明",就是过去不能明说,最多私下朋友间在口语里面说说的词,现在也堂而皇之地登上公共平台。比如"屌丝"和"牛逼"(包括"傻逼"),本来——恕我不得不明说了——指的是男性生殖器及阴毛和女性生殖器,但现在无论男女,都喜欢大大方方地自称"屌丝",或理直气壮地说"牛逼",包括电视台的主持人,我不止一次看到电视里主持人毫无羞赧地谈"屌丝"说"牛逼"。冯小刚曾对"屌丝"一词提出异议，却招来众多"屌丝"群起而攻之，骂冯小刚"把自己划分为精英文化的行列，所以才会对'屌丝'一词持有偏见"，更有人认为"屌丝"一词"代表了草根性，迟早会登记入册"云云。听了这些高见，我真是开了"耳界"了。

2013 年 6 月 2 日夜

图书在版编目（CIP）数据

教有所思/李镇西著. —2 版. —上海：华东师范大学出版社，2013.10
ISBN 978 - 7 - 5675 - 1347 - 1

Ⅰ. ①教… Ⅱ. ①李… Ⅲ. ①教育—文集 Ⅳ. ①G4 - 53

中国版本图书馆 CIP 数据核字（2013）第 251848 号

大夏书系·教育随笔
教有所思（第二版）

著　者	李镇西
策划编辑	李永梅
审读编辑	杨　霞
封面设计	奇文云海·设计顾问
责任印制	殷艳红
出版发行	华东师范大学出版社
社　址	上海市中山北路3663号　邮编200062
网　址	www.ecnupress.com.cn
电　话	021 - 60821666　行政传真 021 - 62572105
客服电话	021 - 62865537
邮购电话	021 - 62869887　地址　上海市中山北路3663号华东师范大学校内先锋路口
网　店	http://hdsdcbs.tmall.com/
印刷者	北京密兴印刷有限公司
开　本	890×1240　32开
印　张	10
插　页	1
字　数	260千字
版　次	2014年3月第二版
印　次	2021年11月第八次
印　数	25 101—28 100
书　号	ISBN 978 - 7 - 5675 - 1347 - 1/G·6937
定　价	29.80元
出版人	朱杰人

（如发现本版图书有印订质量问题，请寄回本社市场部调换或电话 021 - 62865537 联系）